人民·联盟文库

人民·联盟文库

比较伦理学

黄建中 著

山东人民出版社

人民出版社

出版说明

　　人民出版社及全国各省市自治区人民出版社是我们党和国家创建的最重要的出版机构。几十年来，伴随着共和国的发展与脚步，他们在宣传马克思列宁主义、毛泽东思想、邓小平理论、"三个代表"重要思想，深入贯彻落实科学发展观，坚持走有中国特色社会主义道路方面，出版了大量的各种类型的优秀出版物，为丰富人民群众的学习、文化需求作出了不可磨灭的贡献，发挥了不可替代的作用。但由于环境、地域及发行渠道等诸多原因，许多精品图书并不为广大读者所知晓。为了有效地利用和二次开发全国人民出版社及其他成员社的优秀出版资源，向广大读者提供更多更好的精品佳作，也为了提升人民出版社市场联盟的整体形象，人民出版社市场联盟决定，在全国各成员社已出版的数十万个品种中，精心筛选出具有理论性、学术性、创新性、前沿性及可读性的优秀图书，辑编成《人民·联盟文库》，分批分次陆续出版，以飨读者。

　　《人民·联盟文库》的编选原则：1. 充分体现人民出版社的政治、学术水平和出版风格；2. 展示出各地人民出版社及其他成员社的特色；3. 图书主题应是民族的，而不是地区性的；4. 注重市场价值，要为读者所喜爱；5. 译著要具有经典性或重要影响；6. 内容不受时间变化之影响，可供读者长期阅读和收藏。基于上述原则，《人民·联盟文库》未收入以下图书：1. 套书、丛书类图书；2. 偏重于地方的政治类、经济类图书；3. 旅游、休闲、生活类图书；4. 个人的文集、年谱；5. 工具书、辞书。

《人民·联盟文库》分政治、哲学、历史、文化、人物、译著六大类。由于所选原书出版于不同的年代、不同的出版单位，在封面、开本、版式、材料、装帧设计等方面都不尽一致，我们此次编选，为便宜读者阅读，全部予以统一，并在封面上以颜色作不同类别的区分，以利读者的选购。

人民出版社市场联盟委托人民出版社具体操作《人民·联盟文库》的出版和发行工作，所选图书出版采用联合署名的方式，即人民出版社与原书所属出版社共同署名，版权仍归原出版单位。《人民·联盟文库》在编选过程中，得到了人民出版社市场联盟成员社的大力支持与帮助，部分专家学者及发行界行家们也提出了很多建设性的意见，在此一并表示诚挚的感谢！

《人民·联盟文库》编辑委员会

目　录

黄建中和他的《比较伦理学》
（重版引言）

一

　　中国古代哲学以人生哲学见长，而人生哲学又以伦理学为重要内容，故中国实在是有悠长的伦理学传统的文明古国之一。尽管如此，中国传统的伦理学却缺乏条理性和逻辑的严密性，真正以近代的科学方法对伦理学加以研究，却是很晚近的事情。其中，蔡元培写于1910年的《中国伦理学史》可以说是开风气之作，是中国近代以来第一次引进西方的科学方法对中国传统的伦理思想加以研究和总结的著作。自这以后，陆续有一批学者沿着蔡元培开创的道路前进。到了20世纪30年代，中国伦理学的研究开始取得重大突破，出现了一批有较高学术质量的上乘之作。这当中，不可不提的是黄建中的《比较伦理学》一书。较之前人及同时代人的作品，这本书具有如下两个鲜明特点：一是它的思想体系性。《比较伦理学》以理论体系的完整与严密见长。全书20多万字，要而不繁，全面地论述了伦理学的基本和重要问题，包括伦理学的定义、研究方法、主要概念和范畴、学派，乃至伦理学与社会发展的关系、伦理学与科学的联系……在论述过程中，作者还旁征博引，运用大量古今中西伦理学的材料进行深入辟里的分析，观点鲜明，说理透彻，故既是一本有独创见解的学术著作，又可视为关于中西伦理思想史的百科全书式的著作。这本著作尽管是在几十年前撰写的，其中涉猎的问题之多，论述之精，迄今为止罕有同类著作可以超过。这是它在今天依然具有其价值的所在。

此书取名为《比较伦理学》，对中西伦理思想加以比较，是此书的另一特点。中西方伦理思想有其所同，亦有其相异。唯有其所同，故中西伦理思想可以互补；唯有其相异，故中西伦理实可相互发明沟通。此书正是从中西伦理学史上大量资料出发，经过分析、归纳、分类，先从大处着眼，比较了中西伦理思想之异同，然后用更主要的篇幅，围绕诸如动机与效果、乐利与幸福、乐观悲观与淑世、进化与伦理、理性与欲望、直觉与良知等一系列伦理学上的重大问题及重要范畴，对中西伦理思想进行了具体的比较和分析。读完全书，人们不仅可以获得关于中西伦理思想异同的了解，更可以通过这种比较，对伦理学的思想观念会有进一步的领会和理解。因为在这之前，关于伦理学的原理，大抵是从西方伦理学史的资料出发，以西方文化为参照系来建构的。而此书第一次从思想体系上突破了整个西方伦理学的理论框架，以大量的材料证明，中国传统伦理学的丰富资源不仅属于中国，而且属于世界，有助于一般伦理学之建立。因是之故，这本书的出版，对于伦理学科来说实具有学术创新的意义。为了说明此书的价值，下面先对此书作者的生平及写作此书的经过作一介绍，然后再就伦理学的一些基本问题对此书内容作些介绍。

二

黄建中，字离明，祖籍江西，1889 年生于湖北隋县。从小受传统文化熏陶，后又到新式学堂接受教育，1913 年入私立明德大学政治经济科。1914 年考入北京大学文科中国哲学门，涉猎经史，用功于先秦诸子及宋明理学，于浙东学派，尤有心得。1917 年毕业于北大后，经校长蔡元培推荐，留校任补习班教员并兼任朝阳大学讲师。这时候，他开始伦理学的研究，编有《伦理学通》讲义。1921 年，他官费赴英国留学，在爱丁堡大学学习教育学，后又到剑桥大学学习哲学。这期间广读西方伦理学著作，兼采诸家之长，将伦理学讲义原稿继续修改增补。1925 年，出席爱丁堡第一届世界教育大会，在品性教育组作讲演，提出以"生活和协"代替"生存竞争"说。原稿也于此时修改完毕，定名为《比较伦理学》，并撰写了自序和例言，前者说明伦理学研究之对象，后者说明该书之体例。但当时未有出版。当年返国后，任国立女子大学教授兼北京大学讲师，又先后任教于中国大学和民国大学。曾发表《道德价值之相对性与绝对性》论文及《新理想主义与新实在主义》讲演词。1927 年赴南京，应聘为上海暨南大学教务长，1932 年起任教于中央大学，1934 年兼任中央政治学校讲席。这段时期内，不断将原稿再加整理。曾编为讲义，供讲授之用。1934 年，他到南京国民党政府任教育部高等教育司司长，1938 年离职，任四川大学师范学院教授兼院长，将原稿再加整理，于 1944 年交四川大学出版，印行 1000 册。1945 年，他又将原书加以修改，由中国哲学研究委员会编入甲种丛书，交由中国文化服务社再版重印。1948 年，作者赴台，任教于台湾师范大学，讲授教育哲学，闲暇时间对原书时加校订和修改。1959 年作者逝世后，其最后之修改本由台湾编译馆提交专家审定后定为大学用书，交台湾正中书局出版。

从以上情况可以看到，《比较伦理学》一书是黄建中多年心血的结晶。为写作此书，作者参考了当时他在国内和国外搜集到的关于伦理学的大量著述，中经多次修改和补充，直至生命的晚年，才完成了我们目前所见到的这个定稿。可以说，对伦理学的思考伴随了作者的一生。作者生前还撰写有关于伦理学、教育学以及中国传统哲学方面的论文，而其学术思想及学术造诣在《比较伦理学》一书中得到集中反映。

三

　　《比较伦理学》的重点，是对伦理学上的各种重要概念和范畴作学理上的分析。这种分析是在对中西伦理学史上的各种学说加以清理的基础上进行的，作者在作这种清理时，既入乎其内，又出乎其外，既有综合，又有取舍，思想上充满一种辩证的张力。从中，作者还给我们展示了中西各种伦理思想学术彼此交锋、争胜和驳难的图景。今举数例如下。

　　动机说与效果说的对立，是中西伦理学史上的重大问题。这一问题起源于对善恶判断标准之认识。动机说强调以动机判断行为之善恶，认为行为由动机产生，动机立，行为乃成。得出的结论是：道德之目的在善不在利，善恶之别在心不在迹。效果说则侧重行为之结局与效果。理由是道德非徒有虚名，而要求实效，若徒有虚名，对群对己均无影响。结论是：判断行为之善恶与否，要根据其对己对群之影响而定。不能说两种说法全无道理，但也不能说其中任何一种都穷尽了真理的全部，很可能真理就在这两种片面真理的折衷之中。作者对动机说和效果说的理论得失分别作了分析和检讨，最后提出：对善恶的判断，既要依据动机，也要看其效果，两者缺一不可。表面上有，作者似乎是在两种对立的意见中搞调和，其实，按作者的看法，动机与效果对于道德行为来说犹如一个钱币的两面，是无法分开的。故只有兼顾到动机与效果的行为，方才称得上是真正的善的行为。作者谈到为什么要兼顾二者时说："盖动机属于人，效果属诸事。属诸人者，关乎品性；属诸事者，关乎行为。人若养成先见结果之品性，及指正结果之志趣，则人与事契，性与行合，动机与效果相一致，而主客内外之分悉泯。"看来，经过作者对动机论与效果论的概念的澄清，历史上动机论与效果论的长期争持与对立似可获得解决。

伦理学中经常会遇到关于快乐与幸福问题的讨论，它也是人生哲学的根本问题之一。人生之目的在于追求至善，伦理学的目的亦然，但是何者为善？不同派别的伦理学思想在这个问题上争论蜂起。西方近代以来主流的伦理学学说将善等同于"乐"，故人生的目标是追求快乐。持快乐论的伦理学又有主张个人之乐（"独乐"）与群体之乐（"群乐"）两大派别。作者将这两种快乐说分别称为"利己主义"与"利他主义"。无论利己主义还是利他主义，作为一种伦理学学说，都各有比较精致的说法，其论述也都不无道理和深刻之处。就表面上看，利他主义者主张群乐，似乎很能得伦理学的真谛，因为伦理学很重要的一个目标是维持社会和群体的安全与稳定，而这就需要提倡一种"利他主义"的伦理。本书作者无疑是倾向于利他主义的，但是，作为一种"合理"的伦理学思想，到底利他主义是否就已经完备了呢？作者经过分析后得出结论：尽管在伦理行为上我们提倡"利他主义"，但作为一种理论学说，利他主义与利己主义一样有一根本性错误，即将快乐等同于幸福。他认为，幸福与快乐有联系，却有本质上的差别。无论是个人之乐或群体之乐，快乐都有功利性的方面，而真正的道德行为，却应该是超功利的。应该说，作者之提倡道德有其超功利性的一面，而不满意快乐论的说法，是有其深刻含义的。因为无论是"独乐"抑或"群乐"，一旦将"快乐"视为伦理学的基本原则，实无异于等于取消了伦理学独立存在的理由和价值。在作者看来，追求"快乐"其实也是求利，而求利实乃经济学而非伦理学的原则。更重要的是，假若以求乐或求利作为伦理学的基本原则，则人们为了追求快乐的目标而践行道德，道德行为本身则无任何快乐可言。作者认为，真正的道德行为不仅是一种人生的义务，其本身即是人生的一种追求。既是一种追求，其本身就应该对于人生来说是一种满足。这种满足不同于一般的快乐，作者名之为"悦"。看来，唯有肯定道德行为本身有"悦"，它才可以真正内化为人的品格，成为"人"

之本身不可分割的部分。这是作者在"乐利与幸福"一章中论述快乐问题之真谛，也是作者提出的一种境界很高的理想主义的道德观。

与快乐和幸福问题联系在一起的是对人生前途及人生态度的看法。作者在书中将对人生问题的看法概括为悲观、乐观和淑世三种。悲观论者视人生为痛苦，而乐观论者视人生为幸福。在作者看来，这两种对于人生的看法都太过极端，而主张持一种人生既痛苦，亦快乐的人生观，作者称之为"淑世主义"的人生观。显然，作者提出这种淑世主义的人生观，是为了摆脱在人生问题上的宿命论，强调人生是一种可能性，人类生活的改善和改良有赖于人类和每个人自己。然而，作者也不认为淑世主义就是人生观之极致。理由是淑世主义人生观其改进世界之主张是零星而非整体的，是缓慢而非急骤的，且其人生态度容易流入机会主义。在这个问题上，作者提出人类最后的生活目标应该是"为社会服务，为国家效命，为民族传文化，为世界开太平"。

人是理性的动物，同时又有物质的和精神方面的种种欲望。就现实情况而言，人的理性与欲望常常处于对立和冲突之中。伦理学的重要问题之一，就是对欲望与理性的关系给予一种适当的定位。快乐论者在这个问题上往往强调人的欲望的满足，反对的意见则认为，如果强调人的欲望的满足，容易走入纵欲一途，为救快乐论之偏，这派观点提出"贱欲贵理"说，视理性为道德之目的。这种视理性为道德之目的的观点，可称之为"唯理论"。唯理论有种种说法，如禁欲论、无欲论、寡欲论、节欲论、择欲论、导欲论等，要之无不视理与欲为对立。作者对各种唯理论的说法加以分析后，提出"化欲为理"说，认为天理、人欲本非二物，天理而凝焉，即名为理；人欲而化焉，即名为理。这种"化欲为理"说既避免了唯理论的偏颇，承认人生中的各种欲望是"合理"的，应该得到满足，同时又承认欲最终会转化为理，是一种道德的理想主义。在作者看来，这是对"理"和"欲"的关系的一种较可取的解决方式。

作者对中西伦理学史上各种伦理思想和学说的清理和分析，最终是为了建构他自己的伦理学思想体系。在全书带总结性质的《自我实现与物我一体》一章中，作者提出，伦理学归根到底是对最高善的研究。西方不少伦理学家将最高善定义为"自我实现"，中国传统伦理思想则视最高善为"物我一体"。作者承认这两种看法都有它们的道理，至少可以同时容纳人性中理性与情感两个方面，但作为对伦理学的最高善的追求，他认为，无论是"自我实现"还是"物我一体"，都未能穷尽善之本身，它们只是实现善之必要条件，而不是人生理想之极致，作者提出，人生的最高理想是"太和"。它包括：个人身心关系之和协，社会关系之和协，国家民族之和协，世界人类之和协，宇宙万物之和协。总之，通观全书，作者对中西伦理思想的比较，不仅深入到各家各派思想的底蕴，而且作了综合与批评。作者本人的伦理学思想体系之建立，是在融会贯通中西各种伦理学思想的基础上进行的。

本书自 1944 年出版后，至 1982 年已出第 6 版，现据 1982 年正中书局第 6 版重印。重印时将原书竖排的繁体字改为横排简体字。原台湾本收有作者写的《初稿自序》、《初版自序》和编辑者写的《修订三版序》，除其中关于作者自述生平及写作此书情况已在前面作了介绍之外，其余内容与本书关系不大，故不加收录。第 6 版本中还附有编辑者编写的《中西文术语对照表》、《中西文人名对照表》，为便于读者阅读，仍加以保留。此次重印对原书排印中一些明显讹误错漏之处作了改正。至于标点符号的用法、数字的排法以及通假字和异体字等，则仍从其旧，以保持原书面貌。

胡伟希
1997 年 10 月于清华园

第一章
伦理学在科学中之地位

物理题材与伦理题材

宇宙为一"四量时空连续体"（A four dimensional space-time continuum），其间皆事也，皆关系也。"凡持续之事物，无论其起讫为久为暂，其史迹中相连诸层为质同质异，概谓之事"[1]；亦概谓之关系。事之起也，有位于时空上一刹那一频度之点，[2] 是谓"事点"，（Point-event）——事点邻接变迁而成"世线"（World-line），——世线交互错综而成"事象"。[3] 事有起于物与物之间者，为"自然关系"，有起于人

---

[1] 见濮辣德《科学思想》部一，章一，页 54。（C. D. Broad's Scientific Thought，Part I ch. llp. 54）。

[2] 法云翻译名义集 2 时分篇引西域记云："时极短者，谓'刹那'也。百二十刹那为一'咀刹那'，六十咀刹那为一'腊缚'，三十腊缚为一'牟呼栗多'。五十年呼栗多为一时，六时合成一日一夜，按刹那，毗昙译为"一念"，咀刹那翻为"一瞬"，刹那略与远西所谓"模门惕"（moment）相当，一日夜共有六千四百八十万刹那。章氏丛书国故论衡明见云："诸在形者，至小为点，白萝门书谓之频度。"

[3] 据相对原理，宇宙由——"事点"集合而成，事点各有"空间位标"三（X. Y. Z），"时间位标"一（T），合而为四（X. Y. Z. T）。闵可斯基（Minkowski）并时于空，名曰四量之世界，而事点亦谓之"世点"（World-point），一事点必另有多数事点与之邻接，彼此位标相差之量极微，其变迁之史迹则成世线。参看罗逊英译《安思坦相对论浅释》，章十七，附录二，（Albert Einstein's *Relativity，the Special and the General theory，A Popular Exposition*；R. W. Lawson's translation，ch，XⅦ，AppendixⅡ，及闵氏时空讲节一（*Space and time*，l）。

与人之间者，为"人生关系"。两世线之交也，见于自然界，为"物理事象"，见于道德界，为"伦理事象"。诸世线之关联也，表之以物理公式，为"自然法则"（亦称"自然律"）；表之以伦理公式，为"道德法则"（亦称"道德律"）。物有相摄相拒之运动，其事出于无觉，人有相爱相憎之行为，其事出于有意；拒摄相交而成物质聚散之"物理事象"，无所谓宜不宜；爱憎相交而成人生离合之"伦理事象"，有所谓当不当。拒摄二力复与惰性相关联而为"自然法则"，其形式属于寔然（what is）；爱憎复与自爱相关联而为"道德法则"，[①] 其形式属于当然（what ought to be）。自然界之事象与法则，为物理学之题材，道德界之事象与法则，为伦理学之题材。第就伦理学言，其法则不离乎人生关系，其事象则不外乎行为。

自然关系与社会关系

自然界含有诸物之关系，物含有诸分子之关系，分子含有诸元子之关系，元子含有诸电子之关系，其关系共在一系之内，是谓"内存"（intrinsic）。物与物，分子与分子，元子与元子，电子与电子，各自成为一系，而关系介在彼此之间，是谓"外附"（extrinsic）。电有阴阳二种，相异之二电必相摄，相同之二电必相拒；其含有阴电之电子，数与心核之阳电子相等，平时绕核旋转，严如具体而微之太阳系。物与分子、元子、电子，实各自为一事，自为一关系。人为自然界生物之一，

---

① 希腊初叶末期自然哲学家暗辟达喝勒（Empedocles，490—430，B.C）谓："爱憎为万物聚散之因"，似认物亦有觉识。法兰西启蒙时代唯物论师霍尔巴赫（Holbach 1723—1789）谓："爱、憎、自爱与摄力，拒力，抵力全同。"似认人亦无心志。均非是。寔然（what is）或作实然，诗召南毛传、韩弈郑笺并云："寔，是也"。寔然者，犹言是如此也；当然者，犹言应如此也；实固可借作寔，究不若运用寔字之为愈也。寔是音义皆同，寔实音义皆殊，详见说文篇七，宀部，段注。

其身由细胞所组成，细胞亦含有分子、元子、电子之层层关系，其结构
性质固与无生物有异，而其所以为内存外附之关系者则同。① 人基于物
理上分子、元子、电子，相摄相拒之"机械运动"，演为生理上神经、
筋肉、液腺，相摄相拒之"有鹄活动"，进为心理上相憎相爱之"有觉
行动"，更进为伦理上相憎相爱之"有意行为"；人与人爱而相趋、相
调、相融、相取，于是有合之正面关系。人与人憎而相避、相竞、相
反、相攻，于是有离之负面关系。甲乙爱而有憎，甲乙攻而有取，二人
之爱憎攻取相对立；甲爱乙斯憎丙，甲取丙斯攻乙，三人之爱憎攻取相
鼎峙；于是有亦合亦离之正负两面关系。爱憎杂糅，攻取互纽，离合关
系，相与为构，而种种"群型"（social patterns）具焉。② 人之生也，
有父子母子关系，其生而相先后也，有兄弟关系，及其长而婚也，有夫
妇关系，生子则己亦为父或母，由父母、兄弟、夫妇诸关系而推焉，又
有其他亲属关系；凡此皆为"家族群型"中人与人之关系。其入学也，
有师生关系，其服务也，有长属关系，其就业也，有劳资主佣关系，其
在政治、军旅、经济、宗教、学术、游艺等团体也，亦各有其相当之关
系；凡此皆为"社会群型"中人与人之关系。推之"国家群型"中人与
人之关系，"世界群型"中人与人之关系，"自然界群型"中人与物之关
系，莫不类似，个人与个人、家族与家族、社会与社会、国家与国家、
民族与民族、人种与人种、物类与物类、皆可认为各系分别"外附"之
关系。个人之在家族内，家族之在民族内，个人之在社会内，社会之在

---

① 参看莫耿（G. Lloyd Morgan）《突创进化》，讲演3，节十一，页69～70。（*Emergent E-volution*. Lecture Ⅲ，pp. 69-70）及缪赫德《现代英国哲学》第一集所载莫氏《进化哲学》论文节二，页280～282。（*Contemporary British Philosophy*. first series，Morgan's A philosophy of Evolution，Ⅱ，280-282）

② 参照柏克 H. Becker 译述之冯微畜《系统社会学》（*Systematic Sociology*：*on the Basis of the Bezienungslehre and Cebildelehre of Leopold Von Wiese*，adapted and amplified by Howard Becker，）部一，章三，节三，页53。及部二，章七之节一，页124～126，节五，页132～134。唯彼不曰"群型"而曰"众型"（plurality patterns），未言爱憎而迳言趋避，其在章五、节七，页165，始论及心理上之摄拒，（attraction and repulsion）而又语焉不详。兹略有所更易。

3

国家内，个人之在国家民族内，国家民族之在世界人类内，乃至一切人之在世界内，一切物之在宇宙内，皆可认为一系共同"内存"之关系。所谓"人伦"，自以"人类间之关系"（interhuman relations）为限，而"人类外之关系"（extrahuman relations）似可存而不论，其实人与动物同为含识之伦，与生物同为含生之伦，与无生物同为含质之伦，则亦可谓之"物伦"。人类间之关系，或谓之"社会关系"，人类外之关系，或谓之"自然关系"，"每一社会关系，固可仅由其他社会关系诠释之，每一社会事实，固可仅由位于其他无量社会事实之织体中了解之"。① 然人类间之社会关系，不能全离人类外之自然关系而独立；人类行动，时而在自然范围内，时而在社会范围内，实往往兼入二者之藩。自然界恒为社会关系之背景，而亦有时移为人事所依据之前景。② "群型"之与"自然"，譬犹"形"之与"基"（figure and ground），此当通观"全象"（configurational phenomena）而未可拘于墟也。

相对事象与绝对理想

人生关系由亲及疏，由近及远，皆相待而成；其亲疏远近，则因爱憎成分之多寡而定。父之名分待子而成立，无父亦不能有子；兄之名分待弟而成立，无兄亦不能有弟；夫之名分待妇而成立，无夫亦不能有妇；诸如此类，皆人与人之"相对关系"。任何人不能离群孤立而无待于他人，任何物不能离群孤立而无待于他物，任何群不能自为一孤立之体而无待于他群；人之与物，物之与物，人之与群，群之与群，其关系

---

① 参看柏克同书，页 102，涂尔干（Durkheim）《社会学方法释例》（*Les regles de la Methode Sociologique*）页 177，暨边特来（A. F. Bentley）《人与群之相对性》（*Relativity in Man and Society*）章十四，节十八，页 107。章二十，节五十九，页 161。
② 参看柏克同书，部一，章二，节一，页 19～20。

亦莫非"相对"；所谓"事事物物与其他一一事物为相对"（"Everything is relative to everything else"）者是己。① 人有爱憎，物有摄拒，亦均互相对待之事也。今有一物于此，其元子本含阴阳二电，等量相吸，力不外现；设另以带阴电之他物近之，则此物含有阴电之电子，以同性相拒而被其驱至离远之一端，但余阳电核与之相摄。故近他物之一端，发现与之相异之电，远他物之一端，发现与之相同之电，是谓"感应作用"（induction）。人之爱憎，殆亦感应之正负两面耳。然人有所志，志有所择，近不必比，远不必乖；二阴相违，而刚柔合体，阴阳相求，而远近异情。阴阳率相比而无应，则近而不相得，有应则虽远而相得；近而不相得者，志各有所存也。抑或无应而同救以相亲，有应而同避以相疏；役戈散地，六亲不能相保；同舟而济，胡越何患乎异心。② 志意所存，抉择自由，爱憎攻取，唯变所适；凡易象所明，有未可概以"物例"律之者。爱而相取之势胜，则远者近，疏者亲，近者益近，亲者益亲，关系由联结协助而和合。憎而相攻之势胜，则近者远，亲者疏，远者益远，疏者益疏，关系由睽隔竞争而乖离。爱憎之量等，攻取之势均，则亲者自亲，近者自近，疏者自疏，远者自远，关系由抵销平衡而保持其离合不著之原状。斯亦"人生关系"之实然事象也。

虽然，爱憎互为消长，攻取互为隐显；相对而趋于绝对，实然可达于当然。"爱恶相攻"，则攻在内而心有矛盾矣；"远近相取"，则取在外而行有悔吝矣。③ 爱犹好也，憎犹恶也；好而喜，喜而乐，恶而怒，怒而哀；品而节之，化而裁之，爱化为仁，憎化为义；由未发之中，得已发之和。以此而和心身，以此而和家族，以此而和社会，以此而和国家

---

① 见柏克同书，部一，章五，节三，页103。

② 本晋王弼易略例明爻通变及略例下。

③ 《易传·系辞下》曰："爱恶相攻而吉凶生，远近相取而悔吝生。"韩康伯注云："爱恶相攻，故逆顺者殊，相取犹相资也。"孔颖达正义云："由有所贪爱，有所憎恶，两相攻击；或爱攻于恶，或恶攻于爱，或两相攻击，事有得失，故吉凶生也。远近两卦上下相应之类，近谓比爻共聚，迭相资取；取之不理，故悔吝生也。又易损之六三曰：'三人行则损一人，二人行则得其友。'可兴上文甲乙丙三人或甲乙二人爱憎攻取之例互证。

民族，以此而和世界人类，以此而和宇宙万物。个人为组合家族、社会、国家民族之原素，亦为构成世界人类、宇宙万物之分子，正犹细胞之辅翼协合而为体素，而为官器，而为系统，而为有机体。明乎此，则爱长而憎消，取显而攻隐；其博爱之仁，将如万有引力之通乎一切时、一切处，而无乎不在；在家族则家族为一引力场，在社会则社会为一引力场，在国家则国家为一引力场，在世界则世界为一引力场。个人浑然于家族、社会、国家民族、世界人类及自然界一切物类之中，直觉其和合为一体，而无复彼我之分，内外之殊，更无远近亲疏之别，有爱无憎，有助无争：是谓和之至，是谓善之至。此其人，此其事，今世或不易骤觏，自当期诸将来；此其境，又非将来所可偶然幸致，犹当由人力奋斗而渐达之。方今家族社会之争未泯，国家民族之争正烈，去世界大同、宇宙太和之理想尚远。须先和吾心身，和吾家族，和吾社会，和吾国民，和吾友邦，抗彼横肆侵陵，逆阻平和之暴国蛮族，以伸大义于天下，而后可以和人类，和万物。人人奋进，世世突创，终乃有达此"理想之鹄"之一日。由人生实然之"相对事象"，求人生当然之"绝对理想"，固伦理学之职矣。缪赫德（J. H Muirhead）曰："凡事有两种观点，或考事之所由来及其与他事之关系，而但求其'实然'，是为事实方面，或更以之与'当然'之理想相絜比，是为理想方面。伦理题材乃人之行为、品行，以理想标准之故而具有价值，非若自然事实之徒具历史而与他事有因果关系也。"[1] 乌尔甫（A. Wolf）曰："人类行为可由各种途径研究之，凡心理、生物、人类、社会等学研究之结果，皆于伦理学为重要。唯伦理问题，不重在素朴之事实，而重在价值与品评；其理想上人道之观点殆可超乎时空之通限焉。"[2] 薛几微（H. Sidgwick，1838～1900）独以为："吾人洞见'当然'，由于详识'实然'；实现理

---

[1] 见《宗教伦理大辞书》（*Encyclopedia of Religion and Ethics*，1925.）卷五，页 414。
[2] 见《大英百科全书》第十四版（*Encyclopedia Britannica*，fourteenth edition）卷八，页 757～758。

想之方，唯细究实象可以彻知之。"① 要之事象必求其是，理想必求其当，伦理学虽以理想为归，仍不能不从事象始。

科学中之伦理学

宇宙内号物之数曰万，其实物亦事，而数非仅万也。一切事象莫不有理，斯莫不有学。学可大别为二：曰哲学，曰科学。科学所研索者，为宇宙一部事象之理，哲学所研索者。为宇宙全体事象之理。天文学第取天体一部事象之理而研索之，地质学第取地球一部事象之理而研索之，故皆为科学。据一切科学所得之原理，综贯以求宇宙之大理，乃为哲学。科学局于一隅，犹庄子所谓方术；哲学得其大全，犹庄子所谓道术。吾国自道术裂而为方术，乃有百家之学，② 亦犹远西各科学之次第离哲学以独立矣。然道术固类似哲学，而方术非即科学也。伦理学研索人生一部事象之理，与天文学地质学同为科学，实非哲学；特天体地球各部事象之理属自然范围，人生一部事象之理属社会范围；天文学地质学均为自然科学，伦理学则为社会科学耳。自希腊柏拉图门弟子分哲学为三类，殿以伦理学，哲学之士，靡不公认伦理学为哲学之一部；近世倭尔夫（Wolff，1679～1754）谓之实践哲学，康德谓之意志哲学，③ 而霍布士夏富伯里哈企苏斯蒂华（D. Stewart）辈咸以道德哲学目之。其后孔德立自然科学之名，认伦理学为最高科学，斯宾塞字之曰"道德之自然科学"；实犹在所谓实证哲学、综合哲学之系统内。挽近哲学科学之分野益明，伦理学始岿然为独立之科学；而史蒂芬柯琅琳之流遂以伦

---

① 见《伦理学涂术》（*The Methods of Ethics*）重印第 7 版，篇一，章一，节一，页 2。

② 详见《庄子·天下篇》。

③ 见耶路撒冷《哲学导论》（W. Jorusalem，*Introduction to Philosophy*）章一，节六，页 17～20。

理科学题其书，示与哲学有别焉。然非确知宇宙全体事象之理，即不能确知人生一部事象之理，伦理学仍未可与哲学绝缘也。顾或以为：科学须有实际存在之一部分事象为其题材；所谓"伦理科学"者，一方论究个人道德上之情操、判断、动机及"有意行为"诸心理事象，则属心理学之部分；一方论究社会中各员所表现之类似事象，则属社会学之部分；伦理学取此两学证明存在之事象，从而善之、恶之，故与其谓之为一种科学，不如谓之为一种研究。① 或以为：研索人生经验之局部者，乃谓之科学；伦理学由意志或活动之观点，理想或正鹄之观点，研索人生经验之全体，实非科学而属于哲学；故世之著作家宁谓之为道德哲学，伦理哲学，不谓之为伦理科学。② 或以为：科学者，叙述者也，实验者也。叙述古今人所谓善恶之一切行动及其标鹄，已超乎人力以外；若为道德实验，则姑无论后至之实际结果不便实验，而道德觉识之本身，同时亦须施以实验，且须备有受验之主体，其事于伦理实为无用。道德觉识宣示道德判断而无所犹豫，创造社会制度而有继续批判之权威，正与哲学对于素不思索之种种设想加以反覆思索，同一态度；故伦理学乃哲学而非科学。③ 斯皆将科学作狭义之解释，在题材上方法上严立壁垒，屏伦理于其外，驱之复返于哲学之域。不知科学题材，往往彼此交错，未必各有绝然画分之界限。凡关于人生经验之科学，皆以经验全体为题材，不过观点目标不同，各有其特别注重之方面，伦理学题材虽兼跨心理学社会学，而特重人生经验之价值，仍不失为独立之科学。即以方法而论，斯宾诺莎已全以几何法式治伦理学，寇渥斯（Cudworth）葛拉克尚推证，侯谟穆勒尚征验，而观察、实验正为征验派所采用。斯宾塞以后，其法益近于自然科学，今则治哲学者亦多取科学之途径。虽数量上未能得精确之量度，而科学精神不稍杀；所谓科学者，

---

① 见薛几微《伦理学涂术》章一，节一，页 1~2。
② 见《伦理学袖珍》章一，节六，页 17~18，此为麦肯最转述之见解。
③ 此为威廉士之说，见第 13 版《大英百科全书》。

岂必限于自然界乎？艾莱勒惕氏侪伦理学于所谓"哲理科学"（philo-sophical science）之列，似犹意主调停；[①] 要之，伦理学固自为科学，而与哲学非绝无关系，可断言也。

规范科学中之伦理学

科学准研究形式别之，凡有二类：一曰"注释科学"（explicative sciences）。一曰"规范科学"（normative sciences）。"注释科学"取自然界、精神界现存之事象而分析之，类别之，解释之，但明其原委因果而为"实然之判断"，不涉及价值问题；如天文学、地质学、物理学、生物学、心理学等是也。"规范科学"据一定标准（理想），立一定法则，衡事象上之价值耐为"当然之判断"，不问理想之现存与否；凡名学、美学、伦理学皆属之。然三者虽同为规范科学，其对象又各有别。"道恶乎隐而有真伪？言恶乎隐而有是非？"名学盖以名言为对象，立思想之准则以判真伪者也。"毛嫱、丽姬，人之所美也，鱼见之深入，鸟见之高飞，麋鹿见之决骤，孰知天下之正色哉？"美学盖以色相为对象，立美感之准则以判妍媸者也。"唯之与呵，相去几何？善之与恶，相去几何？"伦理学盖以行为为对象，立道德之准则以判善恶者也。伦理学为判断行为善恶之"规范科学"，斯则所以异于"注释科学"，而又别于名学美学者矣。缪赫德曰："伦理学之于行为也，初非以之为时间之事实也，初非以之为今此所成之事物，有以承前因而起后果也，特加判断于其上而善之恶之耳。（中略）'地绕日而行'，一事实也，亦一判断也。然'事实之判断'（A judgment of fact）与'加于事实之判断'（A judgment upon fact）有别，前者为命辞之'名理判断'（logical

---

judgment)，后者为文句之'法理判断'（judicial judgment）；伦理学加判断于行为，正合'法理判断'之义，非以其徒为自然事实而施以'名理判断'也。或谓：一切判断，莫非事实，道德判断不过较复而已；斯言诚辩。然复杂事实中有标准为其要素之一，此则伦理事实之特点，为吾人所宜注意者。（中略）伦理学首论规定善恶判断之法则，次乃及于支配行为之法则，而行为始视若时间之一事；此其所以为'规范科学'也。"① 其于伦理学之性质，亦可谓辨析至明矣。虽然，伦理之法则、理想，往往因时代地域而不同，古今东西诸民族各有其适应环境之道德法则，无论习俗制度如何歧异，亦莫不各有理想伏于其后；虽或有高有下，在伦理学上不能尽得相等之赞许，而在伦理史上要为同等之道德事实。此类事实樊然纵横于时空之上，未始不可视若自然现象，首以注释方式研究之，则伦理学固重在规范方面，而注释方面亦未可全废也。② 凡规范科学，必须如注释科学有确不可易之事实为其对象，始足以当科学之名；科学未有不注释其研究封域以内之现象而能前进一步者。"价值科学"确实之规范须于事实中求之，初非在事实以外；伦理学若非始终忠于人类天性及生活之事实，其于行为价值，将何以言之成理乎？③ 关于此点，吾有取于麦肯最及艾莽勒惕之说焉。

实践科学中之伦理学

科学准研究态度别之，又有二类：一曰"理论科学"（theoretical sciences），一曰"实践科学"（practical sciences）。"理论科学"重知，即事以明理；"实践科学"重行，据理以致用。重知者为知而求知，知

---

① 见《伦理学原论》章二，节六，页17～18。
② 参看《伦理学袖珍》章一，节二，页6～8。
③ 参看《道德价值论》章一，节四，页15～16。

即为鹄；重行者为行而用知，鹄则在行。寻学字古训，有觉、效二义，[①] 觉以理论之知言，效以实践之行言。易言："学以聚之，问以辨之"。大学言："致知格物"，中庸言："博学，审问，慎思，明辨"，孟子言："始条理者，智之事"，荀子言："学始乎诵经，终乎读礼"，皆言乎理论也。易言："宽以居之，仁以行之"，大学言："诚意，正心，修身"，中庸言："笃行"，孟子言："终条理者，圣之事"，荀子言："始乎为士，终乎为圣人"，皆言乎实践也。伦理学从理论一面求人生至善之鹄，从实践一面示用以达鹄之方；以致知为用，以力行为归。雅里士多德有言："伦理学非以纯乎思辨为职志，其实践之鹄，不在知而在行；徒恃理沦，未足以使人为善。"[②] 叔本华（Schopenhauer，1788～1860）反驳其说，以为："一切哲学皆以学理为鹄，伦理学亦然．旧说认其能化性起为而成为实践科学，终非不刊之论。"[③] 鲍尔生氏则断言伦理学属于术，而称之为实践科学焉。然术与学迥异，未可与"实践科学"混为一谈。学诲人以"知"（to know），术诲人以"行"（to do），实践科学诲人以"知如何行"（to know how to do），麦肯最盖尝言之矣。[④] 此所谓术，指技术而言，人往往于不知不觉中由习惯得之。未学文法者而可以得演说之术，未知名学者而可以得推理之术，即于伦理学未尝梦见者而亦可以得道德判断之术；术或先于学，行或先于知也。道德生活之始，本能而已，本能演为习惯，习惯演为风俗；初民习于世俗相传之善恶概念，冥然据为判断标准，日用而不知；于是有"不知而行"之道德术。人为知理之动物，必不安于不知；环境之变迁，准则之矛盾，使之行有所困，不得小进而求知其理；于是有"行而后知"之伦理学。求知

———————————

① 《白虎通》辟雍篇云："学之为言觉也"，《说文》教部云："学，觉悟也，篆文省作学，从孝。"子部云："孝。效也。"《仪礼经》传通解引伏生书传云："学，效也。"朱子注《论语》云："学 之为言效也。"盖学兼觉效二义。

② 见《尼珂玛克伦理学》英译本，篇二，章二，页36。

③ 引见鲍尔生《系统伦理学》序论，节八。

④ 见《伦理学袖珍》章一，节四，页11。

一贯之道德原理，用以周行而不殆：是为伦理学"知而后行"之实践方面。更进而求知道德原理之所以然，极深研几而不遽斤斤于致用：是为伦理学"知而后行"之理论方面。以纯粹实践之术言，似"行而不必知"，以纯粹理论之学言，似"知而不必行"；以实践科学言，则似"知其所行，行其所知"。鲍氏谓伦理学为术，非也，谓其为实践科学，是也；麦氏谓伦理学非术，是也，谓其非实践科学，非也。顾实战、理论，实未可截然判为两橛，他学然，伦理学尤然。伦理学始终不离乎人生行为；人生乃实践之经验，行为乃实践之活动；而人生有其意义，行为有其标鹄，则实践中未始绝无理论。纯粹之理论无论如何深远，仍为人生之理想；而理想必期诸实行，则理论亦终以实践为蕲向。裴希特曰："知行同为理性生活中不可分离之要素。"[1] 佘慈曰："实践既不能离理论，理论亦不能离实践"。[2] 缪赫德曰："伦理学较近于日常生活，有时固宜称之为实践科学，而其理论实不亚于他种科学。"[3] 然则伦理学固"实践科学"，理论仍极重要；即恒人行而不知之"道德术"，亦宜纳入"实践伦理学"矣。

知行并进之伦理科学

综上所述，伦理学者，科学也，规范科学也，实践科学也，判断行为善恶之规范科学也，知行并进之实践科学也；其在科学中之地位可见矣。顾实践须笃信谨守，理论须慎思明辨；倘思辨过早，不慎不明，将适以滋疑问而丧其信守之念；则理论之于实践，非徒无益而又害之。然

---

[1] 见斐氏《告德意志国民书》（*Addresses to the German Nation*，translated by Jones and Turnbull）讲演 5，页 75。

[2] 见《伦理学原理甄微》章一，节二，页 8。

[3] 详见《伦理学原理》篇一，章三，页 32～33。

则德仅由实践而得乎？抑亦由教诲而得乎？道德理论究宜于何时教人乎？苏格腊第曾反覆申言德之可教，[①] 柏拉图以为："人于儿时所闻诸德目，固敬守弗渝；迨加以诘难，则辩生而惑起，将不复敬守如前。幼年不可以辩难德目为儿戏，年长识优者乃可以穷究真理而增其崇敬之意。"[②] 雅里士多德以为："伦理推论以人生行为之经验为前题，幼稚者无此经验，不适于治伦理学。人之幼稚，或在年龄，或在性格；此辈任情纵欲，授以伦理知识，实为无用。唯人当行动情欲受制于理性时，则穷理致知始为极有价值。"[③] 盖儿童但应受道德上信条与实例之训练，致力于实践；成人思想发达，乃可授以道德理论，而理论仍不离乎实践也。[④] 吾国古代教人，有小学，有大学；传记多谓："小学教以小道小节，大学教以大道大节。"[⑤] 明儒刘蕺山独非之，以为："小学习其事，大学明其理，大小学只一贯。"[⑥] 其识卓矣。小学重行，故习其事；大学重知，故明其理；理不外于事，知不离夫行。小学所习之事，即理中之事，行之然后知之；大学所明之理，即事中之理，知之乃复行之。致知即所以力行，明善即所以诚身，道问学即所以尊德性；行而不著，习而不察者有之矣，未有知而不能行，明而不能习者也。陆象山曰："为学有讲论，有践履；未尝学问思辨，而曰吾唯笃行之而已，是冥行也。"[⑦] 朱晦翁曰："方其知之而行未及之，则知尚浅；即亲历其域，则

---

① 详见焦维特氏（B. Jowett）《柏拉图对话集》英译本，卷二，曼诺（*The Dialogues of Plato* Vol. Ⅱ Meno.）。张东苏等中文译本可参看。

② 详见达维等英译《柏拉图共和国》（*The Republic of Plato*. translated by Davies and Vaugham）篇七，页538~539，尚志学会有中文译本。

③ 详见《尼珂玛克伦理学》英译本篇一，章二，页4~5。

④ 参看艾弗勒惕《道德价值论》章一，节六，页27~29。

⑤ 贾子容经《大戴记·保傅篇》《公羊传》僖十年注礼书疏引尚书大传皆有是说，唯各述入学之年龄不同。

⑥ 见《刘子全书》大学古记约义，按《朱子语类》卷七，学一云："古者初年入学，只是教之以事；如礼、乐、射、御、书、数及孝弟忠信之事。自十六七入大学，然后教之以理；如致知格物及所以为忠信孝弟者，蕺山之言盖亦本此。"

⑦ 见《象山集》与《赵咏道书》。

知之益明。"① 世人多谓朱子道问学，陆子尊德性，其实朱何尝不重践履，陆何尝不重讲论耶？抑晦翁尝言："知行常相须，论先后，知为先，论轻重，行为重。"又答汪德辅先知后行之问云："不成未明理便都不持守了；曾点便是理会得底，而行有不掩；曾子便是合下持守，旋旋明理到唯一处。"② 盖先知后行，殆专为成材说法；初学仍不妨先行后知也。然知行非永相先后者，初固行而后知，继乃知而后行，终则知其所行，行其所知，而"知行并进"矣。"知行并进"一语，发自明儒吴康齐之弟子谢复，③ 王阳明答顾东桥书亦有是说，而湛甘泉言之最精。其答顾箬溪书云："夫学不过知行，知行不可离，又不可混；故随处体认天理而涵养之，则知行并进矣"。其答陈惟浚书云："涵养须用敬，进学在致知；如车两轮，行则俱行；如人行路，足目一时俱到。"④ 夫"知行相须"，则时有先后，"知行并进"，则时无先后；伦理学既兼重理论与实践，殆由知行相须以达于知行并进者己。

知德一致与知行合一

苏格腊第言"知德一致"，王阳明言"知行合一"，两说实有差别，而又各与"知行并进"之说不同。程伊川曰："知之深，则行之必至，无有知之而不能行者；知而不能行，只是知得浅。人不蹈水火，只是知；人为不善，只为不知。"⑤ 此亦知德一致之说耳。王阳明曰："未有

---

① 见《朱子语类》卷九学三。
② 同前。
③ 见《明史·吴与弼传》。按程门已有以"致知力行，其功并进"为问者，伊川未明答之，语载《二程粹言》一。
④ 二书全文载《甘泉文集》卷七，《明儒学案》卷三十七，《甘泉学案》曾节录之。按《陈北溪文集》亦谓："知行譬如行路，目视足履岂能废一"。已隐含并进意，特未明揭其语耳。
⑤ 见《二程遗书》，卷十五，页23。

知而不行者，知而不行，只是未知；知是行之始，行是知之成；知之真
切笃实处即是行，行之明觉密察处即是知。"① 世人多谓阳明知行合一
之说本自伊川，其实非也。阳明有时以"合一"与"并进"混言，犹未
能细加辨析。"合一"云者，在时间为同时，在空间为同所；"并进"固
同一时间，非同一空间；"一致"则既不必同所，亦不必同时。苏格腊
第有言："知公正之事为何者，必不愿行公正以外之事，其不知之者，
虽欲行之而不可能。"② 意谓：人不知善，为一切恶行之原；德即是知
（virtue is knowledge），恶即是不知（vice is ignorance）。伊川之说，正
与此相类。人知善之当行，斯知不善之不当行；不知不善之不当行，斯
不知善之当行。试分析排列之，可得八例：

(一)知"善之当行"而行　　　（知而积极之德）—— 知行在心理上名理上
(二)知"不善之不当行"而不行　（知而消极之德）　均一致
(三)不知"不善之不当行"而行　（不知而积极之恶）　知行在心理上一致在
(四)不知"善之当行"而不行　　（不知而消极之恶）　名理上似不一致
(五)不知"善之当行"而行　　　（不知而积极之德）　知行在心理不一致在
(六)不知"不善之不当行"而不行（不知而消极之德）　名理上似一致
(七)知"不善之不当行"而行　　（知而积极之恶）　知行在心理上名理上
(八)知"善之当行"而不行　　　（知而消极之恶）—— 均不一致

凡心理上知行一致者，可证明知德一致，如前四例是；凡心理上知
行不一致者，可证明知德不一致，如后四例是。然苏氏必根本否认第五
例，于第六例必认为非出自"不愿"，程氏必根本否认第七例，于第八
例必认为"知得浅"；（五）（七）两例虽亦事实，而前四例已足证成
"知德一致"，不妨认为例外。至"知行合一"，则以上诸例皆难证成，
知行在心理上名理上均不一致者，姑置勿论；知行在心理上一致，在名
理上似不一致，在心理上不一致，在名理上似一致者，固不能证成知行

————————

① 前五句见《传习录·上·答徐爱语》，末二句见《传习录·中·答顾东桥书》。
② 参看克塞诺芬《纪念录》(Xenophon, *Memorabilia*.) 篇三，章九，页5。

合一；即知行在心理上名理上均一致者，亦不能证成知行合一。何以故？不行善由于不知善，知善乃能行善，知先行后，不同时故；"一致"非即"合一"故。阳明进一步而主张知行合一，其根据毕竟在"致良知"；良知乃哲学上直觉之知，非科学上智慧之知；其为知也，不学不虑，其发于行也，至捷至速。譬如乍见孺子将入井，辄术惕恻隐而往救之；立知立行，难分先后；最逼近所谓"合一"。又如好好色，恶恶臭；阳明以为好之恶之属行，见之闻之（即嗅之）属知；见时闻时已自好之恶之，非见闻后而始别立一心去好恶。① 见闻即好恶之始，好恶即见闻之成，知行几于同时。好恶之明知精察处即是见闻，见闻之真切笃实处即是好恶，知行几于同所。不好即是未见，不恶即是未闻；知而不行，不只是"知得浅"，只是"未知"。知行有则俱有，无则俱无，同时同所，确为合一。唯此所谓行，非显于身之行为，乃隐于心之动作，故曰"一念发动处便即是行"。若以隐于心之动作为行，则好恶固行，见闻亦行，恶而不见不闻亦行。西子蒙不洁，人皆掩鼻而过之。将见而不见，将闻而不闻，恶其不洁而见闻为心所自禁；恶与禁均其动作，是亦行也。由自禁之隐伏动作，发为掩鼻之显著行动，未尝不自觉，是亦知也。信如是，知即隐伏之行，行即显著之知，知行殆同时同所而为同物；真所谓"两个字说一个工夫"矣。近今实验主义家（pragmatists）有所谓"潜萌动作"（nascent act），而心理学之行动论派名之曰"隐伏行动"（implicit behavior），施勒（J. C. F. Schiller）云："知乃行之引子，知实活动而藏于行中"。② 其说殆与阳明所谓知行合一相类似。（施勒认石亦有知，与阳明瓦石亦有良知之言相合），然施勒从经验之知发端，阳明从直觉之知发端；结论虽同为"知即是行"，而其所谓知实有不同。经验之知，有直接，有间接。直接者，为亲知，为感觉之知；固

① 见《传习录·上·徐爱记》，详第十二章。
② 见施勒《人本主义研究集》（*Studies in Humanism*）论 19，页 440～441，参看张东荪《新哲学论丛·唯用论》。

属即感即动，即知即行。间接者，为涉知，为智慧之知；思而后行，行而后验，则知行之距离颇远；若非认知为动，殆难谓之合一。直觉之知即良知，有直接而无间接，有现在而无过去未来；知之斯行，不待学虑；虽不假定所谓隐伏动作，亦得谓之合一。良知涵良能，直觉涵本能，法哲柏格逊（H. Bergson）之直觉主义（intuitionalism），盖最与阳明学说神契；实验主义特貌似而己。彼行动论以为"行即是知"，又与实验主义之认知为行有别。认知为行者，提行以就知，认行为知者，抑知以就行。抑知就行，其极必至于无知；行动论乃有行无知之说，非知行合一之说也。要之，知行在直觉上本能上可以合一，在经验上智慧上不必合一；在心理上可以合一，在名理上不必合一；在哲学上可以合一，在科学上不必合一；阳明之言知行合一，不外乎良知良能，自成条贯，自有限度；孙中山先生虽不然其说，而亦承其在一定范围内甚为适当。① 良知良能在道德上实为根本要素，则伦理学仍未可否认此说之价值矣。

① 详见《孙文学说》，第五章，知行总论。

第二章
何谓伦理学

语原与词义

宇宙内人群相待相倚之生活关系曰伦；人群生活关系中范定行为之道德法则曰伦理；察其事象，求其法则，衡其价值，穷究理想上至善之鹄，而示以达之之方，曰伦理学。伦理学或称"道德哲学"。伦理学为英语"Ethics"之译名，原于西腊文 Tahθκà（ta ethica），hθlk cs 出于 ζθos（ĕ thos），义为品性与气禀（character or disposition），亦与ĕθos（ĕ thŏs）互相关联，义为习惯与风俗（habit or custom）。"道德哲学"译自英语之"moral philosophy"，原于拉丁文之"philosophia moralis"，其复名"mores"义亦为习俗，其单名"mos"义亦为品性。① 言乎风俗习惯，略近吾国所谓礼，言乎品性气禀，略近吾国所谓性；曰伦理学，曰道德哲学，殆犹吾先哲之互言理学道学。唯理学道学，往往旁涉物理，上及天道，其封域实较为广漠。② 近有以所谓"人生哲学"代伦理

---

① 参看（一）翁德《伦理学》（Wundt, *Ethics*）英文译本卷一、章一，节一，页 24～27，（二）薛雷《伦理学导言》（Thilly, *Introduction to Ethics*）章一，节三，页 4～5，麦肯最《伦理学袖珍》章一，节一，页 1。
② 按程朱书中多见道学二字，陆象山集中多见理学二字，晦翁好言太极无极，象山则不之信，其文集但详人事，盖以道学名者涉及形上之天道，以理学名者仅重人事，二者初本有别，后儒乃浑而言之耳。

学者，或谓人生哲学即伦理学，或谓伦理学为人生哲学之一部；由前之说，则名不从主人，由后之说，则义歧而适足以滋惑。① 德国倭铿（R. Eucken）以人生问题为哲学中心，其所著哲学史，颜曰"柏拉图以来各大思想家之人生论"（the problem of human life as viewed by the great thinkers from plato to the present time）；又有《新人生哲学基义》一书（the fundamentals of a new pilosophy of life），特示人生问题在哲学上之重要。其专讲伦理者，则有《亚里士多德伦理学之方法与基义》（the method and fundamentals of the aristotlian ethics），及《现今伦理学对于精神生活之关系》（present day ethics in their relation to the spiritual life）等书。伦敦大学讲师纪布逊（W. R. Boyce Gibson）述其学说，名曰"倭铿人生哲学"（Rodolf Eucken's Philosophy of life）。哈佛大学教授罗蔼思（J. Royce）自辑所撰哲学论文及其关于詹美士哲学之讲稿，亦以"人生哲学"标题。而毕尔璟（M. Belgion）氏著《现代人生哲学》（our present philosophy of Life），则历述萧伯讷、佛洛特（S. Freud）、盖特（A. Gide）及罗素诸家之见解。是"人生哲学"范围较广，显与伦理学有别；转不如"道德哲学"之异名同实，可以互称。然是学久已独立而为科学，不得复以哲学名之；或改称"道德科学"，而道德科学（moral sciences）在英伦有时为哲学、名学、伦理学诸科目之通称，义与所谓"精神科学"同②；或简称"道德学"，而其名犹未酌定俗成，在中土且易与司马谈所谓道德家之学相混；则曷若仍用伦理

---

① 胡适教授《中国哲学史大纲》于导言中列举所谓"人生切要问题"乃云："人生哲学旧称伦理学。"（第三项注文）不知何据。其哲学定义曰："凡研究人生切要的问题，从根本上着想，要寻一个根本的解决；这种学问，叫做哲学。"彼所谓哲学，似限于人生切要问题之研究，而宇宙论、知识论及名学，皆包含在内，则是以人生概哲学全体也，安得复以之名其一部乎？即如所列教育哲学、政治哲学、宗教哲学，固亦研究人生切要问题者也；又安得使伦理学独蒙人生哲学之名乎？国人袭讹承谬，浸至俗成。近年译欧美伦理学书者，往往外题人生哲学以徇流俗，而内容实循伦理旧名；盖亦心知其非矣。
② 参看薛雷《伦理学导言》原书章一，节三，页5，注文。

学一名为愈乎？此外犹有三名，推论道德现象之异同者，曰"Ethology"；类比道德标准之异同者，曰"Ethography"；应用道德通则于特殊行为，而思以种种义务与标准相符合者，曰"Casuistics"。前二名之语根均为"Ethos"，其所推比，即各时代，各地域，人类习俗品性之异同。后一名为希伯来、希腊、罗马以降道德上决疑之术，或以礼俗法律为准，或以天禀良知为准，亦随时代而异。① 华尔登氏（Charles Walston）欲舍"Ethology"而用"Ethography"，以代伦理学，谓可以复兴昔之所谓"Casuistics"。② 然三者皆不足语于道德价值之判断，道德理想之穷索，哈浦浩（L. T. Hobhouse，1864～1927）氏所谓"比较伦理学"（Comparative Ethics），已足以统斯三者，而义尤深远，③ 不妄则取以名吾书焉。

　　中土伦理二字，散见群籍，在小戴礼乐记则合见而复分见。乐记曰："乐者，通伦理者也。"又曰："论伦无患，乐之情也。"又曰："乐行而伦清。"尚书尧典下曰："八音克谐，无相夺伦。"小雅曰："维号斯言，有伦有脊。"论语曰："言中伦。"又曰："欲洁其身而乱大伦。"中庸曰："行同伦。"又曰："毛犹有伦。"洪范曰："彝伦攸叙。"孟子滕文公上曰："使契为司徒，教以人伦。"又曰："学则三代共之，皆所以明人伦也。"离娄上曰："圣人，人伦之至也。"离娄下曰："察于人伦。"荀子解蔽篇曰："圣也者，尽伦者也。"富国篇曰："人伦立处。"儒效篇曰："人伦尽矣。"荣辱篇曰："夫是之谓人伦。"据此，伦非仅人与人之关系，自非专指狭义之人伦言：声音有伦，语言有伦，事物有伦，德行有伦，四者皆归于和，而乐尤与德相通。周礼大司乐以乐德教国子，中、和、祗、庸、孝、友，尧典下伪孔传据以释"教胄子"。乐记云："乐在宗庙之中，君臣上下同听之，则莫不和敬；在族党乡里之中，长

① 见《和协主义与有觉进化》（*Harmonism and Conscious Evolution*）部二，章四，页326。
② 见前书同页小注。
③ 见《道德进化论》（*Morals in Evolution*）部一，章一，页19。

幼同听之，则莫不和顺；在闺门之内，父子兄弟同听之，则莫不和亲；故乐者，所以合和父子君臣，附亲万民也。"又云："大乐与天地同和，大礼与天地同节；乐者，天地之和也，礼者，天地之序也；和故百物皆化，序故群物皆别。"乐理之通于伦理，正以和耳。希腊毕达噶腊（pythagoras，B. about 582，B，C.）以数示物之则，以和示数之序；认为诸天体以运行而发谐和之音，有所谓"天球之乐"（the music of the spheres）；人之精神须结合于宇宙太和之下，破此谐和则为恶。伦理诸名，概可以数理诠之，正义、平方数也，友道、和而均等也，德、和也、健康亦和也。① 盖伦理之善，乐理之美，数理之真，皆和而已矣。伦理义蕴甚富，指归在和，语其封畛，既可兼赅道德人生，而又不至与它名混；循旧名而立新说，不亦可乎？

伦谓人群相待相倚之生活关系

此伦之涵义也。许慎说文人部曰："伦，辈也。"羊部曰："群，辈也。"伦与群均训辈，似伦亦可训群。荀子富国篇"人伦并处"注云："伦，类也，其在人之法数，以类群居也。"（杨倞注）小戴礼记文王世子"如其伦之丧"注云："伦谓亲疏之比也。"（郑玄注）孟子离娄下"察于人伦"注云：伦，序，……识人事之序。"（赵岐注）荀子儒效篇"人伦尽矣"注云。"伦，等也，言人道差尽于礼也。"曰类、曰比、曰序、曰等，皆由辈之一义直接引伸而得；人群类而相比，等而相序，其

---

① 参看（一）韦尔敦（J. E. C. Welldon）英译亚里士多德《尼珂玛克伦理学》（Nicomachean Ethics）篇五，章八，页151。（二）莫利斯（Gco. S. Morris）英译俞伯维（Ueberweg）《哲学史》（A History of Philosophy）卷一，部一，节十六，页47，（三）薛几微《伦理学史大纲》（Outlines of The History of Ethics）章二，节三，页14。（四）华尔登《和协主义与有觉进化》部一，章一，页10。

相待相倚之生活关系已可概见。若复间接引伸之，则又可得下列数义：

（一）集合关系之义　伦从人，仑声。说文△部曰："仑，思也，从△册。"又曰："△，三合也，读若集；合，△囗也。"段注云："聚集简册，必依其次第，求其文理。"又云："三口相同，是为合；……引伸为凡会合之称。"周礼宫正职"会其什伍"注云："五人为伍，二伍为什；会之者，使之辈作辈学相劝帅。"集个人以为群，譬犹集竹简以成册，三人相合则众矣，众人相聚则群矣。例如卒、伍、师、旅以人为单位之集团也；[①] 比、闾、族、党以家为单位之集体也。[②] 集体集团之演进，由家庭而社会，而国家民族，而世界人类。今之社会学家类别"群型"，分为群众，集团及抽象集体三大类；群众分具体群众，抽象群众两种，集团分二人团，三人团，中团，大团四种，而抽象集体析之达三十一种而未尽；[③] 则人群之"集合关系"益复矣。

（二）对偶关系之义　伦者，轮也。（皇侃说）军发车百两为辈，一车两轮，故称两。周礼太宰职"以九两系邦国之民"，注云："两犹耦也，所以协耦万民。"（耦今作偶）中庸"仁者人也"，注云："人也读如相人耦之人。"说文仁字下段注云："人耦犹言尔我亲密之词，独则无耦，耦则相亲，故其字从人二。"二人并耕曰"耦耕"，二人并射曰"耦射"，推之父子、母子、兄弟、夫妇、朋友、师生、长属等皆相偶者也；鳏、寡、孤、独，皆无偶者也。父对子，为"一多关系"（A one-many relation），子对父，为"多一关系"（A many-one relation），夫对妇，为"一一关系"（A one-one relation）兄对弟，弟对兄，或为"一多"或为"多一"，或为"一一"，三者皆有之；其他类是。[④] 父子兄弟夫妇

---

① 周礼司马有万二千五百人为军，有二千五百人为师，五百人为旅，百人为卒，二十五人为两，五人为伍。

② 周礼大司徒，五家为比，五比为闾，四闾为族，五族为党，五党为州，五州为乡。

③ 详见冯维裔《系统社会学》英译本 443 页。

④ 参看罗素《外界之知》（B. Russell, *Our Knowledge of the External World*）讲演七，页 203。

为异名之对待，朋友为同名之对待，其在逻辑上皆为对待之名词者，正以在人群中皆为对偶之关系也。[①] 今之社会学家分析对偶关系，有男女对偶，朋友对偶，长属对偶，师生对偶及经济系统对偶之属，达二十余种而未尽；[②] 则人群之"对偶关系"益繁矣。

（三）联属关系之义　伦者，纶也，（皇侃说）经纶天下之大经也。（中庸语）简册有绳线联贯之，故谓之经；引伸为联属人群之大经，则有常义。大戴礼文王官人篇曰："伦有七屑，属有九用。"又曰："九用有征，乃任其属。"孔广森补注云："属，系也，周官太宰以九两系邦国之民，此七属即九两之事。"郑玄周礼注云："系，联缀也。"人之相集合，相对偶，均须有以联属之；其本为对偶者，可以联成集合之群，如周礼大司徒职所谓："联兄弟，联师儒，联朋友……"，正所以系属万民而为民族是已。其本为集团集体者，可以联成对偶之群，如族师职所谓："五家为比，十家为邻，五人为伍，十人为联……"，实联二比二伍是已。今则邦与邦联，国与国联，而世界人类之"联属关系"且演进而未有已焉。

抑人之相集合也，非为乌合，人之相对偶也，非如木偶，人之相联属也，非等机械。其为群也，有组织，有官能，有生命，有意志，群之本身即为一"有机体"。人生息于群体之中，犹细胞然，细胞不能离机体而生存，个人不能离群体而生存。人与人交互织入群体而构成共同生活之关系，是之谓伦。"关系"于拉丁文为"胡里勒底倭"（Relatio）。严复氏译作伦，而又云："此言对待，此言相属；"[③] 正与联属对偶两义相符，独缺集合一义。然亦足证明伦与"关系"同义已。集合联属即相倚之关系，对偶即相待之关系。故曰：伦谓人群相待相倚之生活关系也。

---

① 参看穆勒《名学系统》（J. S. Mills, *A System of Logic*）页43。
② 详见冯维嵜《系统社会学》英译本509页。
③ 参看穆勒《名学系统》原书页29，及严复译本部甲，篇三，节一，页33。

伦理谓人群生活关系中范定行为之道德法则

此伦理之涵义也。伦亦有训道训理者，乃其别义；伦理之伦自不可以此重复为训。理与道字则字之义均相近，请分别述之：

（一）理与道 理之本义，治玉也。（见说文玉部）战国策郑人谓玉之未理者为璞，剖而治之，乃得其䚡理。（本段玉裁说文注）引伸之，有分析精微之意，故谓之分理；凡言条理，文理，肌理，脉理者，皆为可相别异之分理，天理特分理之自然者耳。孟子万章下曰："金声也者，始条理也，玉振之也者，终条理也。"韩非子解老曰："理者，成物之文也，万物各异理，而道尽稽万物之理。"郑玄乐记注曰："理，分也。"杨倞荀子臣道篇注曰："言推近以知远，以此为条理也。"朱子语类曰："理各有条理界瓣，……理是道字裹面许多理脉，……道字宏大，理字精密。"（卷六性理三）又曰："理者，有条理，仁义礼智皆有之；……只是这个理分做四段，又分作八段，又细分将去。"（同上）陈北溪性理字义卷下理字条曰："道字较宽，理字较实。"颜习齐曰："凡理必求分析之精，是谓穷理。"（颜氏学记）李恕谷曰："理者，物之脉理也。"（大学辨业）戴震孟子字义疏证曰："理者，察之而几微必区以别之名也，是故谓之分理。在物之质曰肌理，曰腠理，曰文理，得其分则有条而不紊，谓之条理；……天理云者，言乎自然之分理也。"段玉裁说文伦字注曰："粗言之曰道，精言之曰理。"又理字注曰："凡天下一事一物必推其情至于无憾而后即安，是之谓天理。……"据此，道谓溥遍之大法，理谓特殊之分理，析言则有别，浑言则不别也。

（二）理与则 则之本义与理略同；则、等画物也，等画物者，定其差等而各为界画也。（见说文段注）诗云："天生丞民，有物有则，民之秉彝，好是懿德。"（大雅丞民篇）毛传云："物，事，则法，彝，常，懿，美也。"韩诗外传云。"言民之秉德以则天也。"朱子集注云："有物必有法，如有耳目则有聪明之德，有父子则有慈孝之心，是民所秉执之常性也。"黄干曰:"有物者,就人身上有耳、有目、有手、有足、有君臣、有父子之类而言也,有此等物,便有此当然之则,如耳聪目明(洪范)手恭足重(玉藻),君仁臣忠父慈子孝(左传)之类是也。当然之则,无物不体,实根于人性之本然。"(勉齐文集复叶味道书)陈北溪曰:"只是事物上一个当然之则,便是理,则是准则、法则,有个确定不易的意;只是事物上正当合作处便是当然,即这恰好无过些亦无不及些,便是则。"(性理字义理字条)王龙溪曰:"良知是天然之则,物是伦物感应之实事;如有父子之物,斯有慈孝之则;有视听之物,斯有聪明之则;伦物感应实事上循其天则之自然,则物得其理也。"(全集格物问答原旨)戴震曰:"理非他,盖其必然也,……举凡天地人物事物,不闻无可言之理者也;……就天地人物事物求其不易之则,是谓理。……凡言与行得理谓之懿德;得理非他,言之而是,行之而当,为得理;言之而非,行之而不当,为失理;……好其得理,恶其失理,于此见理者,人心之同然也。"(绪言上)据此,物指伦物实事而言,则指"道德法则"而言,理即当然之则也。

要之,伦理者,群道也。人生而有群,有群斯有伦,而人与人相待相倚之间,必有其道以为之基,是谓"伦基"(Fundamentum Relationis)。伦基为"关系者"(Relata)两方共具之事,两名共涵之义。譬如父子关系为"一联形气之事"衔接而成,即所谓"父子有亲"是;其人之所具者此事,其名之所涵者亦此事,而伦基即在此形气之事之中。父本之以为父道而有慈,子本之以为子道而有孝,[1] 父子之道同本于亲,而慈孝之理以分位异,其他关系,准此类推。荀卿曰:"人伦并处,同求而异道,同欲而异知,生也。(生读为性)欲恶同物,欲多而物寡,寡则必争矣。离居不相待则穷,群而无分则争;救患除祸,则莫若明分使群矣。"(荀子富国篇)又曰:"人何以能群?曰分;分何以能行?曰义。故义以分则和,和则一,一则多力,多力则强,强则胜物;故宫室

—————————
[1] 参看严译《穆勒名学》部甲,篇二,节七,页29。

可得而居也，得之分义也。……群道当，则万物皆得其宜，群生皆得其命。"（荀子王制篇）分义乃今所谓本分，义务，均属道德法则，简称曰理；而群道即伦理之别名。故曰伦理谓人群生活关系中范定行为之道德法则也。

伦理学之界说

伦理之词义既明，然后可定斯学之界说。界说与义训有辨；义训不过举本名所命而申言之，界说须标举内涵，揭明对象，以数语括一学之大旨。中土自然科学向不发达，而伦理之学最盛，儒家一论及学，辄指伦理道德言。荀卿曰："学也者、礼法也；学至乎礼而止矣，夫是之谓道德之极。"刘向曰："学者、所以反情、治性、尽才者也。"徐干曰："学也者，所以疏神、达思、怡情、理性，圣人之上务也。"陈亮曰："学者，所以学为成人也。"颜元曰："学者、学成其人而已。"① 此五说者，皆泛为学字立界，曰"礼法"，曰"道德"，曰"性情"，曰"才能"，曰"神思"，曰"成人"（即完成之人格），见学不外乎人伦，而亦各有契于伦理学所涵之只义。古籍具有伦理学之统类条理者，莫如大学一书，其开宗明义曰："大学之道，在明明德，在亲民，在止于至善。"② 斯固大学之纲领，亦即大学之界说。明儒罗近溪曰："大学一书，联属家、国、天下、以成其身，所以学乎其大者也。"③ 盖身兼心意知物家国天下，诚可谓独见其大，片言居要矣。远西伦理学之界说，随时代而变迁，因学派而殊异，樊然歧出，不可胜数；其彰明较著者，

---

① 见《荀子》修身、劝学篇，刘向《说苑》建本，徐干《中论·治学》，《陈龙川文集·答朱元晦书》，颜习齐《存学编》辨一。
② 朱注引程子曰：亲当作新，今依《小戴记》之旧，仍作亲。
③ 见盱坛真诠。

约可汇为九种：

（一）研究行为与品性之学　寻绎前述希腊拉丁语原，"伦理学为习俗或道德之学，品性或行为之学。"亚里士多德（Aristotle）有所谓伦理之德，智慧之德，其徒遂以伦理学一词赅是二者。罗马习瑟罗（Cicero）更译希腊语之伦理学为道德哲学，以丰富拉丁文义。盖皆注重行为内蕴之品性，而略其外缘之习俗也。[①]　辄近有以行为界伦理学者，如牛津大学教授斯蒂华（J. A. Stewart）谓："伦理学为行为之理论"；爱丁堡大学教授余慈（J. Seth）谓："伦理学为道德或行为之学"；是已。有以品性界伦理学者，如马铁奴（J. Martmeau）谓："伦理学为人类品性之学"；缪赫德谓："伦理学为道德品性之学"；是已。有以行为与品性界伦理学者，如史蒂芬（L. Stephen）谓"伦理学为关于人类行为品性之科学"；是已。此皆根据语原，演为界说，但明对象，不著边际者也。缪氏有言："品性即行为之习惯或风俗。"[②]　夫品性谓为行为之习惯犹可，谓为行为之风俗则不可；行为足以赅品性，品性不能赅行为；而人类行为有在伦理以外者，如所谓"非道德行为"是。界以行为则过广，界以品性则过狭；即合两义言之，亦未免浮泛也。

（二）研究终鹄或至善之学　希腊苏格腊第（Socrates）、柏拉图（Plato）均兢兢于善之一义，而柏氏认至善为宇宙之鹄，实等于神。亚里士多德以为："伦理学务在研究吾人尽性合理之行动与天职，以求完全生活上之至善"，于是伦理学之封界始明焉。中世意大利阿奎纳（Thomas Aquinas）以为："终鹄唯一，至善不二，客观之至善在神"；号为祖述雅氏，而所见适类柏氏。近代德国鲍尔生（Paulsen）以为：

[①]　参看鲍尔生（F. Pausen）《伦理学系统》（*A System of Ethics*）卷一，引论节一（薛雷英文译本）及翁德《伦理学》卷一、章一、节一。

[②]　斯氏说见第十版《大英百科全书》卷十八，页300，余氏说见《伦理学原理肄言》（*A Study of Ethical Principles*）章一，节一，马氏说见《伦理学派别》（*Types of Ethical Theory*）卷一，引论一，缪氏说见《伦理学原论》（*Elements of Ethics*）章一，节一，史氏说见《伦理科学》（*The Science of Ethics*）章一，节五。

"伦理学之职分，在论定人生之正鹄或至善，而又示其所以实现至善之方"；① 则意与雅氏全同。准雅氏一派之意："伦理学者，研究至善之为人生终鹄，可由个人合理行动而达之者也。"② 终鹄而属于人生，则伦理与神学有别矣；行动而属于个人，则伦理与政治有别矣；英美学者，多申斯义。柯琅琳（Rev. M. Cronin）曰："伦理学者，辨别人类行动在道德上为善为恶之学也。研究合乎人类理性之人类行为，且由理性导以趋于人之自然终鹄者也。"罗吉士（Reginald A. P. Rogers）曰："伦理学者、讨究普通原理而以之决定人类行为终鹄之真值者也。"穆诃（G. E. Moore）曰："伦理学者，首论'何为善'之一般问题者也，非徒论人类行为之孰善孰恶而已。"麦肯最（Mackenzie）曰："伦理学者，行为理想之学也，人生理想之学也。"柏克斯（Prof. Birks）曰："伦理学者、理想上人道之学也。"③ 盖理想正指终鹄言，而人生之终鹄即至善；终鹄乃绝对之鹄，至善乃绝对之善：其他一切相对之鹄，相对之善，皆为终鹄至善之作用。终鹄本自为善，更无善于此者；至善本自为鹄，更无较高之鹄以此为作用者。伦理学即以蕲达人生绝对之鹄、绝对之善为职志，其义自较第一界说为深远。然试问何谓终鹄？固可以至善应之：试问何谓至善？则不得复以终鹄应之。雅氏尝以幸福当至善，而幸福以外尚别有所谓至善；况幸福究为何物，解答又将不一乎？伦理学而仅以此立界，殆犹未免过于抽象耳。

（三）研究道德律及义务之学　自斯多噶（Stoics）而后，中经罗马

---

① 参看（一）韦尔敦所译《尼珂玛克伦理学》篇一，章六，页 16。（二）吕克倍（Ricku-by）所述《阿奎纳伦理学》（*Aquinas Ethics*）卷一，页 3。（三）薛几微《伦理学史大纲》章一，页 2，及章三，页 141～146。（四）鲍尔生《伦理学系统》引论，节三，页 4。

② 参看佘慈前书同章，节一，节四，及薛几微前书章一，页 2～3。

③ 柯氏说见《伦理科学》（*The Science of Ethics*）卷一，章一，罗氏说见《伦理学略史》（*A Short History of Ethics*）导言节一，穆氏说见《伦理学原理》（*Principle of Ethics*）章一，节二，麦氏说见《伦理学袖珍》章一，节一，柏氏说见《新普林斯顿评论》（*New Princeton Review*），卷一，页 187。

法基督教之影响，以迄康德（Immanuel Kant），道德律之观念渐臻重要。据康德所言："形上伦理学不徒在义务上穷理致知以明其体，且实践义务之法则（即道德律）以达其用。"其徒斐希特（J. G. Fichte）以为："道德科学在普通方面为德性之理论，在特殊方面为义务之理论。"又以为："道德之学使人与道德律相关联，而禁欲之术使人常存义务之念。"① 故康德派之界说曰："伦理学者，研究关于行为之道德真律，理性训条者也，研究义务及正行之通则，认为人人所当绝对遵从，而不容计及自身福利者也。"② 薛几微虽非康德派，而亦取其意以立界说云："伦理学者，研究何为正，何为当，而依乎个人有意志之动作者也。"③ 盖亚里士多德派所重在鹄，以"善"为主要问题；康德派所重在律，以"正"为主要问题。鹄抽象而属于幸福之理想，律具体而切于义务之事实；"善"有好义，可欲之谓善；"正"有直义，中矩之谓正。所谓正行者，必直接有愿为之志、能为之力、可为之令、当为之义，而善行之鹄或甚远，所为不必若是之严格也。④ 然蔽于道德法式而忽其内容，斯亦康德派之短已。

（四）判断正邪善恶之学　英国霍布士（T. Hobbes）谓："道德哲学为人类社会上行为上辨别善恶之学。"亚历山大教授（Prof. S Alexander）亦谓："伦理学为善恶判断之学。"⑤ 然犹未以正邪与善恶并举焉。美国杜威拓夫特合著之伦理学书曰："伦理学者，研究行为而辨其正邪

① 参看（一）孙泊尔（J. W. Semple）英译康德《伦理玄学》（The Mctapbysic of Ethics）章二，页23，（二）克鲁格（A. E. Kroeger）英译斐希特《知识论上之伦理学系统》（Das System Der Sittenlehre Nch den Principien Der Wissenschaftslehre, 1798, The Science of Ethics as Based on the Science of Knowledge.）篇一，页19，及附录页379，页384。
② 参看薛几微《伦理学涂术》引论，节二，页三，及《伦理学史大纲》章一，节四，页6。
③ 见《伦理学涂术》引论节三，页4。
④ 参看前书篇一，章九，节三，页110～113。
⑤ 见霍布士《勒斐雅甄》（Leviathan，或译《巨灵》）章十五，及亚历山大教授《道德秩序与进步》（Moral Order and Progress）。

善恶之学也，易词言之，详论行为上之判断，乃立于正邪善恶之见地而品评之者也。"[1] 利勿浦大学教授费尔迪（G. C. Field）曰："伦理学者、吾人道德范畴之批判也，范畴即概念之谓，善恶正邪是也。"威斯康辛大学教授沙勃（E. C. Sharp）曰："伦理学以密切相关之正善两名为题材，首论行为正邪之判断，而又论及善恶两名之用于判断者也。"[2] 此类界说，意在兼重正善两义。然伦理学非仅判断何种行为为正为邪为善为恶；必先研究何为正，何为善，而后何为正行善行之问题乃可以断定。[3] 徒举正邪善恶而不及律与鹄，则判断又将以何物为标准耶？

（五）研究人类幸福之学 英国夏甫伯里（Shaftesbury）以为："道德哲学乃人类幸福之研究。"哈企苏（Hutcheson）以为："道德哲学之首务，在示仁者之幸福由博爱致之。"[4] 殆均本于苏格腊第福德一致之义，而有功利论之倾向。唯其研究之重心，实在道德官觉而不在幸福，此所以终为直觉派也。边沁（Bentham）曰："伦理学者、就一般言之，指导众人行为，以产生最大量幸福之术也。"斯宾塞（Spencer）曰："伦理学者、研究一般行为中最进化之人类行为，及其直接间接对于群己福利之促进或阻碍者也。"[5] 斯则以幸福为人类行为之正鹄，纯乎功利派之界说矣。然福非人生唯一之鹄，重福而轻德，岂苏氏本旨乎？

（六）研究道德觉识之学 英国直觉派伦理学家趋重良心之研究。

---

① 见《伦理学》章一，节一。
② 见费尔迪《道德论》（*Moral Theory*）章一，沙勃《伦理学》章一。
③ 参看穆诃《伦理学原理》章一，节二。
④ 见夏氏《道德哲学狂言》（*The Moralist，A Philosophical Rhapsody*）部三，节三，哈氏《道德观念探原》（*An Inquiry Concerning the Original of Our Ideas of Virtue or Moral Good*）章七，节二，参看薛几微《伦理学史大纲》章四，页185注文，及赛贝比格（L. A. Sebry-Bigge）《英国道德哲学家名著选》（*British Moralists，Being Selection from Writers Principally of the Eighteenth Century.*）卷一，页155。
⑤ 边氏说见《道德及立法之原理》（*Principles of Morals and Legislation*）章十七，页310，斯氏说见《伦理学张本》（*The Data of Ethics*）章十六，节一百零七。

有认伦理学乃研索道德职能（Moral Faculty）之起原者，如葛拉克（S. Clarke）喀德渥（H. Calderwood）等是。有认伦理学乃诠明道德官觉（Moral Sense）之本质者，如夏甫伯里哈企荪等是。[①] 有认伦理学乃探究道德情感之本质及起原者，如史密斯（Adam Smith）等是。[②] 近人威廉士（Rev. H. H. Williams）乃曰："伦理学者，覃思于道德觉识之本性者也。"魏斯妥玛（Westermarck）亦曰："伦理学若为一种科学之名称，其职志仅在视道德觉识为事实而研究之耳。"[③] 盖道德职能，道德官觉，均谓特殊之官能，而道德情感即属普通之觉识；其实良心并非道德上之特殊官能，仍不过普通觉识之施于道德判断者耳。史氏知其然，故不言官能而言同情，抑同情又不足以概道德觉识之全也。[④] 威氏以为道德觉识超乎一切道德标准之上，魏氏以为道德觉识所根据者唯情绪，斯诚鞭辟近裹矣。然尊主观，抑客观，是重内而遗外也。

（七）研究道德事象之学　征验派伦理学家认伦理学为事实之科学，非抽象之科学。如英之侯谟（David Hume）是已。[⑤] 法国孔德（Comte）以实证论为基础，认伦理学为社会学之一部，其研究限于道德之事实或现象；唯实证论所重，乃事实之法则，与征验论之徒重事实本身者不同。故自孔德观之，伦理学为实际应用之社会科学，关于社会进化法则之知识，根本重要，有加无已。[⑥] 德国翁德（W. Wundt）认"伦理学为创始之规范科学，首当察核道德生活之事实，其规范概念乃由事实之境移入法则之域。"美国赫挨斯（F. C. Hayes）认"伦理学为客观实在之研究，其对象即社会生活之事实，一切社会现象，可用常然

① 参见薛几微《伦理学史大纲》章一，节五，页9，及贾德（C. E. M. Joad）《常识伦理学》引论，界说4。
② 见史密斯《道德情感论》（*The Theory of Moral Sentiments*）部七，节一。
③ 威氏说见第十三版《大英百科全书》；魏氏说见《伦理相对性》（*Ethical Relativity*）页61～62。
④ 参看史密斯前书章三。
⑤ 见侯谟《道德原理探究》（*An Enquiry Concerning the Principles of Morals*）节一，页7。
⑥ 参看薛几微《伦理学史大纲》章四，节十九，页274。

之原理诠释之。"① 于是薜雷（F. Thilly）为之界说曰："伦理学者，辨别正邪之学也，义务之学也，道德原理之学也，道德判断及道德行为之学也，就道德现象之主观客观两方面而分析之、类别之、叙述之、诠释之者也。"② 此说似颇有实证论之精神，唯不免冗沓耳。然伦理学非止于以法则诠释道德事象，更须进而以标准衡量道德价值，实证论殆犹未足语此也。

（八）研究道德价值之学 美国艾弗勒惕（W. G. Everett）教授著《道德价值论》（Moral Values. 1917），认价值为伦理学之根本观念，义务、法则正当诸名，皆应以价值观念为基础；而伦理学即可藉此观念以统一行为之各种事实。道德上优劣善恶之取舍，即价值上大小正负之选择，故伦理学可称为比较价值之科学。于是正式为之界说曰："伦理学之为科学，研究关于全体生活行为之价值者也。"欧弼（W. M. Urban）教授著《伦理学基义》（Fundamentals of Ethics），亦以价值为基本概念，其界说曰："伦理学者、论定事物价值之学也，估定价值而有系统之学也。"③ 两家所言，盖已较前说为进一解矣。英国萨莱（Prof. W. R. Sorley）赖耶（Prof T. laire）史突（H. Sturt）诸氏，皆以道德价值为伦理学之中心问题。④ 而麦肯最所著《最高价值论》（Ultimate Values 1924）力言："价值概念最重要，其意义向为'善'与'当'两观念所掩蔽。'善，与'当'均有歧义，今以价值一名易之，庶免淆混。"⑤ 所见与艾欧二氏略同。然犹非根据现象学以论价值也。德国胡塞尔

① 参看（一）翁德《伦理学》卷一自序，及引论页9，（二）赫埃斯《社会学与伦理学》（*Sociogy and Ethics*）章三，页33～34。

② 见《伦理学导言》原书章一，节六，页11。

③ 艾氏说见《道德价值论》章一，节二，页7，欧氏说见《伦理学基义》章一，页6、页8。

④ 萨莱著有《道德价值与神之观念》（*Moral Values and the Idea of God*）及《道德生活与道德价值》（*Moral life and Moral Worth*）等书，赖耶著有《道德理论甄微》（*A Study in Moral Theory*）及《价值之观念》（*The Idea of Value*），史突著有《人类价值论》（*Human Value: an Ethical Essay*）。

⑤ 见麦氏《最高价值论》篇二，节一。

（Edmund Husserl），创立现象学，（Phenemenolgy）席勒尔（Max Scheler）据以治伦理学，批评康德之法式主义，揭橥所谓"价值之具体伦理学"。柏林大学教授哈特曼（N. Hartmann）大成之，近著《伦理学》三卷，译者柯特（S. Coit）氏题曰道德现象、道德价值、道德自由。[1] 而第一卷所论，实即价值在现象学上之结构。（据哈氏原题）现象学为一切可能实有之先验科学，其所谓现象，兼指事物之象与意想之象而言，[2] 自与实证论异撰。哈氏以为："自广义言之，伦理现象之总量，与万有现象之总量正同，善恶之世界，适等于事物及其关系之世界；虽道德价值非附丽于事物及其关系，但附丽于人及其活动，而'非道德价值，亦与之有深切之关联。新伦理学以索究价值为第一步，其标鹄在使人自觉有其道德官能，重启其罗所自锢之世界以示之。"[3] 于此可见哈氏所谓新伦理学之封界矣。新伦理学号为综合古代伦理近代伦理之长，[4] 实不过远宗柏拉图，近渊源于尼采（Nietzsche），而于康德派所谓道德法式，抑又忽焉；岂遂足以尽伦理学之全体大用耶？

（九）研究人生关系之学　昔洛克（J. Locke）有所谓"道德关系"，乃人类行为对于法则之关系也。[5] 斐希特分人类关系为二种：一曰"天然关系"，如夫妇亲子等关系是。一曰"人为关系"，如学人、教士、美术家、公务员及农矿渔猎工商技艺等阶级所有之关系是；人之义务即由人之关系而定，而人之一生须献身于种族或理型，是谓"循理而生"。[6]

---

[1] 哈特曼原书1926年出版，柯特译本1932年出版。
[2] 参看第十四版《大英百科全书》卷十七，页702，及骆宾荪（D. S Robinson）《现代哲学导言》（An Introduction to Living Philosophy）部五，章二。
[3] 见柯特英译哈氏《伦理学》卷一，引论，页45，及卷二，章一，页24。
[4] 参看哈氏前书自序及缪赫德序。
[5] 见洛克《人类悟性论》（An Essay Concerning Human Understanding）章二八，节十七，页285。
[6] 见斐希特《知识论上之伦理学系统》英译本，部五，章五，及其文集卷二，《现今时代之特点》（Characteristcs of the Present Age）讲演4，页47。

近人华尔登以为：人有对己、对人、对世、对神之关系，所谓社会关系、政治关系，尚不能概其全。义务有七；即对家族、对社会、对国家、对人类、对己身、对事物、对上帝之义务是。关系明，义务析，行为乃合于法则。① 当十九世纪之末，国际伦理总会曾明定伦理为一切人生关系之至要因素，包括个人、社会、国家、世界诸关系，而宗教关系不与焉。② 施勒（J. C. F. Schiller）曰："伦理学者，彼我关系之学也，我与人境之关系之学也。"哈蒲浩曰："伦理学者，研究生活之约束者也。"贾德（C. E. M. Joad）曰："伦理学者、其结论应与生活之事有关系者也。"华尔登亦曰："伦理学乃实践者也，乃各个人之实际生活、包含其对于他人或环境之无量关系者也。"③ 一言以蔽之曰：伦理学为人生关系之学而已矣。顾人生关系有人类间之关系，有人类外之关系，前者实为社会学研究之对象，特社会学所研究者，为人生关系之发端，重在求因与明变；伦理学所研究者，为人生关系之究境，重在求鹄与明值；前者但察客观事端之变迁，后者兼审主观心理之作用，此其别也。④ 施氏贾氏所言，殆等于社会学之界说，华氏之说虽有别，而未能穷其终鹄，抑亦非完义已。

综观上列九说，斯学封域之推移，问题之转变，均可得其端倪。而各家观点之异同得失尤灼然可见。第一说言行为品性而失之浮泛，第二说言终鹄至善而失之抽象，第三说重法式而遗内容，第四说重判断而遗标准，第五说重福利而轻德义，第六说重觉识而轻事象，第七说重事象而忽价值，第八说重价值而忽法式，第九说则重人生关系而忽终鹄；要之各有漏义，皆欠完满。予所认定之对象及涵义，前已揭明，兹更勒为

---

① 见华氏《和协主义与有觉进化》章四，页276，页279，页289。
② 见《宗教伦理大辞书》卷五，页14。
③ 施勒说见《人本主义哲学论丛》（Humanism：Philosophical Essays）页13。哈氏说见《道德进化论》，篇二，章八，页613，贾氏说见《常识伦理学》引论页2，华氏说见前书同章页278。
④ 参看赫挨斯前书同章页35，及冯微蕎《系统社会学》章三，页65。

界说之程式曰：

伦理学者，论定人群生活关系之行为价值，道德法则，穷究理想上至善之鹄，而示以达之之方者也。

第三章
伦理学研究法

性知与征知

伦理学为知行并进之学固已；第就知而言，则有所谓研究法焉。知之原安在邪？致知之术果奚若邪？知有原于理性者，曰"性知"，知有原于征验者，曰"征知"，[①] 性知多以外籀术（一作演绎法）得之，征知多以内籀术（一作归纳法）得之。外籀由全推曲，据思想中常然之原理，演为种种命辞，以证偶然之事实，而示其必至之结果，犹中庸所谓"自诚明"也。内籀由曲推全，先谛察散著事物之情状，求其自然相应之因果关系，而后立为会通之公例，犹中庸所谓"自明诚"也。例如人皆有死、为常然之原理；演而推之，某某、人也，故某某必死；此即由全推曲之外籀术。又如甲死、乙死、丙死、丁死云云，各为散著之事实，约而推之，甲、乙、丙、丁等，人也，故人皆有死；此即由曲推全之内籀术。盖外籀就常然之诚，证偶然之明，内籀就偶然之明，求常然之诚，殆均由已知推未知也。

---

① 性知二字，见王充《论衡·实知篇》，或称"理性之知识"（Rational Knowledge）；征知二字，见荀子正名篇，或称"经验之知识"（Empirical Knowledge）。

中土治学之法，中庸既发其秘，学派亦遂因涂术以分。庄子非接知、谟知，主德性之真知；孟子言良知、良能，尊心而贵思；陆王言心即理，喜顿悟，尚混成，而心学实大昌于阳明：此为理性一派。墨子言闻知、说知、亲知，以三表（本，原，用）察事，三名（达，类，私）类物，七辞（或，假，效，辟，侔，援，推）立辩；荀子言心有征知，缘耳目之官，立共别之名，明期命辨说之用，以三验禁三惑；程朱言即物穷理，贵经历，尚分析，而考证之学实原于晦翁：此为征验一派。[①]庄孟陆王之学不尽同，治学则同重外籀术而畸于诚，荀墨程朱之学不尽同，治学则同重内籀术而畸於明；阳明心学、已有直觉论之倾向，逮龙溪绪山南野近溪而益著。顾戴主实证，颜李主实用，而东原所标"实事求是"一语、（汉河间献王刘德语）与晦翁之"即物穷理"微异；求是者、求事之实然，穷理者、求理之当然，历史贵乎求是，伦理则贵乎求当也。刘蕺山虽由王学入手，而志在会合程朱陆王，其言曰："陆子之本心，几于诚明矣，朱子之主敬、几于明诚矣，合而言之，道在是矣。"（见刘子全书易衍）又曰："滞耳目而言知者、徇物者也，离耳目而言知者、遗物者也；徇物者弊至于一草一木皆用功夫，而遗物求心，又逃之无善无恶，均过也。故阳明以朱子为支离，后人又以阳明之徒为佛老；入大学之道者，宜折衷于斯。"（见大学古记约义，）此兼取理性征验两派之长，而补救其偏弊，殆中土之康德与？

外籀与内籀

治数学者必用外籀术，治物理化学者必用内籀术，研治伦理之法，果类数学乎？抑类物理化学乎？主性知者谓：道德条目、出自良心或理

---

① 详见拙著《中国哲学通论》原知篇。

性，不可征而亦无待于验；吾人决事立法之能力、为先天所固有，利害结果、固待征验而后知，善恶则知之于未征验以前；故伦理学以用外籀术为宜。主征知者谓：伦理学非由概念而演为种种条目，实由征验而发见事实间之关系；某种行为必生某种结果，乃论证之通式；人类固非有伦理学而后能判善恶，不得以是遂认为先天之性知；故伦理学以用内籀术为宜。① 两说似皆持之有故，言之成理矣。远西性知之说，发端于柏拉图，而以理性标宗者、当推特嘉尔（Decartes）斯宾诺莎（Spinoza）。特嘉尔认数学之界说公理不待证而自明，乃一切科学之模楷；其"方法论"（Discourse on method）有穷理之原则四，于伦理则立格言四条，为道德之规律。② 斯宾诺莎之"伦理学"全采几何论证法式，首界说，次公理，次命辞，终之以证明；其论神，论心，论情，论人之束缚，论人之自由，莫不皆然；而于致知力行之事，亦有所谓生活规律三则。③英伦直觉伦理学家如寇渥斯（Cudworth）、耿伯兰（Cumberland）、葛拉克辈，皆认道德真理与几何真理同，实汲大陆理性宗之流，厥后竟有黜理性而废推论者，则极端直觉派也。征知之说、倡自培根（F. Bacon）霍布士，而洛克侯谟穆勒（J. S. Mill）实大成之。洛克力破天赋观念之论，以为道德之知虽亦由第一原理推籀而得，其可以推籀也，或且与数学同，而第一原理仍出自征验；人之于道德观念，不能较自然哲学上之观念为益明者，非懈即妄耳。④ 然洛克犹不废因果之律也，侯谟乃力破因果律，持观念联合之说，以为伦理学莫善于用实验方法，由特殊事实之比较籀为公例；其先立玄通之原理，然后条析为种种论断者，自是另一科学方法，而适足以致荒谬；凡非根据征验与观察之伦理论证，皆当

---

① 参看薛雷所译鲍尔生《伦理学系统》引论，节四，页6，及蔡元培先生所译《伦理学原理》序论，节四，页4。

② 详见特嘉尔《方法论》（英译本）部二，页61，部三，页65～70。

③ 详见《斯宾诺莎集》（英译本）卷二致知论（*On the Improvement of the Understanding*）页7。

④ 见洛克《人类悟性论》篇三，章一十一，节十六，节十七，页418。

摈斥之。[①] 然侯谟犹承数学之公理为自明也。穆勒乃主张数学亦属征验科学，其公理实得自联想习惯，以为：苦乐质量之测度、莫如用比较之法，世之利用征验机会而又益以自觉反观之心习者、必有取于斯，而道德之标准亦在是焉。[②] 德国鲍尔生氏并述性知征知两说而自主征知，断言伦理学之研究法不类数学而类自然科学；[③] 殆亦征验宗之后劲也。然亚里士多德尝谓："推论有发端于原理者，有归结于原理者；伦理推论自当始于即知之事实，而原理之得、须有良好之道德训练。有时推论亦自原理始，而原理之发见，或由归纳，或由辨悟，或由积习，其涂各殊。理与事为始末两端，均得自直觉；公例出于殊事，而殊事必由直觉之理性知之。"[④] 虽其名学详于外籀，略于内籀，实甚已先康德而兼重性知与征知矣。

思辨法与征验法

外籀内籀为普通治学之术，兹当进而述伦理学之特殊方法。翁德大别伦理研究法为二：（一）思辨法（the speculative method），此法根据性知之理论，以反覆思考作用使觉识中之观念由暗而明；思考具有一定设想（definite hypotheses），由宇宙之观点、定辨证之历程，开展道德观念而析为构成之部分：无待于观察，无须乎犹豫，可藉观念之引导，疾达其标的而无阻。翁德谓此乃自欺之法，其害在伦理为尤著，故仅略及焉。（二）征验法（the empirical method），此法根据征知之理论，以

---

① 见侯谟《道德原理论》节一，页7。
② 见穆勒《功利论》（*Utilitarianism*）章二，页17。
③ 见鲍尔生《伦理学系统》引论，节四，页6～9。
④ 见韦尔登英译《尼珂玛克伦理学》篇一，章二，页6，章七，页17及篇六，章十二，页196。

观察、检核、抽象、解释为研究之程序，而观察最关重要。观察有属于内省者，有属于外观者，又得别征验法为两种：

（子）主观征验法　主观征验法者、内省吾心道德之动机，而察行为之情境者也。此法又因关于心理问题之见地不同而析为二派：

（甲）唯知派之主观征验法，注重心理之思想方面。

（乙）唯情派之主观征验法，注重心理之情感方面。

（丑）客观征验法　客观征验法者、外观社会历史之现象，而定道德之正鹄者也。此法又因关于伦理事实之见地不同而析为四派：

（甲）人类学派之客观征验法，从人类学上研究各人种、各民族、道德习俗、道德制度之自然演进。

（乙）历史派之客观征验法，从文化史上研究道德观念之发展。

（丙）法律派之客观征验法，从法律之客观形式上研究道德律所表现之意义。

（丁）经济派之客观征验法，从经济生活之现象上研究其对于行为之刺激。

翁德偏重征验法，故言之特详。然鉴于主观征验之两歧，客观征验之分化，其法仅能驭繁复之伦理事实，不足以得根本之道德原理；于是主张兼以情知两方面之主观征验相调剂，互以人类历史法律经济四方面之客观征验相辅益，更合主观客观为一，而又以征验法与思辨法相关联。意谓：假设原理之发见、思辨实任之，非复征验所能为役；至是思辨乃得冯藉征验而有成功。思辨法本可与征验法并行不悖，论程序则征验应在思辨之先；世之攻思辨伦理者，非攻其法，特攻其滥用是法耳。[①] 盖翁氏之于伦理，首检核人类之道德事实，次纠察道德观念之发展、伦理思想之系统，终就事实发见道德判断所根据之原理，而应用此原理于道德生活之各部分。前二步为内籀之准备，最后则由内籀以达外籀也。然翁氏于思辨法语焉不详，而治学新法近复层出不穷，下当次第

---

① 　见翁德《伦理学》（英译本）卷一，导言节二，页10～18。

补述之。

理想论宗之辩证法

辩证法（the dialectical method）为思辨法之一种，滥觞于希腊巴曼尼德（Parmenides）之辩"有"、崔诺（Zeno）之难"动"、苏格腊第柏拉图之对话，至赫智尔（Hegel）始具条理系统，用为穷理致知之利器，赫氏得为近世理想论派不祧之宗者以此，彼以为：思想循辩证法正、反、合（thesis, antithesis, synthesis）三段之序而发展，最初认一正面之观念，继即见一反面之观念与之对立，终乃知二者非实际相反、而根本上可以一致，则生一综合之观念；如是递进，矛盾渐泯，观念由虚而进于盈，由微而进于著，以达最高之绝对观念。[①] 以有言之，"有"（being），正也，"非有"（non-being）反也，"变化"（becoming），合也。以义蕴（essence）言之，"现象"（the world of appearance），正也，"形质"（content and form），反也，"比率"（ratio），合也。以概念（notion）言之，"生命"（Life），正也，"觉识"（cognition），反也，"绝对观念"（the absolute idea），合也。顾"有"与"非有"各有独立，两不相涵，由此转彼，彼现此灭，正反对等，无所谓进；"有"与"非有"又不能各自独生"变化"，二者相连而后可进于合。"形质"与"现象"相待相关，所谓反者、固异乎正，实非真反，反较正弥著弥盈而为真进，其进而达于"比率"也、固亦为前二者之合，实单演自形质、而不可独演自现象。"觉识"与"生命"更无实际相反之质素，虽彼此分段甚明，而所设之彼、亦非真彼，彼对于此，并非否定，不过移其肯定

---

① 参看骆宾荪《现代哲学导言》部二，章二，节二，及萨莱《道德价值与神之观念》章一，页 15～19。

之潜伏者而为显著者；觉识为生命之前进，生命仍存于觉识之中，其达于绝对观念之综合，但由觉识，不复涉及生命。盖有也，义蕴也，概念也，三者分段之旨趣不侔也。[①] 概念分段、适入精神之范围，精神分为主观精神、客观精神、绝对精神三段，主观精神分为灵魂、觉识、理性三段，客观精神分为法律、道德、人伦三段；法律即伦理之客观关系，道德即伦理之主观关系，人伦则主客关系之综合耳。[②] 第就伦理言之，爱、正也，憎、反也，和则合矣。博爱、正也，自爱、反也，同情则合矣。利他说、正也，利己说、反也，进化说则合矣。乐观说、正也，悲观说、反也，淑世说则合矣。禁欲说、正也，快乐说、反也，直觉说则合矣。唯理宗、正也，唯情宗、反也，完全宗则合矣。若斯之例，不可殚举。然赫氏于天下一切事物、皆分三段，未免拘牵；其立有与非有，正负并真，故违名学之"毋相反律"（the Law of Non-contradiction）。而正负与对待往往淆混。后之利用其术者、则又断章取义，颠倒改窜，徒袭有与非有之式，而不顾义蕴概念两范畴；甚且专主正反相灭，认综合统一为相对，矛盾斗争为绝对，谓之唯物辩证法；变本加厉，翩其反矣！是不可以不辨。

理想论宗之直觉法

直觉法（the method of intuition）肇始于柏拉图亚里士多德，中世经院哲学家安瑟猛（Anselm，1033～1109）首用拉丁文"直觉"（Intuitus）一词、训为现在之直接知识，德哲斐希特谢林（Schelling）均重

① 见麦泰迦（Mctaggart）《赫智尔辩证法之研究》（*Studies in the Hegelian Dialectic*）章四，节一〇七至一〇九。
② 参看俞伯维《哲学史》卷一，节一百二十九，页 237～243，及罗吉士《伦理学略史》部二，章四，页 215～227。

其术，而以直觉标宗者，则多为英格兰苏格兰之伦理学家。直觉乃当面
（face to face）现成之知，非逐步（step by step）推得之知。彼特嘉尔
之推籀法、赫智尔之辩证法，均由"玄理命题"逐步推及"伦理命题"；
直觉法迳自"伦理命题"发端，其命题非由玄理上之前题联贯而来。如
云："此人也善"，"此事也善"，又云："公道、善也"，"诚实、善也"，
本命题即可谓之自明，别无自明之命题在其前。"善"之概念、自具新
义，非由"有"之概念抽绎而出；其意义乃加于名数因果各关系之上，
而亦非出乎其间。伦理玄理之真、可以同一方法得之；唯伦理非出自玄
理，玄理亦非出自伦理，二者各自独立，彼此互无先后轩轾。英格兰派
如卜莱斯（R. Price），未尝立玄学系统，苏格兰派如吕德（Reid），以
伦理为普通哲学之部分，要皆专用此法而坚持此见者也。① 然卜莱斯吕
德辈所谓直觉，不外乎常识；法哲柏格逊（H. Bergson）之言直觉，则
尤深而详。柏氏以为：外籀内籀二作用、均出自智慧："外籀术对于伦
理学心理学之效用甚微，其施诸伦理也、不过在一定限度内可转易道德
为空间象征，视若物理，加以比喻；而比喻之不能处处适用，亦犹曲线
之不能恒与其切线相混同。外籀用于几何天文物理诸外界事象、固有万
能，用诸心界、则其术立穷；若无空间之直觉潜存、外籀术必无所措，
内籀术亦然。"吾人允宜超脱智慧、而纯恃直觉之体验；② 直觉者、同
情之本能也，吾人皆有一实在，得之自内，以直觉不以分析，斯即时时
流转之人格或"自我"（our own selves）；世之可以同情知之者、莫
"自我"若，而"他我"（other selves）亦不能遁于同情以外。"直觉
者、知之同情也，吾人藉以处自我于对象之内，与之合为一体，而卒

---

① 参看《现代哲学导言》部二，章二，节三，及《道德价值与精神之观念》章一，页
　　11～13。
② 见米辄尔（A. Mitchell）英译《创化论》（*Creative Evolution*）章三，页224～225，按
　　张东荪教授华文译本于"The metaphor never goes very far any more than a curve can
　　long be confuseo with its tangent"一句，译作"且其比喻亦非透澈，盖集切线不能成曲
　　线也。"窃疑其未谛，故易之。

不可名状者也。"天纵同情之人、以想像投其"自我"于"他我"之内，设身而处，易地以观，思其所思，感其所感，欲其所欲，因以深知彼之品性与行为，斯则非徒观其一一动作而察其动机者所可同日语。[①] 盖对于"自我"之直觉、异乎内省法，对于"他我"之直觉、异乎外观法也。虽然，同情之直觉往往为假设性质，其知自我也、固有直接征验伏于背后，其知"他我"也则无之，以吾之我知人之我而以吾之心知人之心，是法也、必恒以内部生活所表现之外部事实测验之而后可。

理想论宗之涵著法

涵著法（the method of intensive concretion）者，内涵具体作用之法也。内涵指一事一物所包涵之一切性质，具体则凝合各种性质为一、构成著明昭察之全体，故谓之著，亦谓之察；是法之于事物，通观全体而不蔽于一曲，其全体为有动力有生机之单元，非徒部分之集合。麦尔志（Merz）、霍尔恩（Hoernle）原名之曰"通全法"（the synoptic method），而骆宾苏乃锡以涵著法之名，与实在论宗之引微法（the method of extensive abstraction）相对比。[②] "通全"（synopsis）一词，实原于柏拉图。理性见事物之全，悟性见事物之分，析一事物为若干原素者、分析也，集诸原素而使之复合者、综合也；视事物如一全体，则为通全之法。综合未尝不示人以全体，其全体仅为部分之集合，而各部且画然甚明；通全法所得、乃真实之全体，其部分殆犹不能辨别。分析先于综合，分析所失，综合亦缺焉；通全不依分析，圆满自足，毫无亏

---

① 参看柏格逊《玄学导言》（*Introduction to Metaphysics*）英译本页 6，页 8，及萨莱《道德价值与神之观念》页 260～266。
② 见《现代哲学导言》部二、章二、节四。

损。分析之足病、在误认全成于分，分等于全；设既见其全，更于全中之分明其区别而示其关系，则分析法之与通全法、亦可并行不悖。全体自有其不属于各部分各原素之性质，知发条齿轮之关系者，未必即知钟之性质；知轻气养气之关系者，未必即知水之性质；知细胞体素官器之关系者，未必即知机体之性质；知感觉情感欲望之关系者，未必即知心灵之性质；知神经筋肉液腺诸活动之关系者，未必即知行为之性质。无机之物无论矣；机体之特性为生命，心灵之特性为觉识，行为之特性为意志，此惟属于全体不属于部分，并不属于各部分之关系；各部分及其关系固属于全体，而全体不止乎是。全体之有其属性、非因乎部分，但因乎部分所由见之单元；若误认单元为全体各部分之一而妄为之名，则又不可。① 斯宾塞曰："不知构成全体之部分、则全体之观念不能明，不知部分所属之全体、则部分之观念不能明，此为第一真谛；无全体之正确观念、即不能有部分之正确观念，此为第二真谛。若分见而全不见、则分自为一独立之全，其对于一般存在之关系、将致误会；分与全之相关，动而非静，知全更须先于知分。行为者、全体也，有机全体也，生物所演之种种动作交相依倚而为集合之体者也。伦理学所治之行为、乃此有机全体之一部，其一部所组之成分、与他部结合而不可离。《伦理行为》与《非伦理行为》均包涵于一般行为之内，欲知伦理各部分行为、须先知一般之全体行为，此一定之步骤也。"② 初观斯氏所言，似颇近于通全涵著之法；及细察之，仍不脱生物进化论上集分成全之故智，实不过综合法耳。行为乃浑然流动之有机全体，非由已成之零碎动作凑集连缀而成；治伦理学者首当通观行为之全象、而不视若种种动作之集合。一般行为皆在视域之内，"伦理行为"突现如图形，"非伦理行为"犹其背景，伦理行为中容又有不同之型突现而为前景；为便于研究起见、则姑以突现者为当前专注之对象，而仍不忘其与背景之关系。行

———————————

① 参看《道德价值与神之观念》章十，页245～248。
② 见斯宾塞《伦理学张本》章一，节一，节二，页1～4。

为之善恶，与其事后——回忆联想，不若即其将成未成之际、而当下予以全局之判断。施布朗格（E. Spranger）研究人之生活及品性，其步骤有四：（一）睽离（isolation），谓使精神上之"价值倾向"离心灵全体而自成一单元也，（二）悬想（idealization），谓悬想"价值倾向"之纯粹法式而构成理型也，（三）整全（totalization），谓顾及片面之型对于全局之关系也，（四）个别（individualization）谓注重历史地理及本人之特别环境也。施氏自谓：先抽象而后具体，颇与伽列略（Galileo）之科学方法相似；[①] 其法盖较涵著通全之术为尤精密，而不失之优侗，可用于心理、亦可用于伦理，可施诸品性、亦可施诸行为。由行为之模型，得价值之结构，于异而见其同，于全而知其分，即无优侗之失，亦无破碎之病，其庶几乎？

实在论宗之分析法

现代哲学之实在论宗莫不重视分析法，而史泼丁（E. G. Spaulding）言之尤详。史氏以为：分析与综合、宜并用之，有用于实验之事者，有用于数理之学者。取一机械之物而析之，求其构成之部分；纵有损坏，仍可修而合之，以复归于全；此用于实验之事者也。析一形上之对象，使其部分各在原位，一如其本然，因以见各部之如何相关而实际构成全体；分析所至、非具体之物，乃不可见之型，例如物体所占之空间，可析为三量，每量为一无广袤之直线，直线复可析为较小之诸线。析而又析，以至穷于量度，而析复无尽；但析必有一极限，虽不能达，庶几近之，其限为何？即点是已。点不可见、亦不可触，仅由理性穷其蕴而知

---

① 见施布朗格《人生基型》（Lebensformon，*Types of Men*）英译本序文乃部一，章七，页 105。

其型；点非实物、特型耳，知点之诸型、知点与数之关系、胥唯分析是赖，其法可推及望远镜显微镜所不能达到之处、以致吾之知；此为数理之推籀，恒用于数学，而且施诸有关数学之物理化学者也。[1] 然分析法之为用、自有限度；构造心理学家用其法，析觉识为情感、欲望、观念、感觉诸作用；[2] 行动心理学家用其法，析所谓行为（应称行动）为神经、筋肉、液腺诸活动，又析为物理化学上之分子，元子，电子诸活动；觉识行为均析至最简之原素，更综合之以求返其复杂之原状：由析而合，由简而复，殆与治自然科学无异，而觉识之意义已失，行为之价值已损，其全体不可复得矣。试取一蛙而解之，批却导窾，奏刀骞然，固可观其内部之构造、察其官品之职能；而断者不可复续、死者不可复生，虽欲掇拾零肢残骸、再造一活跃之全蛙，岂可得哉？葛德之诗曰：

> 欲达生命之全兮，
>
> 羌驱魂于始事；
>
> 纷体解而致曲兮，
>
> 嗟灵根其已逝。

正此意也。[3] 翁德有所谓"创合"与"对析"（creative synthesis and relative analysis）之原则，意在解嘲塞难；然其心理学仍发轫于心灵之原素，中经精神构造之程，以达于复合完整之心境，其伦理学之研究步骤，亦复相类。（见前）视心如一器械，而欲以元素造成之，实为绝不可能；与其谓之"创合"，无宁谓之"破析"（destrutive analysis）、宜不免于施布朗格（E. Spranger）之讥已。施氏有言曰："精神全体之特质为'意义关系'，意义恒以价值为参考，若一切局部作用由参考有价值之全功而能了解，则任何职能关系皆有意义。机器之有意义，以其各部共为有价值之总果奏绩故也；机体之有意义，以各种职能趋于自保

---

[1] 见《现代哲学导言》部三，章二，节三。

[2] 构造心理学之名，乃詹美士所定，盖与机能心理学相对立者也，施布朗格则名之曰元素心理学，以之与结构心理学相对立矣。

[3] 引见萨莱《道德价值与神之观念》章十，页248。

其生存，而其事有价值故也。世之最有意义者、莫如个体之精神生活，其全体动作之意义、各部职能之关系、或有值，或无值，个体自知之。人类心灵之鹄、不徒在保己与保种，其价值体系有远过于此者，即实现价值于历史文化之中、而有超乎个体之意义是也。要之事事物物为其他——事物之部分，全体为根本之事物，若认原素对于全体有关系，则分析始有意义而可信焉。"① 旨哉斯言，诚分析法之定评也。不宁唯是，分析往往根据不正确之名学原则，如康德所谓两律背反之类，一也。分析所屆，未必能即实体而穷其名理，二也。分析或未达辄止，因以无成，三也。分析纵能正确，而解释不免差误，四也。史泼汀难有所谓新名学之正确分析、救此四失，而分析法之未可滥用，则彰彰明矣。

实在论宗之引微法

　　分析法既不周于用，新实在论师淮特赫（A. N. Whitehead）濮辣德另为较精之法以济其穷，而罗素氏（B. Russell），实启其端。罗氏一九一四年所刊《哲学之科学方法》一书，有所谓抽象原理（principle of abstraction），其法由"数理名学"而来。当一群事物有其相类性、而吾侪归因于其有一种公性时，此群资格可当所想公性之用；若公性非所确知，则此相类事物所属之群或类可以代之，而公性不必认为存在。斯固抽象原理所昭示，亦即引微法之萌芽也。② 引微法者、外延抽象作用之法也。外延示名词所命各事物之范围、有延扩引申之义，抽象则遗事物之糟粕而提其精蕴、造为微妙玄通之意象，故谓之微，亦谓之夆。依淮特赫所述：是法根据缩幂凑微之原则（the law of corvergence to sim-

----

① 见施氏《人生基型》英译本部一，章一，页 11～13，及章二，页 30。
② 见《现代哲学导言》部三，章二，节四。

plicity by dimimution of extent），以次缩小相关事物之幂积、曰缩幂、缩至最小范围而共凑于单微、曰凑微。时空之意象、均由应用此原则所造成；用之于时、则得"时系"（time series），用之于空、则得"空体"（spatial entities）。时间由事物之迁移抽象得之、而可以缩为瞬，空间由事物之延扩抽象得之、而可以缩为点；瞬点犹未达极限，迁扩关系实为时空之根本因素。事与物有别，物恒住而事流动不居；物本超乎时间，唯入事之情境而有时间性。第以事言之，事即扩之关系，甲乙两事之关系有四：（一）甲可扩及乙；（二）乙可扩及甲；（三）甲乙均可扩及另一事丙，而彼此不相及；（四）甲乙可各自分立。若甲扩及乙，则乙为甲之部分、而甲为乙所属之全体，若乙扩及甲，则甲为乙之部分、而乙为甲所属之全体。然使甲事又有次甲为其部分、乙事又有次乙为其部分，则次甲次乙间之关系必较甲乙间之关系为简单。此类联贯套合之诸事、名曰事组（a set of events），一事扩及他事而涵之，即以他事为其一部，层层涵扩，犹大盒之套小盒然；所不同者、盒有其至小者存，事组则抽象而无所谓至小，且非凑于一不隶本组之事而以之为极限耳。①
又依濮辣德所述：凡能凑诸体、有种种不同之序列，或方或圆，均凑于同一之点，而点为两种序列之公共中心。顾一切序列所凑，有为线者，有为面者，不徒点而已；盖点线面一方为所凑，一方为能凑，则皆谓为能凑诸体之序列可也。由欧氏几何言之，点有位无分，线有长无广，点固线之小而又小、达于序列之极限者也。然诉诸目验，点实有分，线实有广，理想上无分之点、无广之线，未尝存焉，所谓序列之极限、亦未尝存焉。姑以存而可见者为例，面或体所有之部分，其部分即面也，体也。今立点之界说，不云点为此类序列之极限，而云点即此类序列之本身，庶无背于感官经验矣。空间之点、相当于时间之瞬，空间之广袤、相当于时间之久（duration）。瞬之立界也易，以时唯一量故，点之立界

① 参看淮特赫《自然之概念》（*The Concept of Nature*）章四，页 74～98，及《自然知识之原理》（*The Principles of Natural Knowledge*）部三，页 10～120。

也难，以空有三量故。吾人未尝觉无久之瞬，犹未尝见无广袤之点，所觉者、乃各久有限之事也。① 濮氏于是论及伦理学上之事曰："吾人不唯信某某事之适有，且一一施于俞咈之判断，此项判断、恒用善、恶、正、邪及义务等概念以示特异；取日常所用特异而混漠之概念，析之界之，固伦理学之重要部分也。又有大多数之价值判断，如云'乐即善'，'妄语为恶'，'人有自行所好之权'，若斯之类、皆众人所设想为确定者；诠明此类判断，而察其证据之所在，亦伦理学之重要部分也。"② 盖濮氏之伦理学，殆将析事之善恶正邪等概念而为之立界，犹其于时空之瞬点然。唯善恶正邪之概念，视久暂修短广狭厚薄之概念为更抽象，而人事终未可与自然之事混为一谈。引微法犹在草创缔造之中，治伦理学者遽欲恣意援用之，其亦太蚤计矣。

实验论宗之溯演法

实验论宗之研究法有三：曰溯演法（the genetic method），曰指示法（the denotative method），曰纠察法（the reflective method）。溯演法者、求事象演进之迹而溯其原始，由最简达于最复，由最低达于最高者也。研究心理之发展，则溯原于官体之构造、神经之组织，由构造组织之简者，达构造组织之复者，以见心灵之有所凭藉；研究社会生活之发展，则始自僿野民族之低级心理，达于文明民族之高级心理，以见宣情达意之语言文字有所从来；研究哲学思想之发展，则首明社会文明背景对于各时代各个人新旧观念之影响，由新观念与旧观念相和合而成有系统之思想，以见学说之非无故产生；此皆所谓溯演法也。凡地质学

---

① 详见濮氏《科学思想》章一，页44～52。
② 见濮氏前书引论，页23～24。

家、生物学家、语言学家，皆用此法以探地层、物种、语音、变化之
原，杜威施勒辈即仿其研究历程以论真理，而詹美士（W. James）称为
真理之发生论。① 盖实验宗于事物、于观念、于哲学各派相反之理论、
于宗教玄学美学科学之信念或真理，靡不以此法溯其原始而窥其演变，
至用于伦理学，则其效尤著焉。杜威与拓夫特合著之伦理学书篇曾论道
德之发生及滋长，分为本能习俗良心三级；前二级于初民生活中求之，
后一级于文明社会中求之，而第一级更在团体生活之先；特未溯及动物
之本能行动耳。其导言略谓："研究任何生活历程，必追溯其史迹，以
示现况之由来；彰往知今，为助实大。道德研究之采此步骤者，其理由
有四：道德之生活、迄今极繁，而在昔较简；取材审题，始自简易，实
于研究为便；一也。历代造成之理想与准则、彼此互异，其于今之情境
有合有不合；诚知道德判断之由何而成，则其判断之表面牴触立可解
释；二也。吾侪以道德生活之切己，所见难免偏私；入人之境，奇其礼
俗，及以己所行者与之对照，则亦自诧；多得客观材料，为比较之研
究，可使己所独知之动机标鹄如烛照数计而靡遗；三也。道德有动而前
进之性质；若徒察今而不知往、将视道德为一成不变之物，若考历史发
展之迹、则道德之进步与秩序乃昭然益明；四也。"② 综此四端，则溯
演法在伦理学上之重要可见矣。顾以此法治伦理学者、不独实验论宗，
而实验论宗亦非以是为唯一治学之法。苏则伦（A. Sutherland）著《道
德本能之原始与发达》，魏斯妥玛（Westermarck）著《道德观念之起原
与发展》，麦肯最述行为之演进及道德判断之萌达，皆此物此志；而斯
宾塞论行为进化，自最低级之动物始，已有以开其先。③ 杜威谓斯氏仅
用比较之法，未足语于溯演，非笃论也。抑溯演法亦有与实验论宗相背
驰者，实验论之精义，在观将来，其于思想也、恒以为由过去而期望将

---

① 见詹美士《实验主义》讲演二，页58~59。
② 见杜拓合著《伦理学》章一，节一，页3~4。
③ 参看麦肯最《伦理学袖珍》篇一，章四，章五，及斯宾塞《伦理学张本》章二。

来之进境，溯演法则原始而不要终，臧往而不知来，徒执古之道、以御今之有，是何异南辕而北其辙乎？即以探本穷原而论，人类信念、多起于有史以前，若一一追其朔、实非易事，而溯演法对于观念之见解、更有时与实验论宗之认观念为适应将来之工具者根本相反，则其为用又非切于实际也。溯演法有一基本臆想，即所谓了解今日繁复之事象，莫妙于返观原始简单之群型是，杜威后已力斥其谬，而另以他法匡助之，[①]岂容复蹈其失邪？

指示法认经验为世界上渊博充沛之全部历史，殆无所不包；视其所指，受其所信，而不强为去取；探赜钩深，当自此始。是法也、杜威实主之。纠察法之于经验、取其精而遗其粗，俾尘境经反覆之思考、化为合理；思为先验者，在觉尘（sense data）之先，而终不离乎觉尘。是法也、鲁易士（G. I. Lewis）实主之。前者近于理想论宗之涵著法，后者近于苏格腊第之辩证法[②]，其用诸哲学也较多，用诸伦理学也较少，姑从略。

本书采取之比较研究法

比较研究法（the method of comparative study）简称比较法（the comparative method），哈蒲浩华尔登曾发其凡。哈氏以为：伦理学所探讨者、善之概念，异时异地之人各有所谓善，论定此概念之普通性质，特殊变迁，而穷其进展之迹，则比较伦理学所有事也。道德有习俗，有义理，二者恒交互影响，宜并在比较研究之中。顾取各时各地所遵守之道德条目，予以持平之比较，已属甚难；若更欲估其人实行之程度，则

---

① 见《现代哲学导言》部四，章二，节一。
② 详见前书同章节二，节三。

社会无此量尺；文明社会虽有犯罪统计可供检核，而求诸初民、实不可得。伦理上诸概念，即行为之规律，但示其演进之历史、于愿斯足，不必问其行为合于规律之程度如何。规律有属于宗教者，有属于名誉者，有属于职业者，有属于阶级者，今之人各尊所闻，各行所知，而不免于冲突；各种规律之效率、亦无如风雨表者能验其升降，但可泛测某种为有效、某种为无效而已。欲全知伦理之进化，须通观人类各时代绵绵不绝之道德历史；初民文献不足征，而人类学家由今知古，即以比较之术补其阙。在现代蛮野种落之中，可以推见文明人远祖之遗风；虽语言隔阂，见闻难确，而传闻异辞之蛮人事实、仍可据其全部生活以为判断。要之伦理学之比较研究、始而见夫道德之纷歧，终乃觉其趋于齐一焉。[1] 华氏以为：伦理学宜用观察试验之科学方法研究之，不当徒据玄学上宗教上独断之原理、施以外籀内省之术，亦不应徒据人类心理而为演绎之推论。心有对于社会环境之关系，有对于社会团体之标鹄，斯均未可忽视；故所用之法，必为内籀，必为良心上之观察与试验，又必须防其纯粹科学之途径、陷入实验主义之坑堑。道德标准以代异，以国殊，且随地而不同；比较研究之结果、将藉归纳而达于道德之究竟原理，其原理且施诸一一事例而皆准。观察事实为研究之初步，自当以试验辅其不逮；任取喑哑之自然物或动物、而作物货之试验，其产生结果，径由吾之官觉定之；人有语言之天禀，试验无须乎更加主观，而反可使之弥增精确。道德试验、资夫统计，数字固未尝遗其凭据上品质之差异，而较为繁复精细之调查、在所必需。试表列几经考核之多数问例，发而布之，最初即须以比较法衡各种材料之品质；凡各业、各级、各地、各国之人，皆咨其对于所提问题之见解与观点，视其在道德基理上之意义如何而慎选之。由此种种重要之差异，可以明民族与团体之心理、及伦理上品性行为所受之影响；合一切差异而加以更深之研究，终可求得每一时代之普通道德标准。今世流行之标准既经认定，则进而建

————————

① 见哈蒲浩《道德进化论》部一，章一，页 18～29。

立现时最需要之标准，企及将来更高尚之标准，且指示生活环境之应如何改造，以达其鹄；斯固治比较伦理学者最后之任务也。[①] 统观二氏所言，比较研究法程序颇繁，门径颇多；实兼溯演分析诸法之长，非仅单纯之比较。哈氏似重历史之纵比，而以今揆古，可济溯演之穷；华氏似重邦域之横比，而由博返约，可弥分析之短；[②] 要皆于纷歧中求齐一，于差异中求共同，而其法犹有待于增补者。比较之为用、不唯求同，而亦求异，不唯异中求同，而亦同中求异。本书先为道德事象之研究，后为道德理想之研究，有纵比、有横比、有同比、有异比、有同异交比，分述如下：

甲、纵比　纵比者、时之比较也。纵比分二种：（一）通纵比，通究行为及道德演进之历程自无生物以至人类，自蛮人以至文明人，比其高下，较其昏明；如论行为演进，则由无机运动而有鹄动作、而有觉行动、而有意行动，论道德演进，则由本能之道德基础而习俗道德、而反省道德，是也。（二）专纵比，专述伦理学说之原流，由古代以至近世，比其同异，较其短长；如述自我实现说，由苏格腊第柏拉图雅里士多德而巴脱拉赫智尔、而谷林蒲拉特莱、而翁德倭铿柯鲁怯向谛尔是也。

乙、横比　横比者、方之比较也。横比亦分二种：（一）通横比，即通论中西道德制度、道德观念及道德法则之异同，并互考其原因之所在是也。（二）专横比，即专较中西伦理学说之异同，并各验其影响之所及是也。

丙、同比　同比者、纵横所共有也。同主利己，则有若商韩杨朱与阿利斯提泊伊壁鸠鲁霍布士等；同主利他，则有若管晏墨翟与柏莱哈企苏边沁穆勒等；同主神法，则有若墨翟董仲舒与阿奎纳特嘉尔等；同主国法，则有若荀卿韩非与霍布士赫尔维修等；同主悲观，则有若庄列与

①　见华尔登《和协主义与觉识进化》章四，页 324～330。
②　华氏论社会义务，比较各国民族关于"君子"及"荣誉"之概念，特别详尽，见前书同章，页 291～303。

卢骚叔本华等；同主乐观，则有若墨荀与穆勒斯宾塞等；同主动机，则有若南轩晦翁北溪戢山与康德裴希特马铁奴等；同主直觉，则有若阳明龙溪绪山近溪与辜撰柏格逊韦登迦等；皆同比之显例也。

丁、异比　异比者、亦纵横所共有也。如奚里奈派与基尼克派、伊壁鸠鲁派与斯多噶派、边沁派与康德派，一主快乐，一主禁欲；如墨荀商韩与孔孟老庄、贾苏陈叶与董张朱陆、颜李与戢山蒿庵，一主效果，一主动机；皆异比之显例也。

戊、同异交比　同异交比者、谓同中有异，异中有同也。如边沁穆勒同持快乐说，而一重量、一重质；赫胥黎斯宾塞同持进化说，而一近悲观、一近乐观；是同中有异也。如马铁奴、动机论派也，哈企苏、功利论派也，而同持直觉说；葛拉克、直觉论派也，霍尔巴赫、唯物论派也，而同持自然法说；孔老异家矣，朱陆别户矣，而同持动机说；是异中有同也。

印度足目论比知，有前比、后比、同比；培根明形象，有正表、负表、等差表；穆勒求因果，有统同术、别异术、同异合术；墨翟辨名实，有同、有异、有同异交得；其取径各别，举不外乎同异两端。[①] 上述五比之法、虽未足相儗，要亦略本其意而变通之耳。边沁穆勒之于苦

---

① 前比者、由后果推前因也，如见水涨知上游曾雨是；后比者、由前因推后果也，如见云出知天将雨是；同比者、察现象之同时并著而非前后相承也，如审堂下之阴而知日月之行是；详拙著中国哲学通论原知篇。正表列举所研究者之同类事物，负表列举所研究者之异类事物，等差表就同类事物而较其高下之度，其例详见普通名学书，不具述。

统同者、类异而观其所同也，别异者、比同而察其所异也，同异合术者、以相反之两统同而成其一别异也。详见严译《穆勒名学》部丙，篇八，节一至节四。

按墨子经上云："同，重、体、合、类；异，二、不体、不合、不类；同异交得，知有无。"经说上云："同，二名一实，重同也；不外于兼，体同也；俱处于室，合同也；有以同，类同也。异，二必异，二也；不连属，不体也；不同所，不合也；不有同，不类也。"盖同异各有四种，所以示主谓二名之离合，未可与穆勒求因果之术混为一谈；胡适教授徒以同异交得四字之偶合，遂增异字界说一条，全以穆勒术语当之，似转失其真。参看胡著《先秦名学史》（英文本）部三，篇三，章四，及《中国哲学史大纲》卷上，篇八，章三。

乐，斯宾塞之于行为，马铁奴之于动机，芮蒙之于欲望，罗素贾德之于冲动，艾莆勒惕之于价值，或较其量，或较其质，或较其类，或较其等；比较法在伦理学上之应用正复甚广，而他法亦为本书所不废。心智、情意、气质、品性、言动、以人殊，以族别，政教、法律、思想、艺文、习俗、生计，亦因时因地而异；凡特殊事实之有关伦理者、必遍观而尽识，条分而件系，察其同异，考其得失；以征验求是，以思辨穷理，以归纳成律，以演绎证例。体验人格之实在、则宜用直觉法，通衡行为之价值、则宜用涵著法，探索道德之起原、则宜用溯演法，推究思想之发展、则宜用辩证法，余如分析演微二法、亦可待机而善用之；盖治学多术，用各有当，不徒规规焉限于比较研究法已也。顾勒（W. Kohler）曰："术本无良窳，用于题材之精要方面而恰当焉则良矣，见不及此而误用焉则窳矣。"① 诚知言哉！抑犹有进者，欲考个人民族之心智、情意、气质、品性、言动，不可不知心理学、言语学、人类学、生物学；欲察殊方异代之政教、法律、思想、艺文、习俗、生计，不可不知史学、神学、哲学、文学、美学、政学、法学、教育学、经济学、社会学；而生物学、人类学、社会学、心理学，尤为伦理学之四种基础科学，学者首当致力焉。

---

① 见顾氏《格式塔心理学》（*Gestalt Psychology*）章二，页 28。

第四章
行为及道德之演进

行动与行为

美国有一派心理学家、本盛言"行动"（behavior），国人译作"行为"。其实行动义广，行为（conduct）义狭，不可不辨也。据冯维嗇（L. Von Wiese）所述，行动涵运动（motion）、动作（action）及交互影响诸义，行为仅指有觉识之动作而言。[1] 据罗素所述，运动有三种：曰"机械运动"，曰"反射运动"，曰"有意运动"，后二者又均谓之"生机运动"（vital movement）。[2] 据莫耿（G. Lloyd Morgan）所述，行动为生物"身体运动"（Bodily action）之一种状态：生物有外面之全体动作，有内面之局部动作，行动属于前者，不属于后者；或别有所谓"心灵行动"（mental behavior）尚非低级生物所有焉。[3] 据柯夫克（Kurt Koffka）所述，脊椎动物之行动约分三类：（一）反射及本能类，

---

[1] 参看柏克（H. Becker）译述之《系统社会学》章二，节一，页190。

[2] 见罗氏《心之分析》（*Analysis of Mind*）第二讲。

[3] 见莫氏《生命心灵及精神》（*Life, Mind and Spirit*）第二讲，节七，页37～38。按斯宾塞《伦理学张本》（*Data of Ethics*）章二，页6，已以内部动作为机能，外部动作为行为。

（二）练习类，（三）智慧类，此可以代表心灵发展之三时期。[①] 顾行动论派如华特生氏（J. B. Watson）以所谓人类行动为心理学研究之唯一对象，一切归之于反射作用；至谓：行动主义者对于任何心灵之存在或作用，无证明可得。[②] 彼盖以全体动作属心理学，以局部动作属生理学；信如所云，心灵作用既莫由证明，心理题材亦失其根据。此士复以行为代行动，行为亦降而等于反射；则进夺伦理学之大纛，退据生理学之沃壤，而心理学之田园转榛芜矣。窃谓运动有"无鹄运动"，（即机械运动）有"有鹄运动"，（即生机运动）有鹄者、谓之动作。动作有"无觉运动"，有"有觉动作"，有觉者、谓之行动。行动有"无意行动"，有"有意行动"，有意者、谓之行为。又行为有无关善恶价值之行为，有有关善恶价值之行为；有关善恶价值者、谓之"伦理行为"（ethical conduct），其善者、谓之"道德行为"（moral conduct），其恶者、谓之"不道德行为"（immoral conduct），其无关善恶价值者、谓之"非道德行为"（non-moral conduct），亦谓之"非伦理行为"。试以表明之：

运动 { 有鹄运动＝动作 { 有觉动作＝行动 { 有意行动＝行为 / 无意行动 } / 无觉动作 } / 无鹄运动 }

行为 { 有关善恶价值之行为＝伦理行为 { 善行为＝道德行为 / 恶行为＝不道德行为 } / 无关善恶价值之行为＝非伦理行为＝非道德行为 }

行为之界说

据上表，行为者、有鹄之运动、有觉之动作、有意之行动也。中土

① 见胡昌骐译《一九二五年心理学》第六章心之发展，页177～178。
② 见《行动论派心理学》（Psychology From the Standpoint of A Behaviorist）第二版，页2附注。

载籍于行为二字、向多析而诂之。说文行部云："行、人之步趋也。"爪
部云："为、母猴也，其为禽好爪。"此乃行为二字之本义，引申则为行
事，假借则为作为。（本段玉裁说）以本义言，好爪乃动物之有鹄运动，
未必有觉也；步趋乃人类之有觉动作，未必有意也；以引伸假借义言，
行事则有觉，作为则有意，颇与今所谓行为之义合。易"天行健"疏
曰："行者，运动之称。"此直以运动诂行，盖取初义，天行特自然界天
体之机械运动耳。墨子经上曰："行、为也。"经说上曰："志行，为
也。"经上又曰："为、穷知而悬于欲也。"志行而悬于欲谓之为，易言
之，即有意志欲望谓之行也。荀子正名曰："虑积焉能习焉而后成，谓
之伪；（此伪字元刻作为），正利而为，谓之事；正义而为，谓之行。"
伪即今为字（卢文弨说），虑积能习，则非无意而为也；正犹鹄也，①
正利而为，犹言以利为正鹄而为之；正义而为，犹言以义为正鹄而为
之；正鹄即意志之所蕲也。又儒效篇、非十二子篇、均合言"行伪"，
义即"行为"；而正论篇及赋篇之"行伪"二字、后人已改作"行为"。
郝懿行释儒效篇行伪二字云："伪与为同，行动作为也"；② 然以荀子之
意释之，则当曰：行为者，虑积能习而有鹄有意行动作为也。斯宾塞界
行为之义曾曰："行为者，顺应正鹄之动作也。"③ 麦肯最则评之云：
"斯氏言行为而及软体动物，似乎取义过广；软体动物之活动诚有顺应
正鹄者，要不得以有意行为目之。有意行为不唯指向正鹄，且为'正鹄
观念'所引导；即以高等动物而论，彼徒为本能左右，未始有此观念
也；彼固向鹄而动，未始有意于鹄也。今有动作于此，不徒顺应正鹄而
已，且确为意之所愿焉，是乃所谓行为也。"④ 盖有意志必有正鹄，有
正鹄不必有意志，而正鹄更往往有在觉识之外者；然则为"行为"立

① 正读如诗齐风"终日射候，不出正兮"之正，诗疏云："正大于鹄，盖正所以受矢也。"
　　杨倞正道释之，俞樾以正当释之，疑皆非是。
② 详见王先谦《荀子儒效篇集解》。
③ 见《伦理学张本》章一，节二，页3。
④ 见麦氏《伦理学袖珍》篇一，章三，节三，页85。

界，言意志不言正鹄可也，言正鹄不言意志不可也。世恒以言行云为动静语默对举，其实视听言动皆行，而思亦属焉。洪范五事，曰貌、言、视、听、思；古文尚书云："思曰睿，睿作圣。"今文尚书云："思曰容，容作圣。"宋钘尹文语心之容，命之曰心之行。[①] 而尹文对齐宣王，引书曰：容作圣。[②] 亦正谓思耳。[③] 自行动论派观之，思想本"隐伏行动"（Inplicit Behavior）之一种，而"隐伏行动"与"显现行动"（Explicit Behavior）又各分为"言语行动"与"非言语行动"两类。[④] 思想即未出声之言语，言语即已出声之思想，二者均行动也。易大传曰："言行、君子之枢机。"尔雅释诂曰："行、言也。"郭注今江东通谓语为行。说苑杖谋篇曰："行之者、言之主也。"言行并举固有别，偏举则行兼言义，故训已然矣。张横渠东铭曰："戏言出于思也，戏动作于谋也；过言非心也，过动非诚也。"出于思，作于谋，则戏言戏动皆有意之行为；非心非诚，则过言过动皆无意之行动。行动论派以为言语思想均属行动，诚信而有征；唯谓一切行动无意且无觉，未免近于武断耳。

行为之由来与突创

有意之行为由无意之行动而来，有觉之行动由无觉之动作而来，有鹄之动作由无鹄之运动而来，穷本原始是为"纯动"（Pure Motion）。纯

---

① 见《庄子·天下篇》。

② 见《说苑·君道篇》。

③ 孔壁本作睿，马融郑玄皆用古文尚书说。韦昭楚语注亦引书曰："睿作圣。"《尚书大传》《春秋繁露》及《汉书·五行志》皆作容，乃今文说也。顾《五行志》容字今本误作睿，应劭以古文作睿。郑注大传则云："容当为睿。"其实睿训通，圣亦训通，义似重复；转不若训宽之容字可与圣字衔接。尹文子引书曰："容作圣。"则知《庄子·天下篇》"语心之容"亦不必改为"语心之睿"矣。

④ 参看华特生《行动论派心理学》章一，页 14，及郭任远《人类之行为》章六，节七，页 199。

动乃点瞬合一（point-instants）之流动关系，谓之"空时"（Space time）；"空时"乃一切关系基础，一进而有物理化学上之关系，其体构为无生物，其特性为物质，其运动则无鹄；再进而有生理学上的关系，其体构为生物，其特性为生命，其动作则有鹄；三进而有心理学上之关系，其体构为动物，其特性为心灵，其行动则有觉；四进而有伦理学上之关系，其体构为人类，其特性为理智，其行为则有意；五进而达于最高一层，为纯粹理性，（亚历山大教授谓之神性，今易之），构成至上之道德人格，产生至善之行为价值，人生究竟之鹄在是，而进复无已焉。无生物有物质而无生命，其运动滞于无鹄之机械性。生物以物质为基，突创生命，而心灵犹未现，其动作有鹄而无觉。动物以生命为基，突创心灵，而仍涵有物质，其行动有觉有鹄而无意。人类以心灵为基，突创理智，而仍涵有生命、物质，其行为乃有鹄有觉，亦且有意，而无鹄之运动尚存。物质运动基于能之辐射，初本向各方均等运动，具种种可能性而无鹄；其突以直线偶然向上而进也，则为表以矢量之奋力。进至生命层、乃有生存之鹄，进至心灵层，乃有生存之正鹄观念，进至理智层，更有超乎生存之正鹄理想。淮特赫论自然与生命，以为："生命之涵义有三：一曰直接个性，二曰创造活动，三曰正鹄，正鹄即除却无量'更迭潜能'而包括统一历程中择定涂径之新因素；盖显然含有指导创造活动之纯粹理想焉。"诠生命而涉及心灵理智，殆指人类而言耳。人类有理智之心灵、有意志之行为，其性质自异乎他动物无理智之心灵，无意志之行动；无心灵即不能有理智，无行动即不能有行为。动物有心灵之生命、有觉识之行动，其性质自异乎他生物无心灵之牛命，无觉识之动作；无生命即不能有心灵，无动作即不能有行动。生物有生命之物质、有正鹄之动作，其性质自异乎他物无生命之物质，无正鹄之运动；无物质即不能有生命，无运动即不能有动作。性质固层层绝异，机构仍息息相关。然物质实依附生命，而"有鹄动作"可以宰制"无鹄运动"；生命实依附心灵，而"有觉行动"可以宰制"无觉动作"；心灵实依附理智，而"有意行为"可以宰制"无意行动"；下层依附上层而联系之，上层宰制下层而包涵之，此自然进化之轨迹也。^① 柏格莱述突创进化原理，谓："进化历程、固表现体构之运积，亦明示机能及性质之间断。"其实依莫耿之意，就质言、体构似亦间断，就量言、机能似亦连续；而突创即质之转向云。^② 今参照莫氏塔形图，略加变通，为图如下：

电子、元子、分子、结晶体乃至生物
由无鹄而进于有鹄之运动

物体位置方向之变更曰运动；无生物为外力所左右而不能反应，其方位之变更全出于被动者，曰"机械运动"；生物受刺激而能反应，其方位之变更非全属被动者，曰"生机运动"。盖前者无鹄而后者有鹄也。珠之走盘，杖之击球，磁之引针，汽之推机，石之堕自山，水之流于川，皆寻常无鹄之"机械运动"也；葵之向日，草之捕虫，蛾之扑灯，

---

① 参看淮氏思想之模式（*Modes of Thougt*）第二讲莫氏《突创进化论》（*Emergent Evolution*）第一讲，节十一，页9～11，及张东荪《新哲学论业》层创的进化论一文。
② 柏格莱（Bagley）所著《教育、犯罪及社会进步》（*Education, Crime and Social Progress*）第七章述突创理想主义，予近始见之，特补引其言于此；莫氏说详见《突创进化论》第一讲，节一。

兽之走圹，鸟之翔于空，鱼之跃于渊，皆寻常有鹄之"生机运动"也。试再精析言之，物质之最初为电子，上为元子，再上为分子，更上为结晶体。元子中带阴电之电子以阳电核为中心，循其周围数量同心圆之轨道而旋转。电子连续旋转于一定轨道时、不起放射作用，即无"能"之消费；若电子从一较大轨道突然跃入较小轨道、则放射之作用起；而放射之"能"可以一定之单位之数表出之，而单位谓之"能量子"（energy quantum）。分子之各元子皆于一定立体空间有一定几何方位，其离合聚散所起之现象、为化学变化；合焉者谓之化合，质迥异而不能预测。物体之各分子间有空隙为旋转余地，其离合聚散所起之现象、为物理变化，合焉者谓之混合，量相加而可预计。气体、液体、固体之分子皆有扩散现象；汽化为水，水凝为冰，其性质亦均未可前知。矿物结晶体受机械之打击，暂沿一定方向而脱裂，谓之劈理（cleavage）。然本易消散毁灭之沙粒石粒及石灰质上结成蛮岩，质则极坚密、不致以摩擦招损毁。盖电子、元子、分子、结晶体之机械运动皆无鹄，而性质已各有不同也。诸电子合为元子、则元子具有新性质，而诸电子即依分子全体之性质以为运动；诸元子合为分子，则分子具有新性质，而诸元子即依分子全体之性质以为运动；诸分子合为结晶体、则结晶体具有新性质，而诸分子即依结晶体之性质以为运动。此运动之属于"内存关系"者也。结晶体中之分子与未成结晶体之分子不同，分子中之元子与未成分子之元子不同，元子中之电子与未成元子之电子不同。一电子与一阳电子结合为氢元子，十六电子与十六阳电子结合为氧元子，而分离之电子阳电子非氢、非氧，即氢氧所含之电子，亦各自成系而性质有别焉。矽元子与氧元子化合为"二氧化矽"之分子，三个"二氧化矽"之分子化合为石英结晶体，而分离之矽氧非"二氧化矽"分离之"二氧化矽"非石英，即石英与"二氧化矽"所含之元子、亦各自成系而性质各别焉。[①] 无机界各级体系在本系"内存关系"上之运动既异，对他系"外附关系"上之

---

① 参看莫氏《生命心灵及精神》第三讲，节十一，页 67。

运动亦殊；由数量之续增，转为性质之突创，及进而达于有机界，则其新性质更不可同日语矣。结晶体而上、为胶质体（colloid）、乃有机化合物之一种，有吸著作用，颇近于生物，而生命尚未具；胶质溶液，其粒子呈不规则之运动。生命基于生物细胞内所含之原生质（protoplasm），原生质为有黏性之胶质所构成，半透明而能流动，其化学成分有氧、炭、氢、氮、硫、磷、钠、钾、钙、镁、铁、氯等原素，而此等原素与其未构成原生质者不同。细胞为生物体构与机能之单位，分胞膜、胞核、胞质三部，胞膜司吸泄，胞核主遗传，胞质营代谢，其化学成分于冰及有机化合物外，有钙、磷、钾、硫、钠、氯、氟、镁、碘、矽、铜、锌等无机物质；而此等物质与其未构成细胞者不同。细胞分裂后，有集合、分化及协作诸作用，生物体构之所以异于无生物者，在此。细胞与原生质体构既异，机能自殊，动作当亦迥乎不侔。生物特具兴奋性、传导性、收缩性，其生命又有统一性、完整性、延续性，能反应刺激而扩大之，能顺应环境而变化之，而无生物不能焉。植物有向光性而叶能营呼吸，有向地性而根能取养料。捕虫之草，其叶有毛，一为虫所触，叶辄卷两侧而闭之，腺且泌液以助消化；触之者若为沙粒，液纵分泌而叶不闭合，以其非营养物故。[1] 其感性似颇锐敏，其标鹄似为生存，然此仍不过为有鹄之反应与顺应，不得遽以为有觉识也。

动物由无觉而进于有觉之动作

植物之动作有机而无觉，已如上述；即动物之低等者、亦尚无完全之觉识。然群动皆有生存之鹄，其动作之顺应，由不适而突进于适，由不觉而突进于觉；其达于心灵层级也，又分感觉、知觉、省思三级；而

——————
[1]　见哈浦浩《道德进化论》（*Morals in Evolution*）部一，章一，节二，页 2。

省思尤为突进。原生动物（protozoa）为单细胞动物，殆与单细胞植物无别；各种动作由一细胞任之，无分工作用。此种动物、有名变形虫者（amoeba），体由伸缩而运动，一有所触，辄敛虚足而自缩其体；遇可食之微物、则绕之以行，在一定情境之下、颇能避危害而得滋养。其体对于所赖以生息之环境，仅有冥然直接之触受及感应。又有名滴虫（infusorium）者，体甚微，漫游狂泳，随刺激而动；时或遇物而食之，时或遇敌而为其所食，百分之九十九仅能生存数小时；其感觉运动之官器均不发达，故其动作不适于顺应生存之鹄。复细胞动物有名轮虫者，（rotifor）体构机能均较发达，生命亦较长；鼓如轮之丛毛，掠周围小动物以为食，遇适宜之物、则卷尾而就之，遇有害之物、则缩身而避之。①又有名珊瑚虫者，有各种特别细胞，专司消化、生殖、感觉、运动及传达外来刺激等作用；触须取食，伸缩自如，身体运动，左右咸宜，各种活动皆分工合作；是为感官、筋肉、神经分化之起点；而触觉即其感受神经受外界刺激所生之原始型式。然尚无中枢神经，动作不调节；一部运动，他部亦随之而运动。棘皮动物中之海星、有五臂，每臂各有神经细胞；中央有一物，状如环，是为中枢神经最初之雏形；环之中央为口，臂攫得食物，胃出口外而消化之，乃复缩入体内。试仰翻海星，置微砾于一臂之近端处，其管状之爪黏附微砾，且曲臂端以围之；邻近之爪益紧张，而他臂诸爪微受影响。设彼自行移动，另一臂展转以其端触石面，波及邻爪，他处之爪皆收缩，即接触微砾之爪亦舍砾而撤回。②海星中枢神经控制五臂之神经细胞稍有调节作作用，而运动尚无一定方向。软体动物如蛤、如蚝、首尾之分别始显，运动时能以直线进行，身被介壳，殆足以防一切危险；而蛤头除脑、足、内脏、三神经节外，且有一专司运动之神经节。腹足动物、头足动物进而有耳目等官，听觉、视觉于以发达，其体构左右相称，不徒能以直线向前运动，且能向左向

①　参看斯宾塞《伦理学张本》章二，节四，页7。
②　见莫氏《生命心灵及精神》第2讲，节七，页42。

右，任便运动；而腹足运动中之蜗牛类，专司运动之神经节弥复发达。头足类中之墨鱼、时而匍匐于沙滩之上，时而探寻于石罅之间；其游于水中也，往往蹑他鱼之后，遇较大动物、则分泌墨汁以自匿，腕有吸盘，为停泊掠食之用；其种种活动、不外避敌与觅食，而大鹄即在活动之延续，殆非毫无知觉者。无脊椎动物如昆虫类等，头部但有口与感受远方刺激物之感官，其他器官退集于胸部腹部；自其为蛹以至长成，历尽生活上之变迁，故寿命虽较蠕虫类为短，而生活内容之数量实过之。① 然幼虫对于任何刺激，概作盲目之反应，仍不能善保其生存；甲虫之蛹、本附蜂而长成，及遇其他有毛之虫而亦附之，则因以致死亡者颇不少；② 以其无思考也。顾有翼之六足虫幼时试飞，渐能以视官辨识空中方向及路径；即在复杂迷室中试验之，亦能由练习而知其道路。虽无思考，却有空间知觉与方位记忆，实为智慧之基础。脊椎动物、自鱼类而鸟类、而哺乳类、而人类，器官之分化弥著，脑神经亦益发达，其动作乃愈趋于统一；③ 于是心灵由感觉、知觉、进至省思一级，而意志即随智慧以突现矣。

动物由无意而进于有意之行动

动物之阶级愈高，大脑之重量愈增，其构造亦愈复杂。高等脊椎动物大脑皮质之襞纹复杂异常，且有分工作用，故其行动极错综变化之致；然亦在数量上积渐而至此耳。大脑为高等精神之府库，脊椎动物大脑重量与身体重量之比，在鱼类为一与五六六八之比，在哺乳类为一与一八六之比。鱼恒游险阻之地，觅物为食，能就近以嗅觉视觉探得之，

———————————

① 见《伦理学张本》章二，节四，页8，页10。
② 见《道德进化论》部一，章一，节三，页4。
③ 以上参看《人类之行为》章八，页226~233。

敌至则惊而逸去；且以中脑及视觉中枢司复合记忆，能谙习往返之途
径。然适应之能力尚小，生存之时期尚暂，鳕产卵百万，或殰殈，或夭
折，能成熟而达生产之年龄者不过一二。[①] 黄鸟（oriole）巢于园林，必
避鹰蛇；硬枝之上其巢浅，嫩枝之上其巢深，虽摇动而雏不至抛出，似
有远虑者。鸡雏初生，见地上微物，辄啄之甚准，犹为反射运动耳；啄
及卵黄，则嗜其味而嚥之，既一尝焉，必再啄焉；啄及毛虫，则恶其味
而弃之，若复见焉，必不再啄焉；斯则由经验之苦乐，决定动作之进止
矣。犬有黠者，以秽爪踞榻上，主人呵而挞之；异日觅主人，辄避此
榻，若无人焉，则踞榻如故，闻人足音，则急跃下；其记忆力辨别力盖
又在鸡雏之上焉。[②] 象遇距离较远之食物，能嗅之亦能见之，折结实之
枝，选果腹之物，不限咫尺；遇敌则避之甚速，不唯避之而已，必要时
且能张其利牙，伸其长鼻，运其巨足，并力以为进攻或防御之用。不宁
唯是，引水以濯其体，挟枝以拂背上之蝇，有警则扬声以号于众，闻声
则起相当之反应；此皆适应诸小鹄之辅助动作也。[③] 猿类手能用工具，
体能直立，据顾勒（W. Kohler）所作试验，有人猿名"瘦狗"
（Tschego），恒以杖为工具或武器，当食物在槛外而臂不能达时，辄以
杖曳之；一日室内无杖，仅小树在焉，树有数枝，彼初不知枝之可折而
为杖，曳全树至槛旁，扞格不能用；注视久之，乃突然趋折一枝，曳获
食物。[④] 有猩猩名"苏丹"（Sultan），惯用两竹杖弋取果实，其一杖较
他杖为细，可插入大者两端，彼初不之知；适果实置槛外较远处，两杖
等长，伸右臂任取其一，百般尝试，竟不能达；顷之两手各执一杖，使
两端相交而成直线，细者忽插入大者的孔中，连接为一而加长，遂达其
目标焉。[⑤] 凡此两例，前者为分析作用，后者为统一作用，均不得不归

① 见《伦理学张本》章二，节四，页8。
② 见《道德进化论》部一，章一，节三，页5，节四，页7，页9。
③ 见《伦理学张本》章二，节四，页9。
④ 见《猿类之心智》（*The Mentality of Apes*），章三，页82，章四，页107。
⑤ 见同书章四，页123～127。

诸突创之智慧；而其曲折赴的，实亦意志之突现。然在猿类尚属甚难之事，在人类则易易矣。人类口能言语，手能刨工具，脑能精思虑；语言愈发达，思想愈敏锐，意志愈明确，行动亦愈能适应正鹄，但蛮人厄于环境，行动犹去猿猴不远，其顺应生存之鹄，大不如文明人；凡文明人关于饮食、衣服、宫室、器用、乃至职业政事之活动，类多有理智，有理想，蛮人皆望尘莫及；① 而猿类更不足齿数焉。此实自然演化历程中最著之突进也。

人类有鹄有觉有意能感能知能思之行为

人类行为、实包含生物进化之全史；当由心灵之有意有觉行动溯及身体之无意无觉行动，更溯及神经、筋肉、液腺、细胞之有鹄运动，乃至细胞内分子、元子、电子之无鹄运动。唯细胞内分子、元子、电子之性质，与在无生物体内者有异，以其依细胞全体之机构而运动，物质为生命所影响故也。人体内神经、筋肉、液腺、细胞之性质，与在动物体内者有异，以其依人身全体之机构而活动，生命为心灵所宰制故也。人身由各种机构不同之细胞组成各种体素，由各种机构不同之体素组成各种器官，由各种机构不同之器官组成各种系统，细胞依体素而活动，体素依器官而活动，器官依系统而活动，各种细胞、体素、器官、系统、共向一定标鹄而分工合作，以完成人身全体之"行动模型"；而人身外面之局部活动，实起于全体行动发生以后。第就器官而论，感官为受纳器，神经为传导器，筋肉液腺为运动器。感官之特殊区域、用以受纳各种不同之物质影响，如电磁震荡，空气振动等等；目以网膜纳光线影响之型，耳以鼓膜纳空气振动之型，口以味蕾区域纳溶解物体所起化学刺

---

① 详见《伦理学张本》章二，节四，页9～10。

激之型。脊髓乃感觉神经运动神经之通路，一面使感官所受之刺激上达于脑，一面使脑髓所发之刺激下抵筋肉。顺神经冲动之道经脊髓、有时不停而直接至脑，有时在此停止。易一神经原，再继续至脑，有时不待至脑，迳即由此折回，传至运动器；末一种为无意之反射运动，前两种或为有觉，或为无觉，则视各种刺激之性质及情形而定。① 试先以视觉为例，设人见一绿灯在前，人与灯为外附关系之两体系；灯乃物质上"流出之事"（a physically influent event）所由发，其达于人之网膜者、为"流入之事"（an influent event），网膜受而录之、则网膜乃"受纳之事"（a receptor event）所在；"受纳之事"直接所录者、即此"流入之事"，"受纳之事"在物质层级上须认为物理化学之事。网膜所录，切类摄影干片之所映，然若以干片代人之网膜，则由灯至干片之来路，仅有电磁作用；干片受影响时，乃起化学变化，而由干片至灯之反对方向，并无物理变化之途径。至于人之网膜所录、实上达视觉之初步，其层级较高，其物谓之"距离受纳器"。流出之事在彼方，受纳之事在此方，其间有"空间距离"；流出之事离乎彼，流入之事达乎此，其间有"时间距离"；盖物理影响以光之速度传至受纳之事，而光速有限也。② 试再以听觉为例，有人焉、方执笔为文，某种空气振动忽入耳之鼓膜，达螺壳管而转为一种听觉型；其人出以不完全之反应而低声自语云："彼乃聪慧之画眉鸟也"。于是急凭案向前，睇道旁柠檬最高之枝；则又低声自语云"彼在恒栖之处，吾已料想其然矣"。此例可分三级观之，初级为未成听觉以前，耳内随螺壳管型而起之"非认知引据"；（non-cognitive reference）中级为对于画眉鸟之"认知引据"，（cognitive reference）是时虽未实见之，而已想见之；上级为对于蒲郎宁（Browning）诗句及他事之"回思引据"（reflective reference），盖此不徒为生

① 参看蔡翘《生理学》章八，页 19～22。
② 见莫耿《突创进化论》第八讲，节三六，页 210～211。

之事已也。①"脑在生物学上卓然为行动之指导器官",自是行动主义的坦率见解;然依突创进化之理,视觉在需要脑之统整动作时、亦在心灵层级上。"距离受纳器"在光之影响下有事发生,是为"受纳之事",此事在生命层级上、感象(觉尘)适起于人所具之脑中,依经验程序、必有客观之指引,集中于某一距离之物;投射作用(projicience)乃指引感象而达环境中之各方向、各距离,正与其实际原泉之真方向、真距离相符合,尚无心理上推理作用之省思存焉。于是可别为三级如下:

(1)物质层级上物理影响之"到达"(advenience),

(2)生命层级上有机事素之"介入"(intervenience),

(3)心灵层级上对象方位之"投射"(projicience)。

心有能(ing)有所(ed),能感、能知、能思、谓之"心能"(minding),所感、所知、所思、谓之"心所"(minded),而感象、知觉、省思(presentation,perception reflective contemplation)为心之三级。凡属心所、皆基于"受纳器型"相关之结果而在吾内,凡物质事素、皆自存于非心灵界而在吾外。有投射于此等事物之种种性质,赋以所有因相关而增加之一切意义,乃使其为知觉之客观对象;而此对象经吾人反覆省思,恒有法以造成概念。心灵投射作用……植基于实际行动之上,以……长期训练……而演进,……其工作在大体上盖有至足惊奇者。②要之行动时时在创造发展之中,由物质而生命,而心灵,由感象而知觉,而省思,由反射而练习,而智慧,各级突进,皆可寻出有关节、有意义、而能统一之全部,是之谓"完形格式"。试即就道德方面、人格方面言之,此全部之关节、意义、及统一性愈大,行为之完形愈全,其所代表之人格亦愈丰富。③斯固心理发展之历程,抑亦行为演进

---

① 见莫耿《生命心灵及精神》第 2 讲,节九,页 51。

② 见《突创进化论》第八讲,节三十六,页 212～213,第二讲,节六至节七,页 35～50。

③ 参看《一九二五年心理学》心之发展页 196～197。

之模式也。

伦理行为与非伦理行为

"伦理行为"者、善恶价值判断所加之行为也。大戴礼本篇云："知可为者，知不可为者，知可言者，知不可言者，知可行者，知不可行者；是故审伦而明其别、谓之知，所以正夫德也。"判别行为之可不可而断其善恶价值，固伦理之职矣。善恶价值判断所加者、乃有觉有意之行为，非无觉无意之动作。雷之震、星之陨、日月之晦蚀、风雨之暴淫、而人不得善之恶之者，则以其出自无觉无意之天，而非出自有觉有意之人也。武乙射天、谬以为天有知也。有忮心者不怨飘瓦，诚知其非人所为也。慎到"推而后行，曳而后往，若飘风之还，若羽之旋，若磨石之坠；全而无非，动静无过，未尝有罪……无建己之患，无用知之累，动静不离于理，是以终身无誉……至于若无知之物而已。"[1] 盖慎到之道，非生人之行而至死人之理，人至于莫之是、莫之非，乃使人反于块然无知之物而逃是非善恶之责者也。动作之演成行为也以渐，而行为之性质突与动作大异；行为之涉及伦理也亦以渐，而"伦理行为"之性质亦突与"非伦理行为"大异；在程度上固属渐变，在性质上实为突创。设吾入车站，闻司车者呼曰："一律登车"。吾心脏初停而继之以跳，吾胫运动加速，以应击吾耳鼓之声浪。设吾疾走而踬，则此一跌之感觉使双手向下支拄，以免身体冲撞之震撼过骤。设煤屑入吾目，辄紧闭两睫，泪滂沱冲以出之。夫目之合、泪之流、心之跳，皆无意之"反射运动"也；撑臂而免跌伤，亦介乎无觉有觉之"半反射运动"也。足之颠踬、颇近于死物之运动，人堕岩而下，受吸力影响而成抛物线，犹

---

[1] 见《庄子·天下篇》。

已死者然；此即所谓"机械运动"也。若夫向车疾走，则纯为训练之结果，有蕲达目标之觉识，有颁发命令之意志，是乃所谓有觉有意之行为也。① 觉识与意志即行为之特殊性质，"伦理行为"未始不基于此，而又增入善恶价值之新性质焉。斯宾塞氏曾假设两例，以明"伦理行为"与"非伦理行为"之差别。其言曰："今有人见一武器，导之以两目，攫之以只手。吾于此谛察其感觉、运动、各器官动作之连合，表现于外部；而眼球如何适应，光线如何集聚，筋肉如何收缩，骨节如何屈伸，手指如何运动，凡关于生理作用者，姑置不问，斯盖由内部连合机能之研究入于外部连合动作之研究矣。浸假而所攫之武器用以抵御攻击焉，浸假而实行还击焉，浸假而攻者奔逃、遂追及焉，浸假而相与决斗、执之以投警吏焉，浸假而为诉讼之种种行动焉：凡此皆与最初攫得武器之动作不可分离，而同隶于行为。盖行为由简单之适应渐次入于复杂之适应，由非伦理之性质渐次涉及伦理之性质也。② 吾今日将走观瀑布乎？抑将徜徉乎大海之滨乎？此其标鹄初无关于伦理也。若走观瀑布焉，将过旷野乎？抑将取道丛林乎？此其涂术初无关于伦理也。设吾有一友与俱，彼曾游海滨而未尝观瀑布，则两鹄之取舍非复无关伦理矣。若瀑布既定为标鹄，为吾友足力，适于丛林之近道，不适于旷野之远道，则两涂之取舍非复无关伦理矣。设因游此地而不游彼地，行远路而不行近路，均将使吾不能准时归而另践一约，则标鹄涂术之择定、在另一方面具有伦理之性质；若此约会稍为重要、大为重要、或且为关系人我生死之重要者，则其伦理性质更判然矣。由此观之，无关道德之行为演成道德或不道德之行为，其等差盖甚微，而涂径殆不可胜数也。"③ 夫行为之觉识程度、意志程度、虽逐渐增进，及其由无关善恶价值之"非伦理行为"进至有关善恶价值之"伦理行为"，其性质辄突变而跃进。斯氏

① 参看詹美士《心理学原理》卷一，章二，页12～13，及罗素《心之分析》第2讲，页4～5。
② 见《伦理学张本》章二，页6～7。
③ 见同书章一，页3～4。

所谓渐次演成者、论程度固是，论性质则非矣。斯氏以为体内种种生理机能混合而成单纯之体外动作，又混合不已、始成复杂之行为，行为乃生物种种动作交相依倚之集合体。[1] 近人华特生辈隐据斯氏"本能由多数反射运动所组成"一语、更进而主张一切复杂行动皆由于简单反射之集合。现今研究动物人类之胎儿行动及新生儿行动者、已证明生物之局部活动由全体活动分化而成。行动之演进、非由简单反射之联合，[2] 即上文所述单复细胞动物乃至脊椎动物之动作，亦可证明其由全体而分化、而统一。华氏之说既不成立，斯氏之说似亦根本动摇。斯氏徒见部分之积为全体，不知全体之化为部分；徒见集合之趋于复杂，不知组合之归于统一；遂认行为由已成之零碎动作凑集连缀以成，而忽其统一作用所突创之新性质。则彼所谓行为者，乃摄入影片以后之机械动作，非复有机体之本来活动，尚何善恶价值之可言乎？要之、自突创进化原理观之，行为在历程上由无鹄而有鹄，由无觉而有觉，由无意而有意，由无值而有值；在形式上由全体而分化，由纷歧而统一，由量异而质变；靡不向上奋进，而以纯粹理性为其最高之鹄。非仅积分成全、合简为复之机械观所能诠释，可断言已。

道德演进之层级与公例

道德位于心灵级之上层，严格言之，人类行为对于正鹄，有明确之觉知、意向，且以理智预期其实现者，乃得谓之道德；而本能活动未始

---

[1] 见同书章二，页 2，及章一，页 1。

[2] 详见柯格喜尔《解剖学与行动问题》(C. E. Coghill, *Anatomy of the Problem of Behavior*) 第 1 讲，页 2~38，及麦启荪《儿童心理学大纲》(C. Murchison, *A Handbook of Child Psychology*) 章三，页 163~201。参看高觉敷《新行为主义》，及《儿童心理学的新发展》两文。前一文载商务印书馆教育杂志第 24 卷第 1 号，后一文载同杂志第 25 卷第 9 号。

非道德基础所在。自道德演进之历程观之，又可分三级：第一级为"本能之道德基础"，第二级为"习俗道德"（customary morality），第三级为"反省道德"（reflective morality）。自道德演进之法式观之，又可得三例：（一）由昏而之明，（二）由偏而之溥，（三）由外而之内。吾于此参酌麦肯最拓夫特二氏之说，而增入第一例焉。[1] 斯宾塞之天演公例曰："由浑而之画，由流而之凝，由简而之复。"[2] 缪赫德尝据此三例、以诠释人类道德进步之事实，而不免于牵强挂漏。柏格莱曾谓："高级机能及性质、须以新原理诠释之；"而犹袭用斯氏"由简之复"一例。不知其例已为行动演进之事实所破也。[3] 夫社会人事之变迁、与生物自然之进化不尽同，社会之组织构造，容或合于斯氏所立三例，而社会之文化道德、往往有与之相背驰者。社会组织愈趋于繁复，仪节文字愈趋于简易；以简御繁，乃周于用；由复之简，适得其反。道德由流动之本能进为固定之习俗，似由流而之凝矣。然本能在动物原为固定，在人类乃流动而有弹性；逮本能凝为品性习惯，已属智慧之事，而智慧仍可融为本能，（柏格逊说）则是由凝而之流也。道德之原则及其概念、大率始而粗疏浑漠，继而精密详明，以由浑而之画矣。然道德起于义务，极于同情，此为斯氏所主张；（详第十章）义务画然有彼此之分，同情浑然无物我之界，则是由画而之浑也。动物之本能少而简，人类之本能多而复，道德条目亦渐臻繁多，似由简而之复矣。然道德上之理想风俗制度、初皆樊然因时因地而杂出，继乃互相唆示模仿而渐趋于齐一；彰往察来，大同可期，则是由复而之简也。斯氏三例，罅漏颇多，而不足移为道德演进之法式，彰彰明甚，此予之所以别以三例易之也。若夫道德之三级，皆可于现世文野诸民族徵之，本能之道德基础不唯存于人类，

---

[1] 参照麦肯最《伦理学袖珍》篇一，章五，及拓夫特与杜威合著之伦理学篇一，章三。

[2] 见《第一原理》（First Prinsciple）篇二，章十六，页333。

[3] 参看《伦理学原论》篇五，章二，页202～207；与《教育、犯罪及社会进步》章七，页113。按亚历山大教授《道德秩序与进步》部三虽力证道德理想循自然物种演进之公例而发展，然是书刊于1889年，在其《时空及神性》出版前31年自不及以突创原理诠之。

且存于动物焉。

本能之道德基础

　　群动莫不欲生存；其本能虽或有简有复、有寡有多，要不外乎保己、保种、保群三大类。昆虫之伏卵也、必择一可以觅食或寄生之所。阿犹鱼（Arius）之产子也，其雄者纳之于口，忍饥至孵化乃已；子孵化后，辄反而讬庇于父母者复数日。雌猿之子，其幼也、常掖之以行，数月不去怀。鸡雏之从其母也、呼召即至，粥粥栖翼下。[1] 犬之事其主也，忠顺而有同情，主遭人侵犯，必跃起卫护之。野兽之护其群也、见伴侣受创，辄大愤，必欲得仇仇而痛惩之。[2] 高等猿鸟之营社会生活也，处同居，出同游，食同猎，出入相友，守望相助，危则为号以警其众。[3] 南亚非利加牛之在玳瑁芮兰（Damaraland）也，初与群牛处，未见有特别情感；一旦离其群，辄大苦；比反，则求亲其伴侣之体肤焉。[4] 他若苏则伦氏道德本能之原始与发达（A. Sutherland, *the origin and growth of the moral instinct*）一书所示诸例，尤更仆难数，而虎狼之仁，蜂蚁之义，豺獭之报本，睢鸠之有别，羊之跪乳，鸟之反哺，（见朱子语类）凡群动一曲之良，亦有啧啧见称于中哲者。[5] 然则动物

---

① 以上参照麦道葛《社会心理学导言》页 24，页 25，及苏则伦《道德本能之原始与发达》卷一，页 32。
② 见达尔文《人类之由来》（*Descent of Man*）部 1，章四，页 157；及麦肯最《伦理学袖珍》篇一，章五，页 114。
③ 本哈浦浩《道德进化论》章一，页 6。
④ 见戈登《人类材性素隐》页 75（F. Golton's *Inquiries into Human Faculty*, p. 75.）。
⑤ 按《淮南子》缪称训云："鹊巢知风之所起，獭穴知水之高下，晖目知晏，阴谐知雨，为是谓人智不如鸟兽则不然。"此言群动各有一曲之良知也。抱朴子诘鲍篇云："蜂虿挟毒以卫身，智禽衔芦以扞网，獾曲其穴以备径至之锋，水牛结阵以却虎豹之暴。"此言群动各有一曲之良能也。

行动非无道德之胚种也。人类之中、有蛮人焉，其尤蒙昧者、识知去动物未甚远，而道德本能并不下于文明民族。南太平洋有大赫底岛（Tahiti），达尔文尝亲见其附近土酋与英舰长会议赔偿事；谓其推理之力，温和之貌，爽直之气，果决之概，在在均令人惊讶莫名。大赫底之西南，有佛林里群岛（Priendly Isles），噶克舰长（Captain Cook）称其土人自由而勇敢，坦白而质直，无猜忌，无诈虞，无残忍报复之事。佛林里之北，有地名玻里内西亚（Polynesia），英海军大将奥斯根（Erskine）称其土人善事老病之夫，厚遇远来之客。澳大利亚土人，世所谓最下之人种也；然噶尔氏（Curr）居维多利亚省而为土人之保护者四十年，则有言曰：土人礼让和乐而好笑，语言颇温蔼，严守法与俗，而不炫于外诱，娶近亲之女者，则深恶痛绝之，子女亲戚死，则极哀；即视白人之死，或亦未尝漠然。耿利地（Kennedy）君不幸遇害，其仆固土人，独依依不忍去；盖其好恶哀乐之情，是非善恶之念，与吾侪本不甚异云。[①] 婆罗洲（Borneo）之猎酋，素以嗜杀闻者也；然麦道葛氏每处其家竟日，数见其温温然抱其婴孩，噢咻如妇人，迥异会猎时暗呜叱吒之状。[②] 马来夷（Malays）盖古九黎之遗，[③] 而今犹未化者也；然史坦筏氏旅行杂记（Sir Stamford Raffles）谓爪哇马来人男女间虽无礼义严为之防，而淫僻之事，城市以外不多见；男遇二十鲜不婚，女老而未嫁者以为奇；离婚甚易，多妻者殊罕。[④] 其他诸蛮相反之事实固亦多有，要当以例外视之。然则蛮人行动、非无道德之根荄也。动物之于道德观念昏而不明，蛮人之道德观念半明半昏，其行动多自然与道德正鹄暗合，皆所谓"本能之道德基础"也。人类之本能，较动物为多为复。保己也，而有饥渴、饮食、据有、争斗、诸本能，渔猎耕牧于是乎起。保种也，而有男女、父母、诸本能，室家宗族于是乎兴。保群也，而有

---

① 以上见华勒士《道德进步与社会环境》，章四，页32~33。

② 见《社会心理学》导言，页7。

③ 来黎双声，黎亦黑色之称，今马来人面色略黑。

④ 引见苏则伦《道德本能之原始与发达》，页214。

群居、同情、唆示、模仿、创造、诸本能，社会部落于是乎立。余如自尊、自抑、以及恐惧、羞缩、忿怒、嫉妒、憎恶、好奇等等，莫不与生存有关，即莫不与道德有关。若一一本能施得其宜，则自尊而能严，自抑而能恭，恐惧而知慎，羞缩而知耻，勇生于忿怒与争斗，智成于好奇与竞胜，贞起于嫉妒与男女之爱，仁基于同情与父母之慈，勤根于创造与据有，礼始于群居与饮食，而唆示模仿则又为风俗所由成焉。[①] 顾人类本能又较动物为有弹性，初无施而不可；环境砻砺之，经验烝矫之，智慧变化之，品性固定之；及凝为习惯，沿为风俗，则骎骎乎由昏而明，进乎"习俗道德"之级矣，若爪哇马来夷，若澳大利亚土人，其道德殆均介乎本能与习俗之间者也。

习俗道德与反省道德

人类本能，固无施而不可，实非无往而不宜。境遇有顺有逆，斯行动有成有败；成而知劝，败而知惩；劝惩相寻，积为经验。顾成败往往关系群体祸福，率多不由人力；则以成为吉，以败为凶，以偶然之果为必至之运，而归其因于神明。日有忌，事有禁；一人触讳，殃及全群；一人犯罪，责归全体；有仇同复，有债同偿；父以是诏其子，子以是诏其孙；犹恐其忽忘也，则又造种种仪式以训练之。习俗既成，威权斯著；明奉诲于巫医长老，幽乞灵于鬼神先祖，个人之生活行动、悉受制于群体，违则为众所共弃。无论群体为家族、为种落，概为宗教、政治、经济、道德之混合单位，[②] 道德与习俗不分，个人与群体为一。故"习俗道德"又谓之"群体道德"（group morality）焉。昔巴比伦人以

---

① 参看马铁奴《伦理学派别》卷二，篇一，章五，章六，及麦道葛《社会心理学导言》章四、章五。
② 详见拓夫特《伦理学》章二，节三，节四，节五，及章九，节五，群体一词从余译。

为违神诫者身必受妖巫恶魔之毒氛,[1] 雅典人以为毁神像者必致本部落于灭亡,伊色列人以为阿全(Achan)窃取献神之物,乃战败原因,遂孥戮之。[2] 今澳大利亚人亦有类似迷信,而中澳种落自十岁至二十五岁之青年男子,且有三次长期仪式,深寓重俗敬老之意;[3] 皆此物此志也。然此犹为习俗道德之初步,神之观念甚杂,法之观念甚混,所谓正义、亦仅适用于狭隘之本群以内。逮人智渐进,文明渐启;部落合而有国家,酋长会而有元后,神定于一尊而有确立之宗教;法勒于三尺,而有成文之刑律。事生以饰欢,送死以饰哀,祭祀以饰敬,师旅以饰威,乐舞以饰喜,铁铖以饰怒,官人以为守,百姓以成俗;(上杂采荀子礼论乐论语),从俗为善,是谓民德,(用荀子儒效语),始犹囿于一域,终乃推诸四海。希伯来人传十戒,为全欧宗教之张本;罗马人创十二铜表,为全欧法律之鼻祖;而中土殷人明鬼,周人隆礼,亦与之相仿佛;是皆达于“习俗道德”之极盛,骎骎乎由偏而溥者也。然民函五常之性,而其刚柔缓急、系水土之风气,故谓之风;好恶取舍,随君上之情欲,故谓之俗(见汉书地理志)。当是时,功罪定于教父,曲直判于理官;神容忏悔,君擅威福;仪缛令繁,奸伪萌起。上所是者是之,上所非者非之;俗所善者善之,俗所恶者恶之;甚至习非成是,指善为恶,民鲜能反求诸心而断以理。盖其所谓道德、由外而非内、知其然不明其所以然也。及人智益进,见夫神法国法,互相矛盾,而非礼之礼,非义之义,且大与良心冲突,个人之牺牲于威权下者,不知凡几;乃对于群体之习俗道德,多所挟疑。希腊有安迪贡(Antigone)一剧,悲弱女之死抗王命,秦风有黄鸟三章,哀良士

---

[1] 见哈浦浩《道德进化论》,章一,页18。

[2] 详见 Bagehot:*Physics and Politics*. p. 103 及 Joshua Vll:24, 25。拓夫特《伦理学》章四,节一,及章二,节一,曾引之。

[3] 详见 Sheacer and Gillen's *The Native Tribes at Central Australia*,Cha. Vll-lx. 拓夫特《伦理学》章四,节三,尝述之。

之身殉国俗。① 其挟疑而愤激者，痛诋威权之率兽食人，举群体所有礼
俗、教条、法令、悉掊击摧毁之；但凭个人一时之好恶苦乐以衡是非善
恶，而善恶是非益淆乱。弊至道德漫无准则，人各自私自利以溃其群。
有挟疑而深思者出，认为群体可以改造，道德自有公准。权善恶于良
心，诉是非于理性，即于旧风遗俗，亦必慎加辨析，合理者存之，不合
理者汰之。以智慧之思考、易情感之激动，以理想之创进、易习惯之墨
守，以个性辅群性，以公益函私益。有自觉之人格，有自择之意志，有
自创之精神，有自制之品性。道德在判断上责任上固属于个人，在正鹄
上标准上实合于社会；其意义较为深切，而体认亦益明确。于是道德由
他律而进以自律，由外律而进于内律，伦理界突起一大变革，而道德上
之学说遂如万花怒发矣。远西自希腊诡辩派崛起，而有苏格腊弟以下诸
哲；自文艺复兴，而有霍布士派与反霍布士派；自启蒙运动，而有康德
派与非康德派。中土则先秦有儒墨道法诸家，而邓析实为前驱；两汉儒
家独尊，魏晋乃有玄家哗世，而王充已为先导；宋明以后有周张程朱陆
王颜戴等儒，而李贽特为异军；或破或立，或正或反，皆"反省道德"
发展之时代也。反省道德由外而内，亦谓之"良心道德"。前乎此者个
人非无良心，徒以蔽于群体习俗，未能警觉，或警觉而未能扩大。个人
诚以理性提醒良心，其警觉范围可愈推而愈广；由己之身推及人之身，
由己之家推及人之家，由己之国推及人之国，由己之阶级推及人之阶
级，由己之种族推及人之种族，终且由全体人类推及宇宙万物；由偏而
溥，于斯为极。顾近代以来，世人犹多蔽于种族差别，阶级殊异之偏
见，而良心有未能在人类平等之原则下溥遍推及者，则良心道德尚有待

① 希腊旧俗相传：人死不葬，神所不齿。安迪贡者，义烈女也，国王戮其兄，令暴尸任
鸟兽啄食，葬之者死。安迪贡心大不忍，拒其妹之欢，冒死往葬；尸复暴，又往瘗之；
身与妹均被执，力辩妹无罪，妹伊丝梅（Ismene）愿同死，其夫婚夫婿罕蒙（Heman）
固王之子，极谏触王怒，安迪贡竟自经于隧中，罕蒙亦自刎。是为安迪贡本事之崖略。
剧则萨佛克勒（Sophocles）所作也。诗序曰：黄鸟，哀三良也，国人刺穆公以人从死
而作是诗也。左氏文六年传曰：秦伯任好卒，以子车氏之三子奄息仲行针虎为殉，皆
秦之良也；国人哀之，为之赋黄鸟。

于理性之促进已。

道德之突创与相续

　　总之道德孕育于本能，滋长于习俗，繁荣于反省；三级各有特殊之性质与法则，而其历程实不止此。本能级动物及蛮人之冲动性特盛，始或动辄得咎，继乃渐能适应；其所觉者、仅为生存上之需要，而德鹄于无意中达之；不识不知，冥与道合；则自然法（the law of nature）用事焉。习俗级人类群性特显，个性未现，意所专注者、乃群体之威福；畏天命，畏大人，畏圣王之制，束于教，拘于俗，安常蹈故而惰性深；则神法国法（the law of god and the law of state）用事焉。反省级人类理性特别发达，而个性亦突显，个性初与群性相反，终与群性相成；天命不足畏，人言不必恤，祖宗不尽可法，但行其良心之所安，而良心须合于理性；则心法（the law of heart）用事焉。即以个人一生言之，其道德发展之次第，亦复如是；孩提时期任本能，为自然法所约束；幼年时期从习俗，为神法国法所约束；成人时期尚思想，为心法所约束。①然人当良心失其效时，仍当以神法国法约束之；当神法国法失其效时，仍当由自然法约束之；岂必专恃良心之自律，而一切他律举可废乎？道德进至良心一级，仍涵有习俗本能之成分，犹之自然进至心灵一级，仍涵有生命物质之成分；特性质均突有变异耳。然则道德之进化固为突创，抑亦非绝不相续也。

---

① 爱丁堡大学达喇赫教授（Prof. Alex. Dorrach）讲道德教育，分自然约束（prudential or natural control）、权威约束（authoritative control）、社会约束（social conrol）、自己约束（self control）四级，今将权威社会两级并作习俗一级。

第五章
中西道德之异同

中西道德与中西文化

近年中西文化比较之说渐盛，或云：中土偏于静，西方偏于动，或云：中土偏予心，西方偏于物。其实中土在秦汉以前，未始不尚动而重物，① 其趋于心与静者，乃佛教东来以后之影响；而流风所届，尚不若印度之甚。欧洲当中世黑暗时代、未始不尚静而重心。② 其趋于物与动者，乃近世科学发达之结果，而文艺复兴，亦为其重要之原因。此当博考中西史乘，断代以为比较，未可偭侗立言。哈浦浩仅引佛老之言，与基督教义相较：遂谓："东方之人生观弊在静退，西方适得其反"；殆与

---

① 例如象勺之舞、射御之艺、投壶之仪、蹴鞠角牴觝舷之戏，皆中国古代运动之事。即以物质言，指南针发明最早；周礼考工，所以补冬官；大学格物，非徒指事而言。孔子博物，辨坟羊之为怪，明萍实之可食，识商羊之一足，证鸧鹄之九尾，考防风之大骨，验肃慎之楛矢，见钟大悬下而知钟之将毁，见月离毕阴而知天之将雨。墨经四篇、多明物理，墨子善守，公输子善攻，各有攻守之具；墨翟尝以守城之具六十六事答禽滑厘，其存而可考者，有备城门以下二十篇。又墨子之木鸢，张衡之地动仪，皆所谓"知者创物"。惜后世无"巧者述之"耳。

② 希腊本重自然及人文；中世黑暗时代，修道院甚盛，僧侣居士，群习静寂，尊魂贱体，尤轻物质。逮文艺复兴，乃由精神转到人文，近世又由人文转到自然，而物质文化始盛。

流俗之见无别。① 狄鉴生（G. Lowes Dickinson）以为：西方就空间言，须限于西欧诸国及美洲，就时间言，须限于最近两世纪；中日人生观较近于西方，恒大异乎印度而甚至与之相反；似颇能截断众流，独具特识。惜其徒以吾先秦及近代之儒家人生观比拟西方，而不知中土魏晋以降之玄风实大受佛教之影响耳。② 道德为文化之一部，中西自亦不无异同，杜威氏举东西伦理之三大异点，谢蒙氏标中国伦理之三大特质，③虽有疏失，要非无见；自予观之，中西道德之异点有五，兹缕述如下：

政治伦理与宗教伦理

中土伦理与政治结合，远西伦理与宗教结合，此其第一异点也。中土儒家，言德必称尧舜，言政必举成周；其书虽或不可尽信，其言要非全无根据。④ 孟子称："舜使契为司徒，教以人伦，父子有亲，君臣有义，夫妇有别，长幼有序，朋友有信。"（滕文公上）左氏文公十八年传则云："舜臣尧，举八元，使布五教于四方；父义，母慈、兄友、弟恭，子孝。"尧典下"慎徽五典"传"敬敷五教"传，并明据左氏。尧典下又称"命夔典乐、教胄子；直而温，宽而栗，刚而无虐，简而无傲。"

---

① 见《原善》（*The Ratitional Good*）导言，页 12～14。
② 详见《中日印美游记》（*Appearances Being Notes of Travel*）结论页 219～231，其论中西文化之比较曰："中国人特别入俗而切实，全与英人相似；中国人之有佛教，犹吾英人之有耶教，中国人生观不受佛教影响，亦犹英人不受耶教影响矣。孔子学说为实理最善最纯之表现，恒有以显示中国人之人生态度；盖家庭社会政治之义务，乃其所重也。……实证主义与人文主义为西方思想之两大主潮，其支配中国文化亦数百年；中国文化结构之异乎西方者，为规模较小，势力较弱，而其建立之基础则同焉。"
③ 杜威说见《伦理讲演纪略》，谢氏说见《伦理学精义》第二章。
④ 孟子七篇，殆无问题。古文尚书及左传周礼，先儒多已疑之，清以来学者乃断为伪书；然其书非尽杜撰，亦有依据；此不过时代早晚问题，不得谓竟无其事与言也。

皋陶谟陈九德："宽而栗，柔而立，愿而恭，乱而敬，扰而毅，直而温，简而廉，刚而塞，强而义。"洪范列三德："一曰正直，二曰刚克，三曰柔克。"而五事为貌、言、视、听、思、肃、义、哲、谋、圣。圣哲相承，靡不以德为政。周礼大司徒以六德六行教万民：曰知、仁、圣、义、忠、和，曰孝、友、睦、姻、任、恤，不孝、不睦、不姻、不弟、不任、不恤、则有刑。师氏以三德三行教国子："曰至德、敏德、孝德，曰孝行、友行、顺行；保氏以六艺教国子：曰礼、乐、射、御、书、数，大司乐以乐德教国子：曰中、和、祗、庸、孝、友。其他诸官所掌，亦多有关民德。盖政治之大端为教育，教育之大本为礼乐，刑法则所以弼教而辅礼，礼施未然之前，法禁已然之后；圣哲在位，以身作则，而民皆化之；其政治重在养成道德之人格，纠正不道德之行为；故曰："政、正也，政所以不正不正者也。[①] 六政谓道、德、仁、圣、礼、义也。"[②] 是伦理外殆无所谓政治。周自平王东迁，王官失守；孔子以匹夫作师儒，教育之权，下逮齐民。大学三纲八目，犹合伦理政治为一；中庸五达道、三达德，乃答哀公之问政；而伦语谓：惟孝友于兄弟是亦为政，则齐家固亦政治之一事。其门弟子虽分德行、政事、言语、文学四科，实兼通而各有专长。后儒承其宗风，莫不以道德为教，要皆与宗教殊涂。其与孔子相先后者、则老子不为教父，墨子创宗教而未成；后以佛教输入，乃有道教儒教之名；近人更倡孔教，则亦对耶教回教而设。易象传称："圣人以神道设教"，实释象辞所谓"观盥而不荐"，第指宗庙之礼而言。凡有祠祭，皆义主崇德追远，非为祈福；其信福田利益而为善者，君子不谓之善，而逆伦事发，且罪及官师焉。[③] 盖伦理始终不离政治，而与宗教无关也。远西伦理，初固原于希伯来之教义、

----

① 见《周礼·夏官》序注。
② 见《大戴礼·盛德篇》注。
③ 《小戴礼·檀弓篇》云："子弑父，凡在官者杀无赦，杀其人，坏其室，洿其宫而猪焉。"明清刑律尤严，株连更多，亲族而外，官若师均科罪有差。拓夫特《伦理学》章二节一所引格蕾（J. H. Cray）中国一书记载之子妇箠母逆案，即其例也。

希腊之哲理、罗马之法典。顾自基督教会兴，经院哲学起，糅合以上三种思想而变其质，道德遂专属于宗教。虽柏拉图认政治学为伦理学之一部，亚里士多德认伦理学为政治学之一部；卒之政治自政治，伦理自伦理，道德亦遂不出自政府而出自教会。自中世以后，教会操教育之权者千余年，近世虽科学昌明，教育渐脱教会而属国家；然中小学犹定宗教为常课，大学犹存宗教之仪节，即伦理学家著述讲论，犹多皈依上帝。霍布士赫尔维修虽偏重国法，而持论犹不废神道；康德虽于纯理上力破神之论证，而于实理上犹认神为道德之要求；斯宾塞赫胥黎虽持神不可知论（Agnosticism），而辞意犹多依违于有无之间；梅特里（La mettrie）霍尔巴赫尼采乃敢断言无神，明非基督教，人则目为丧心病狂不道德。近五十年来，欧美始有"伦理运动"（ethical movement），冀脱宗教而独立，诸伦理学家立会讲学，皆主行善不信神；由各地之会联为全国之会，由各国之会联为全世界之会，殆有建立新教之趋势，狄铿生所谓善恶教、殆即指此，不过意义稍变而已。然影响尚微，未足与基督教会抗，正以其积重难返耳。① 要之伦理与政治结合，斯道德趋于专制，伦理与宗教结合，斯道德归于神秘，夫各有所短也。

---

① 伦理运动倡自哥伦比亚大学应用伦理学教授艾迪勒（F. Adler）。一八七六年，艾氏创立伦理学会于纽约，会员逾千，以"实行不信仰"（deed, not creed）为口头禅；芝加哥圣路易及费拉德裴亚各处学者亦相继立会。一八八六年，伦敦伦理学会成立，鲍参奎史蒂芬薛知微麦肯最缪海德辈皆与焉；自是英伦之会以三十计，多数在伦敦，遂联为英国伦理学会总会；德奥意瑞日本诸国之会踵兴，而国际伦理总会乃以一八八六年创立于瑞士之楚里锡。其宗旨在表示伦理为一切人生关系（即个人社会国家世界诸关系）之至要因素而与宗教玄学分离。详见《宗教伦理大辞书》卷五，页412～414。

狄铿生谓："长善绝恶，为世界鹄的而从事，乃现代西方人之信仰，此不徒为伦理态度而实为宗教态度，故亦名'世间教'（The Religion of Time），以别于'出世间教'，（The Religion of Eternity）"，斯唯伦理运动足以当之。特狄氏以为实行即其信仰，深于思者弱于行，愿生活不愿深思，盖艾氏之"行而不信"，至狄氏则变为"行而不思"，前者针对宗教，后者针对玄学，言各有当也。狄说详见《游记》结论页220～221。

家族本位与个人本位

　　中土道德以家族为本位，远西道德以个人为本位，此其第二异点也。中土以农立国，国基于乡，民多聚族而居，不轻离其家而远其族，故道德以家族为本位。所谓五伦、属家者三，君臣亲父子，朋友亲昆弟，推之则四海同胞，天下一家。尧明俊德，始于亲九族。九族者、尧时殆父母妻各三族，夏盖自高祖至玄孙、凡九，皆同姓，商或兼异姓而近尧；周损益其制，父族四，父之姓为一族，父之女昆弟适人有子为二族，身女昆弟适人有子为三族；身女子适人有子为四族；母族三、母之父姓为一族，母之母姓为二族，母之女昆弟适人有子为三族；妻族二，妻之父姓为一族，妻之母姓为二族。[①] 周又以宗法系万民，别子为祖，继别为大宗，继高、曾、祖、祢、为小宗；小宗四，大宗一，为宗者五。[②] 宗限同姓，族兼异姓。自是家庭范围甚大，关系甚密。一人善，则全家族荣之，一人恶，则全家族辱之；甚至一人有罪，则全家族负其

---

① 详见班固《白虎通义》，卷八，宗族篇。按古文尚书说以为：九族皆同姓，见尧典伪孔传，马郑主之。今文尚书欧阳说以为：父族四，母族三，妻族二，见书疏引许慎五经异义，班氏并存两说，实主欧阳而稍变。其别附一说云："合言九族者，欲明尧时俱三也，礼所以独父族四何？欲言周承二弊之后，民人皆厚于末，是以贬妻族以附父族也。"由此说推之，大可考见唐虞三代族制演进之迹。据董仲舒《春秋繁露》三代改制质文篇所述，虞商之制多同，夏周之制多同，而尧典实虞制。尧当母系父系递嬗之交，为男女两系亲平等时代，教典则父义母慈并举，祭礼则夫妇昭穆别位，故父族母族妻族各三。夏传子而宗祀严父，妇从夫为昭穆，为男系亲独隆时代，九族皆同姓，当即夏制。商兄终弟及，祀祖以妣配食，祖若妣亦往往分祀，（见殷墟书契考释帝王篇）为男系亲女系亲消长时代，九族之制应于尧为近；始或"厚母族、薄父族"，终至于"厚妻族、薄母族"，故曰"民人皆厚于末"。周矫其弊，"损妻族三为二，增父族三为四，同姓异姓直系旁系之亲各有等差，而以丧服为别；是为男系亲女系亲增损时代。"丧服宗法均始于周，丧服足以证周之九族，不可以释尧之九族。（程易畴有丧服足徵记）夏之族限于同姓，周之宗限于同姓，周道亲而族兼异姓者，正以有宗法合同姓故耳。同姓不婚始于周，（见《礼记·大传》），夏殷五世之后可通婚，（见御览引礼外传）五帝以前则为婚不限同姓异姓；（见《礼记·婚义疏》）尧时母妻之姓殆异同无定。至百姓云者，乃百官之有世功而受氏姓者也。
② 参看《白虎通义》五宗条，《小戴礼·丧服小记》注，仪礼丧服传疏。

责，人人重犯法而相勉于为善。家有祖孙、父子、昆弟、夫妇、娣姒、姑侄、姊妹之属同居，以便于农桑故。家有公产，人无私财，家长之于财产，但有管理权。礼记内则云："由命士以上，父子皆异宫。"贾公彦仪礼疏引此文云："不命之士，父子同宫，亦有隔别。"仪礼丧服传云："故昆弟之义无分，然而有分者，则辟子之私也；故有东宫，有西宫，有南宫，有北宫；异居而同财，有余则归之宗，不足则资之宗。"郑玄注云："宗者，世父为小宗典宗事者"，此周制也。龚自珍之论农宗曰："礼莫初于宗，唯农为初有宗。上古不讳私，百亩之主必子其子，其没也、百亩之亚旅必臣其子，余子必尊其兄，兄必养其余子。父不私子则不慈，子不业父则不孝；余子不尊长子则不弟，长子不赡余子则不义。长子与余子不别则百亩分，数分则不长久，不能以百亩长久则不智。农之始仁、孝、弟、义之极、礼之备、智之所自出、宗为之也。"（定庵文集卷上）斯诚探本之论也。秦以法令强民分异，殆由田制变迁使然；江左荆蜀父子兄弟多别籍异财，或亦商业渐与之故，然唐宋县为厉禁，儒士斥为敝俗。① 民间通例：父死、财产分予诸子，兄弟乃得析居；而累世同居，旌为美德；如杨椿张公艺江州陈氏浦江郑氏之属是已。及其弊也、举家阖族，依赖一人；生之者寡，食之者众；姑妇勃豀，箕帚诟谇；骨肉相疾，甚于陌路。驯至知有家不知有国，知有宗族不知有民族，而国家民族交受其病。然使人人幼有所学，壮有所用，充其家庭宗族之观念，扩为国家民族之思想，其弊亦自可除；则家族之制固可改而不必废者也。远西以工商立国，国成于市，民多愿迁服贾，不惮远徙。其家庭组织甚简，以夫妇为中心；子女婚嫁，辄离其父母而别立门户。父子

① 《史记》言"商君治秦，令民有二男以上不分异者倍其赋。"又言：秦人家富子壮则出分，家贫子壮则出赘，以为国俗之敝。两汉俗易，东汉尤称淳厚；邓禹十三子各守一艺，樊重三世共财，汉桓帝时、有察孝廉，父别居之谣，世俗犹以分居为耻。南北朝自宋迄陈，父子殊产，兄弟异居之风甚盛，而北魏裴植亦染南俗。唐玄宗以免赋励同居，肃宗以严刑禁别籍，宋世荆蜀之民有父母在而别籍异财，或出为赘婿者，太祖太宗真宗皆严禁之，罪至流配论死。明季江南子娶妇，辄求分异，犹多六朝遗习，顾亭林深非之。详见《日知录》卷十三两汉风俗及分居条。

夫妇，各有私财，权界分明，不稍假借；其财产为个人所私有，非家庭所共有。亲将死，得任意处分遗产，或予其子女，或捐诸社会，视遗言而定；其社会事业之盛亦以此。虽罗马初叶之家族制度，中世封建时代之农田制度，偶有类于中土；而希腊尚自由，耶教重平等，个人主义之发达，由来已久；十三四世纪任侠之风，十七八世纪人权之义，复为个人主义奠其基。其在封建时代，遗产多归长子承袭，以故资财集中；而耶教经典有离汝父母、就汝妻子之语，斯亦远西不重大家庭之一因。及工业革命以后，机器代人力，分工事多，与个人以活动之新机会、新兴趣，任其自由交易、自由结约、自由竞争，工商事业以是益盛，个人主义亦以是弥昌。[1] 彼所谓国家主义、社会主义，实亦莫不以个人主义为根荄，人人自立，国以强富。然贫富悬隔，阶级争起，斯亦其弊之所在矣。

义务平等与利权平等

中土道德主义务平等，远西道德主利权平等，此其第三异点也。中土礼运有十义：父慈、子孝，兄爱、弟悌，夫义、妇听，长惠、幼顺，君仁、臣忠。左氏襄三年传所谓君义、臣行，父慈、子孝、兄爱、弟敬，昭六年传所谓君令、臣共，父慈、子孝、兄爱、弟敬、夫和、妻柔，姑慈、妇听，均与此略同。盖父子、兄弟、夫妇、长幼、君臣，有相对之关系，斯有相当之义务，是之谓义务平等，非谓子孝而父可以不慈，臣忠而君可以不仁，余皆类是。康诰曰："子弗祗服厥父事，大伤厥考心；于父不能字厥子，乃疾厥子；于弟弗念天显，乃弗克恭厥兄；兄亦不念鞠子哀，大不友于弟。惟吊兹，不于我政人得罪。"此明言父子兄弟不能各尽义务，应同负道德上法律上之责任，其平等为何如？易

———————————

① 详见拓夫特《伦理学》章八，节三至节五。

家人言："父父、子子、兄兄、弟弟、夫夫、妇妇。"论语言："君君、臣臣、父父、子子。"荀子王制言："君君，臣臣，父父，子子，兄兄，弟弟。"大学亦云："为人君止于仁，为人臣止于敬，为人子止于孝，为人父止于慈。"皆此意也。三纲、谓君为臣纲，父为子纲，夫为妻纲，见礼纬含文嘉，三从、谓未嫁从父，既嫁从夫，夫死从子，见仪礼丧服传。其说实皆出自贱儒子夏氏，并非孔子之训，自未可与五伦混为一谈。董生春秋繁露虽亦语及三纲，而以为物各有合，道无独行，夫妇父子君臣相合而相兼，仍符人伦对待之旨，与礼纬所言绝异。班固白虎通义据礼纬为说，又言刚柔相配，六人为三纲，殊自相抵牾。[①] 纲有统义，从有属义，君纲父纲、从父从夫，犹可强为之解，妻，齐也，而统于夫，母，尊长也，而属于子，殆为反伦背理之尤；而五伦十义则不如是。伦即人与人相待相倚之关系，义即人与人相生相养之本分，安有不平等者？杜威氏谓五伦除朋友外、概不平等，恐亦误于传闻耳。今五伦之名、已去其一，更无所谓不平等；实则社会愈复，关系愈多；伦固非徒有五，义亦非徒有十矣。[②] 更以抽象道德论之；儒家多言义不言利，

---

① 按丧服传，相传为子夏所作，乐记子夏言"圣人作为父子君臣，以为纪纲"；孔疏引礼纬三纲六纪以实之。繁露基义篇云："阴者、阳之合，妻者、夫之合，臣者、君之合，物莫无合，而合各有阴阳：阳兼于阴、阴兼于阳，夫兼于妻，妻兼于夫，父兼于子，子兼于父，君兼于臣，臣兼于君；君臣父子夫妇之义，皆取诸阴阳之道，阴道无所独行，其始也不得专起，其终也不得分功，有所兼功也。是故臣兼功于君，子兼功于父，妻兼功于夫，阴兼功于阳，地兼功于天；天为君而覆露之，地为臣而持载之，阳为夫而生之，阴为妇而助之，春为父而生之，夏为子而养之，秋为死而棺之，冬为痛而丧之；王道之三纲，可求于天。"纬书起于汉哀平之际，礼纬所谓三纲，殆依据子夏董生之说而变本加厉者也。

② 礼纬所谓六纪，指诸父、诸舅、族人、昆弟、师长、朋友言，合诸君臣、父子、夫妻，伦已有九，依尔雅释亲计之，则亲属关系达八十以上，而君臣师生朋友不与焉，远西罗马族制时代、奴隶亦称亲属，男系亲时代、同姓人乃至异姓养子亦有亲属权，男女两系亲平等时代、女系亲与男系亲同有亲属权，其直系亲定为六等，旁系亲至再从兄弟姊妹之儿止，近世西班牙比利时诸国亲等与罗马法同，意大利定为十等，法兰西定为十二等，其亲属关系既较中土为繁，而社会关系更弥演弥复。现代德国社会学家冯·微嵩氏分析社会历程之形式，达六百五十种，而社会关系之结构，则别为群众，集团，抽象集体三大类，（见《系统社会学》443页，509页，前已引入正文。）皆吾所谓伦也。

而言利者终为言义者所诎；① 近三十年来，权利思想乃大盛，则以受欧化之影响故耳。远西自柏拉图已不以对父之孝，对君之忠，对夫妇朋友之和与信为德本，而归其本于智；康德派义务之论，又不若边沁穆勒辈功利主义之盛。重以天赋人权之说、胚胎于希腊之斯多噶，句萌于罗马之习瑟罗，苗达于近世之米尔登（Mlilton）洛克卢骚耶佛孙（Jefferson），结实于十七八世纪之英美法三国政治大革命。② 一六八八年之英国人权宣言、一七七五年之美国独立宣言、一七八九年之法国人权宣言、皆明人人生而有同等利权，政府当保护之：于是利权观念，遂沦浃于人人之心。其父子于名分虽非绝无尊卑之别，而法律上一切利权实无差池；其男女于参政权虽非绝对平等，③ 而其他各利权实大致相同；盖人各自保其利权，而不侵人之利权，即为道德也。然偏重利权而忽视义务，未有不流于自私自利者矣。义务利权两观念，本由人我相对而起，若同情盛而人我忘，义务之念且无，尚何有于利权哉！斯则平等之极致也。

私德与公德

中土重私德，远西重公德，此其第四异点也。私德指内行言，公德指外行言：中土重私德者，亦由家族制度使然耳。诗云："刑于寡妻，至于兄弟，以御于家邦。"（见大雅思齐）言德自近昵始也。周有移郊移遂之法，（见礼记王制）不孝不弟之刑；（见周礼地官）汉有乡举里选之制，孝弟力田之科。魏晋设九品中正，犹重乡评；虽曹瞒崇奖跅驰，刘裕洗除脏污，申诸诏令，伤及风教；而陈寿阮籍谢惠连张

---

① 参阅动机说效果说两章。
② 参照拓夫特《伦理学》章八，节四，页152。
③ 例如法国女子尚无选举权，英虽有之，而年龄限三十以上。

率辈犹以家庭帷簿之私遭贬议，致沈废，则清议尚不可犯。[①] 然或蜚语诬贤，出自嫌恨；故王充有累害之述，韩愈有原毁之作。至若欧阳修帷簿受诬，吴康齐昆弟成讼，均由小人构扇所致；不得尽以乡评为清议也。宋明以来，士大夫朋党相攻，往往以私德为口实；挟党同伐异之私见，乏从善服义之公心。挽近政以贿成，士鲜廉耻；卖友卖国，无所不为；贪黩肆其巧诈，清廉视若愚诬；公德既漓而私德亦熸矣。岂复能以公民道德望之兆庶哉？远西虽重个人主义，而个人非勉于公德不能得社会之尊崇；博爱公道、为其最要之德目。昔在中世，武士以翼教扶弱为义，贵族以乐善好施为仁；近世人权平等，公道视慈善为尤重。人人服务社会，富以财，贫以力，即乞丐亦必以乐歌、图画、及种种微物末技为介[②]。其公民道德已在家庭学校养成；爱公物，好公益，不对人咳唾，不厉声诟谇，不妄折花木，不轻犯鸟兽，坐让老弱，入守行列；故社会事业极发达，而公共场所有秩序。英国向有护鸟之律，泰晤士河畔，飞鸟往往翔集游人肩上，不畏其害己；相传伦敦某剧院火起，众皆依次逃出，秩序不乱；凡此类优良风习，皆法令教育之赐。西人视名誉为第二生命，以污蔑毁谤为大不德；虽竞选相攻，间亦涉及私事，而受攻者非全以此落选；官吏奉公守法，纳贿之事绝少；此固中土人士所当对之汗颜者也。[③] 然私德、原也，公德、流也；有私德而无公德，是断其流也，有公德而无私德，是塞其原也。中士非全无公德，远西非全无私德，特各有偏重耳；兼重焉，斯善矣。

---

① 详见《日知录》卷十三，清议条。
② 中土乞丐恶声号呼，意在使人痛苦，西方乞丐，意在使人愉快。
③ 狄铿生《游记》第六章谓："中国政府之腐败已数百年，其现今腐败之程度，至少仍与十八世纪之英美法意相等，官吏因俸薄而取偿于所谓通同作弊之陋规。革命后此种陋规犹盛行，新官吏之贪污，且较旧官吏为尤甚。"按狄氏来华，在民国初年。已于一九三二年物故，最近情形、尚未及知也。

尚敬与尚爱

中土家庭尚尊敬，远西家庭尚亲爱，此其第五异点也。中土家庭大，亲属众多，易生嫌竞，不得不以礼法维持秩序，故尚尊敬。易家人之象传曰："女正位乎内，男正位乎外，男女正、天地之大义也；家人有严君焉，父母之谓也。"其九三之象传曰："家人嗃嗃，夫失也，妇子嘻嘻，失家节也。"盖家法之起远矣。晋却缺耨，其妻馌之，相敬如宾。① 汉樊重三世共财，子孙朝礼敬，常若公家，唐柳公绰家有小斋，诸子晨省昏定，二十余年如一日②，当时传为美夕谈，后世奉为楷模。夫视父母而如严君，夫妻而如宾客，则其他可知矣。然分际过严，隐情莫达，至於隔阂乖离，恩反为仇者有之；此礼之所以贵於和也。远西家庭小，家人父子之间、简易无威仪，情易通而嫌难起。子女虽亦出必告，反必面，游必有侣，归必以时，而拘束不若中土之甚。无所谓父子不同席，无所谓嫂叔不通问，无所谓男女不亲授，无所谓兄弟弗与已嫁之姑姊妹女子同席而坐、同器而食。子女之婚嫁异居者、亦以岁时伏腊及来复日省其父母，致孺慕之忱；夫妇形影相随，亲昵更不待言。其亲子夫妇相爱之情、必坦然尽暴于外，不似中国人之含蓄而蕴藉；然爱弛而貌亲者实亦有焉。淮南子齐俗训曰："公西华之养亲也、若与朋友处，曾参之养亲也、若事严主烈君。"盖中土之事亲多类曾参，远西之事亲者多类公西华矣。何休公羊解诂曰："王者始起，质而亲亲；及其衰敝，亲亲而不尊；故后王起，文而尊尊；及其衰敝，尊尊而不亲，故复反之於质。"（公羊桓十一年注）盖中土尚敬，犹文者之尊尊：远西尚爱，犹质者之亲亲矣。然亲与尊、爱与敬、亦对待比较之词耳。小戴礼表记云："今父之亲子也、亲贤而下无能，母之亲子也、贤则亲之，无能则

---

① 见左氏僖三十三年传。

② 樊重事见后汉书樊宏传，柳公绰事见温公家范，而新旧唐书公绰本传未详。

怜之；母亲而不尊，父尊而不亲。"在中土则母亦较亲焉，在远西则父亦较尊焉。以中土之夏殷两代相较，则夏人亲而不尊，殷人尊而不亲。以远西之英法两国相较，则英人敬胜於爱，法人爱胜於敬。敬而不爱，木偶也；爱而不敬，禽犊也。弗爱不亲，弗敬不正；（大戴礼语）敬胜则济之以爱，爱胜则济之以敬；合敬同爱，和之谓也。

恕道与金律

上述五端、不过荦荦大者，前二者乃道德制度之异，后三者乃道德观念之异。制度本乎习俗，观念出乎反省，二者互为因果，均与环境有关。人之本能、中西皆同；而中西关于气候、地理、群制、生事、政治、法律、学术、教化之种种环境，则彼此各异。本能以物质环境精神环境之影响，或发展于此而压抑于彼，或发展于彼而压抑于此，或彼此发展压抑之程度各殊，斯亦足使道德呈歧异之观。然道德由本能、而习俗、而反省，则中西演进之历程一也；道德由昏而明，由偏而溥，由外而内，则中西演进之公式一也。不宁唯是，道德法则之明通公溥者、为人心所同然，无间于中西；而中土所谓恕道，远西所谓金律，均有正负两面，尤不谋而合。论语记孔子两言："己所不欲，勿施于人。"一与子贡论恕，（卫灵公篇），一答仲弓问仁（颜渊篇）。子贡亦自谓："我不欲人之加诸我也，吾亦欲无加诸人也。"（公冶长篇）皆义属负面。孔子又告子贡以："仁者己欲立而立人，己欲达而达人。"（雍也篇），则为正面之义。盖恕本近仁也。大学言："所恶于上、毋以使下，所恶于下、毋以事上；所恶于前、毋以先后，所恶于后、毋以从前；所恶于右、毋以交于左，所恶于左、毋以交于右。"固"勿施己所不欲"之例证矣。然又谓："有诸己而后求诸人，无诸己而后非诸人。"实兼正负两义，中庸言："施诸己而不愿，亦勿施于人。"固负面之义矣。然又谓："所求乎子以事父，所求乎臣以事君，所求乎弟以事兄，所求乎朋友先施之。"
实为"施己所欲"之例证。孔安国注论语，史伯璇解中庸，皆云："己
所欲而施之于人。"陈北溪则谓："要如己心之所欲者便是恕，不止是勿
施己所不欲者；凡己之所欲者、须要施于人方可。"（见性理字义）此中
土恕道正负两面之义也。① 耶教金律言："凡尔欲人之加诸己者，亦须
施于人。"固义属正面。② 然摩西十戒所谓"勿爱人妻，勿贪人财"。已
隐含"勿施己所不欲"之旨。旧约附录达比脱（Tobit）篇且明言："吾
所不欲施诸己者，亦勿施于人。"更显为负义。③ 霍布士有类此格言，
称为道德上恒久不变之自然法则，殆视同金律；而穆勒援据金律，认为
达于功利道德之理境。薛几微谓："霍氏仅取金律负式"，似穆勒乃取其
积极意义者。④ 克鲁泡金以为达比脱所语、即摩西戒律之注脚。⑤ 柯茨
基以为康德实践命法、即基督金律之转译。⑥ 抑薛氏又尝引葛拉克之语
云："凡人所加诸我而断为合理或不合理者、吾以之施于人而亦同为合
理或不合理之判断。"则义兼正负焉。⑦ 此远西金律正负两面之义也。
赫胥黎云："施人如己所欲受，金律也，待人如己之期人，恕道也；此
皆古今东西垂世立教之圣哲所印可者。"⑧ 其以金律概恕道，洵非无见；

---

① 尸子恕篇云："恕者、以身为度者也，己所不欲、毋加诸人；恶诸人则去诸己，欲诸人
　则求诸己；此恕也。"斯殆总括论语大学诠恕词意。史伯璇所补"己所欲而以施之于
　人"一语，王船山独以为蛇足，详见读四书大全说卷二。
② 见 Math. Vll, 12. 基督自谓此为诸先觉大训之约言。
③ 见 Tobit. 4，15. 是书为旧约附录之一种，大概撰于耶诞前二百年。
④ 穆勒语见《功利主义》章二，霍布士有言："尔所不欲施诸己者，亦无施于人。"较之
　达比特所云：仅一尔字与吾字不同。薛氏《伦理学史大纲》页 167 引其语，注明参看勒
　斐雅甄章一五，页 79，章一七，页 85，并谓霍氏之于金律，舍正而取负；不知其实别
　有所本也。
⑤ 见克氏《伦理学之起原与发展》（Kropotkin，Ethics：*Origin and Development*）章一
　一，页 275。
⑥ 见柯氏《伦理学与唯物史观》（*Ethics and the Materialist Conception of History*）章三，
　页 52。
⑦ 见薛氏《伦理学史大纲》页 179。
⑧ 参看严译《天演论》上，导言十四，下文又云："其道可用之民与民，而不可用之国与
　国。"此为另一问题，当分别论之。

惜亦仅得其一面耳。要之、恕道以"推己及人"为原则，金律以"爱人如己"为根据，东西圣哲均由人己关系之民族经验中归纳得来，诚所谓"东海西海，心同理同"也。至中西道德学说、固各受时代地域之限制，自成系统派别；而补偏救弊，为彼此心理所同，实亦有小异而大同者；后当分章详论焉。

第六章
道德律

律之涵义

律（law）有多义，首宜辨析。据麦肯最所述：律有常有变，有遍有局，有可违有不可违；遍者必常，局者必变，常者必偏，变者必局，彼此殆难严为区别；则但别为可变与不可变，可违与不可违足矣。两者错综，得分四类：（一）可变亦可违者，（二）可变而不违者，（三）可违而不可变者，（四）不可变亦不可违者。力学之自然律及数学之定律属第四类，国家之法律属第一类，经济律天文律属第二类，思想律道德律属第三类。[①] 顾力学数学之律非尽不可变，经济之律非尽不可违，天文律实自然律之一种。凡力学天文学之自然律，皆叙述形式，其诠明自然现象之齐一性、因果性、必密合于数学定律。思想律、道德律及法律皆命令形式，各有一定规范以绳吾人思辨行为之真妄善恶，而亦未始不以自然律为根据。自康德观之，法律思想律均为有条件之设言律令，（hypothetical imperative）道德律独为无条件之断言律令，（categorical imperative）此道德律之所以特异于其他诸律也。[②] 中土法则道德等字，

[①] 详见《伦理学袖珍》篇二，章三，节一，页 162～167。
[②] 详见前书篇二，章三，节四，页 170～173。

皆与律义略同，而律字最早见，其义尤严格。虞书尧典下云："同律、度、量、衡。"律本候气之管，（见尧典下孔疏），抽象言之，即五声阴阳之法，（见国语韦昭注）于是"统气类物"之乐律引申为齐俗治众之法律，而律与法可互称。易师卦爻辞云："师出以律"，律即军法。周书吕刑云："唯作五虐之刑曰法"，法即刑律。国语周语云："律所以立均出度。"律又专指乐律。李悝集诸国刑书，造法经，商鞅传之，改法为律。（见唐六典注）尹文子大道上云："以律均清浊，以法定治乱。"律与法固自有别，而律、度、权、量、亦同谓之法。秦汉间，法令辄称律令，其后法遂以律名。① 律之义有五：律所以述气，故律训述，有叙述之义；律所以诠量轻重，故律训诠，有平衡之义；（见尔雅释言郭注邢疏）律所以定法式，故律训法，（见尧典释文、易经孔疏、尔雅释诂、及汉书历律志）有模范标准之义；律所以累人心，使不得放肆，故律训累，（见释名）有约束裁制之义；律所以范天下之不一而归于一，故律训均布，（见说文彳部段注）有齐一溥遍之义。第就叙述均布两义言之，乐律颇类自然律；凡度量权衡、规矩准绳、历法算术、乃至一切法制，靡不直接间接与乐律有关，而道德律亦由是推演得之。昔伶州鸠论乐律，盛言天道民则，六气九德。六气属天道，殆即广义之自然律；九德属民则，殆即广义之道德律。② 管子书有七法，为则、象、法、化、决

---

① 周礼大宰有所谓八法八则，厥义颇广，尹文子大道上亦云："法有四呈：一曰不变之法，君臣上下是也；二曰齐俗之法，能鄙同异是也；三曰治众之法，庆赏刑罚是也；四曰平准之法，律度权量是也。"第三为狭义之法，余皆广义之法。史记萧相国世家云："独先入收秦律令。"杜周传云："前主所是、著为律，后主所是、著为令。"汉书刑法志云："不若删定律令。"是皆以律名狭义之法也，然法以律名、实始于周初，易师卦爻辞可证。近人王先谦释名疏证补徒据唐六典注，以为律名始于战国时，似失考。

② 《史记》律书云："王书制事立法，物度轨则，壹禀于六律，六律为万事根本焉。"《汉书》历律志云："夫推历生律，制器、规圆矩方，权重衡平，准绳嘉量，……黄钟纪元气之谓律，莫不取法焉。"盖律吕为事物之本，黄钟又为律吕之本也。古者瞽掌乐，史掌历。单襄公对鲁成公曰："吾非瞽史，焉知天道。"伶州鸠对周景王曰："古之神瞽、考中声而量之以制……天之道也。"是乐律历法、并为自然之天道矣。伶州鸠又言："黄钟所以宜养六气九德，夷则所以咏歌九则，无射所以宜布哲人之令德，羽所以藩屏民则。"九则即九德之则，民则即令德之则也。

塞、心术、计数，其言："根天地之气、寒暑之和、水土之性、人民鸟兽草木之生，物虽不甚多，皆均有焉而未尝变也，谓之则。"此实自然律之涵义。又言："实也、诚也、厚也、施也、度也、恕也，谓之心术。"此实道德律之涵义。至法、化、决塞、即尹文子所谓平准之法、齐俗之法、治众之法，皆法律耳。大雅皇矣篇之言帝则，烝丞民篇之言物则，兹姑弗论。论语、左传、戴记、易系辞及老庄皆言天道，乐记庄子言天理，易文言言天则，国语用语言生物之则，（亦称物则）可总称之曰自然法则。国语周语言德之则，左传言仁之则（僖三十三年）及动作礼义威仪之则，（成十三年）繁露言仁之法、义之法，（仁义法篇）可总称之曰道德法则。大戴礼言天法、德法、刑法，（盛德篇）则三法连类及之。唯乐记所谓天理，指法则之寓于人性者而言；大戴礼所谓天法，指法则之出于天神者而言。天道一词，亦有歧义，或以为天道即神道，如易观卦象传谓："观天之神道而四时不忒，"是已。或以为天道即自然之道，如戴记哀公问篇谓："无为而物成，是天道也，"是已。即以自然之道而论，固范围天地，曲成万物，恢恢乎疏而不失，究不若近代科学上所谓自然律之严密；是又不可不辨也。

道德之涵义

拉丁文"莫勒司"（Mores）一词，译言道德，义兼习俗与品性，（详第二章）在中土则道德二字、浑言固无别，析言则有别；今请先释道字，次释德字。道之本义，所行道也；（见说文辵部。）引伸为道理，即法则之谓。[①] 易系辞传曰："形而上者谓之道。"小戴记中庸曰："率

---

① 道本谓道路（见《论语·阳货篇》皇疏），引申之、凡政令（诗匪风笺）、法术（左氏定五年传注）、礼文（谷梁僖二年传注）、艺能（周礼大宰注）皆谓之道。于是有所谓夏道、殷道、周道、又引申为人道、地道、天道、而道理之义愈推愈广矣。

性之谓道"。管子君臣篇曰："顺理而不失之谓道"。形势解曰："道者，扶持众物，使得生育而各终其性命者也。"老子曰："道者，万物之奥。"庄子渔父篇曰："道者，万物之所由也。"天地篇曰："道覆载万物者也。"荀子正名曰："道者，古今之正权也。"天论曰："万物为道一偏。"韩非子解老曰："道者，万物之所以成也。"淮南子缪称训曰："道者，万物之所导也。"刘向说苑辨物曰："道也者，万物之动莫不由也。"赵岐孟子章句曰："道谓包络天地，禀授群生者也。"朱子语类曰："人所共由谓之道。"陈北溪性理字义曰："众人所共由底，方谓之道。"吴革庐老子注曰："天地人物之所共由者曰道。"罗整庵困知记曰："道乃天地万物公共之理非有我之所得私。"戴东原绪言曰："在天地则气化流行，生生不息，是谓道；在人物则人伦日用，凡生生所有事，亦如气化之不可已，是谓道。"盖道有人所共由者，有物所共由者，有天地所共由者，要之：道也者，天地人物所共由之法则也。道可得而不可见，（本庄子大宗师）天地人物各有得于道，即谓之德。① 德者，得也；（见管子心术上）。得也者，其谓所得以然也；物得以生谓之德。（庄子天地）常得而无丧，故以德为名：得德由乎道也。（王弼老子注）德也者、得于身也。（小戴礼乡饮酒义）外得于人，内得于己也。（说文心部）足乎己无待于外之谓德。（韩退之原道）德者，己之所独得，德是行是道而实有得于吾心者，故谓之德也。（陈北溪性理字义）德其统名耳，析言则有四焉：于天地，为元、亨、利、贞，于人物，为仁、义、礼、智，而人之德视物为全。得天地生物之元以为德而温然慈爱者，曰仁，得天地收物之利以为德而截然裁制者。曰义，得天地长物之亨以为德而粲然文明者，曰礼，得天地藏物之贞以为德而浑然周知者，曰智；（以上本吴草庐老子注）四者，皆人生当然之理也。理者，成物之文也，方圆，短长，粗靡，坚脆之分也，理定而后可得道也。（见韩非子解老）道以浑

---

① 韩非子解老云："天得之以高，地得之以藏，圣人得之以成文章，万物得之以死，得之以生，得之以败、得之以成。"

然无差别者言；理以画然有差别者言；德与道同体，仁义礼智皆德之分理；道德为共相；仁义礼智为别相；言道德而仁义礼智自在其中矣。

道德律之界说

希腊柏拉图有所谓四德，曰智慧，曰勇气，曰节制，曰正义，正犹孟子之言仁义礼智焉。仁义礼智为道德之四大原理，即为道德之四大原则。爱所当爱，断所当断，敬所当敬，辨所当辨，而合乎恻隐羞恶辞让是非之原理原则者，为仁、为义、为礼、为智、为道德。爱所不当爱，断所不当断，敬所不当敬，辨所不当辨，而悖乎恻隐羞恶辞让是非之原理原则者，为不仁、不义、不礼、不智、为不道德。人生之道德行为与不道德行为，即以此原理原则律之，是谓抽象之道德律。故道德律者、实人生行为之当然法则也。不宁唯是，中土于仁、义、礼、智而外，尚有诚、信、忠、恕、孝、友、贞、廉、公、正、平、直、任、勇、中、和等德，远西于智慧、勇气、节制、正义而外，尚有温和、宽宏、优雅、诚实、慷慨、审慎、同情、博爱、信仰、服从、卑谦、纯洁、互助、牺牲等德，凡一切德目，概可以格言训条表而出之，其最遍最常而不变者，或称之曰金科玉律。例如："己欲立而立人，己欲达而达人"；（论语雍也篇）仁之律也。[1] "己所不欲，勿施于人"；（论语卫灵公篇）恕之律也。"善于父母"，孝之律也。"善于兄弟"，友之律也。（见周礼大司徒邓注）"为身之所恶，以成人之所急"；任之律也。"以其敢于是也命之，不以其不敢于彼也害之"；勇之律也。（见墨子经说上）"临财毋苟得"，廉之律也。"临难毋苟免"，义之律也。"很毋求胜，分毋求

---

[1] 左氏僖三十三年传、晋白季言诸文公曰："臣闻之：出门如宾，承事如祭，仁之则也。"此本古之格言，《论语·颜渊篇》亦述此二语；然不若"己欲立而立人"两句之赅括，故易之。

多"，平之律也。"不逾节，不侵侮，不好狎"，礼之律也。（以上见小戴记曲礼上）又如："吾不当以今之小善舍将来之大善"，审慎之律也。"吾不当以己之小利舍他人之大利"，博爱之律也。"尔欲人之加诸己也，亦必施诸人"，同情之律也。（此即耶教金律，与恕道相当）"每人以一分计，无人多于一分"；正义之律也。（以上见薛几微伦理学涂术篇三篇四）"勿立伪证，勿作诳语"；诚实之律也。"勿爱人妻，勿贪人财"，纯洁之律也。（以上见摩西十戒）"凡为长者，即为众服役之人"，（耶苏语）卑谦之律也。"与其损失赋予吾人以价值之事物，莫如损失其生命"；（见吴译拉郎德实践道德述要第三十六条内）牺牲之律也。凡此类具体之道德律，人人有应当遵循之责任与义务；循之则为正、为善，背之则为邪、为恶；[①] 责任义务之观念由此起，善恶正邪之判断由此定。故道德律者，实善恶正邪之判断标准也。

道德律与自然律法律之区别及关系

宇宙间，有天之法则，有人之法则；天之法则曰天道，天所为必循焉；人之法则曰人道，人所为必循焉。法则者、一切人天之主宰也。（此希腊布鲁达奇语、引见严译法意章一原注）。易系辞传曰："有天道焉，有地道焉，有人道焉。"说卦传曰："立天之道，曰阴与阳；立地之道，曰柔与刚；立人之道，曰仁与义。"大戴记曰："天道以视，地道以履，人道以稽。"（四代篇）天兼地，人则天，（汉书历律志语）天道实可包含地道而与人道相对待。小戴记曰："人道政为大，政者、正也，

---

① 远西伦理学家多认善恶正邪为对于行为之两种判断，善恶判断以正鹄为标准，正邪判断以法则为标准，详见缪赫德《伦理学原论》篇二，章二，节二六，节二七。按正鹄法则，实同一标准之两种看法，善恶正邪实同一判断之两种说法，殆一而二；二而一者也。

夫妇别、父子亲、君臣严，三者正，则庶物从之矣。如日月东西相从而
不已，不闭其久，无为而物成，已成而明，是天道也。"（见哀公问，大
戴记亦有此篇）盖儒家固多言人参天地，亦未尝不以人道与天道对举
也。庄子曰："何谓道？有天道，有人道；无为而尊者，天道也；有为
而累者人道也。"（在宥）荀子则讥其蔽于天而不知人。（见解蔽）以谓：
"道者，非天之道，非地之道，人之所道也。"（儒效）"礼者，人道之极
也。"（礼论）盖庄子薄仁义，故贵无为之天道；荀子隆礼，故贵有为之
人道；一入玄学之范围，一守伦理之封域；人必有所为，始有善恶之可
言，无为则道德律无所施，伦理学自不能舍人道而高语天道也。然人道
亦与天道一致，天人实未可截然判为两橛。易象传有之曰："天道亏盈
而益谦，地道变盈而流谦，（中略）人道恶盈而好谦。"① 则是损益盈
虚，以趋于平，殆自然人事两界之公例矣；人亦安能外此天之法则耶？
天地万物、皆自然界所统摄，自然界各种物象、当循一定之法则而变
化，立一公溥之式以表之，是谓自然律；如物理学中两物相拒相摄之律
是也。人为物之一类，自亦循此律而莫能外，相摄也而有爱，相拒也而
有憎；爱憎出于天性，殆亦属自然律。然自然律仅范定人生行为之大
纲，而不及其节目；人固不能无爱憎，而爱有宜爱者，有不宜爱者，憎
有宜憎者，有不宜憎者；于是定详明之条目以品节之，裁制之，而人之
法则出焉。人之法则有二：一为法律，一即道德律。道德律存于社会，
诏人以若者当为，若者不当为，而其意重在为之积极方面；法律存于国
家，示人以若者必须为，若者必须不为，而其意重在不为之消极方面。
爱所宜爱而行仁，憎所宜憎而行义，此道德律所谓当为者也；爱失其宜
而盗物，憎失其宜而杀人，此法律所谓必须不为者也。当为而不为，则
社会之裁制加焉，必须不为而为，则国家之裁制加焉。顾道德律消极方

① 《老子》七十七章云："天之道损有余而补不足，人之道则不然，损不足以奉有余；孰
能有余以奉天下，唯有道者。"是谓人道本与天道相反，唯有道者乃能以人合天，盖与
易传之旨微殊也。

面之所昭示，往往与法律同，如摩西十戒所云："汝应勿杀、勿盗、勿淫"之类皆是。然道德律于此无裁制明文，违戒者、社会不过非议之，屏弃之。法律则有"杀人者死、淫盗抵罪"之条，国家必以刑罚绳其后，是社会裁制不若国家裁制之强有力也。要之，道德律为社会裁制之法则，所以济自然律之穷；法律为国家裁制之法则，所以济道德律之穷，道德律法律又均以自然律为基础。例如："勿欺诈"，道德律也；"欺诈者罚之"法律也；"欺诈足以破信用而害社交"，乃二律所根据之因果关系；即自然律也。自然律明其寔然；（"What is"）法律明其必然；（"What must be"）道德律明其当然；（"What ought to be"）而伦理学所亟宜讨究者，则为道德律。[1] 大戴记盛德篇曰："明堂、天法也，礼度、德法也，所以御民之嗜欲好恶，以顺天法，以成德法也。刑法者、所以威民主不行德法者也。能得德法者为有德，能行德法者为有行，能理德法者为有能，能成德法者为有功。"斯亦明德法之重要及其与天法刑法之关系；唯此所谓天法，实即神法耳。道德律与自然律法律之区别，略如下表：

$$
\text{法则}
\begin{cases}
\text{天之法则} \cdots\cdots\cdots\cdots\cdots\cdots\cdots\cdots\cdots\cdots\cdots\cdots\cdots \text{自然律（寔然）} \\
\text{人之法则}
\begin{cases}
\text{社会法则} \cdots\cdots\cdots\cdots\cdots \text{道德律（当然）} \\
\text{国家法则} \cdots\cdots\cdots\cdots\cdots \text{法\ \ 律（必然）}
\end{cases}
\end{cases}
$$

神 法 说

道德果以何者为法仪耶？道德律果何自而来耶？答此问者罗有神法、国法、自然法、心法四说；今请先述神法说焉。神法说以神法为道德律之本原，意谓：道德律特神令之记述耳；神之命令所在，即神之意

---

① 参看《伦理学袖珍》篇二，章三，节三，节四，页 167~173。

志所在；顺之则为善，悖之则为恶；为善者，神必佑之；为恶者，神必罚之。是殆以道德渊源于宗教，神法外无所谓道德也。昔希伯来人认"耶和华"为唯一立法之神，凡关于公私礼法之教条，皆作"上帝云然"，以为"伊色列"无他神，耶和华无他民，伊色列人既为耶和华所宠眷、所选拔，自当感其恩而奉其法。希腊稗史家以为：人之行动，神与魔实左右其间，世有善恶，乃神魔竞争所致；善神日胜，斯道念日强。苏格腊第亦信群神之上别有主宰宇宙之神佑启我人类，且自以为受神之使命，而"帝萌"（Daemon）即为劝其改过迁善之神。他若基督天方婆罗门诸教，持义大率类是；①虽所奉有一神多神之殊，其崇信神法则同。中世阿奎纳称：法则有四：（一）恒住法（the eternal law）即范围万物之帝则；（二）自然法，即恒住法关系人类之一部；（三）人类法，（human law）由自然法则演绎而出，即自然法之特别适应社会环境者，（四）启示人类之神法，所以补自然法人类法之不逮；超绝之福，公溥之善，唯于神见之；道德上窃盗之为恶，犹数理上二加二之为四，虽上帝不能易也。邓司各脱（J. Duns Scotus）欧铿（W. Occum）则以为：盗窃欺诈之为恶，实由神之意云然，神未始不可谓盗欺为善，神苟谓之善，斯善焉。格尔荪（Gerson）云："行动之为恶者，以神之禁之也；其为善者，以神之命之也；然神不因行动之本善而命之也。"②近代特嘉尔认理性为道德原则，乃至诚之神所赋与。其"思辨录"答客难第六（meditations, answer to the sixth objection）亦谓："道德上善恶之别，神实以意为之，虽使善为恶亦能焉。"③蒲贲达夫（Puffendorf）则以为："善之为善，以其本质之善，非由上帝善之也；唯善之成为义

---

① 详见杜拓合著《伦理学》章六，节二，页94～96。按旧约有摩西在西奈山受十戒于上帝之说，摩哈默得造可兰经典，谓直受诸天使加布里埃，来克瓦士造斯巴达法典，谓直受诸亚波罗神，他如印度之摩奴法典，希腊之绵尼法典，语其来历，莫不皆同。参看梁启超《饮冰室文集》卷八中国法理学发达史论。
② 参看薛几微《伦理学史大纲》章三，节九，页145～148，薛蕾《伦理学导言》章四，节二，页117～118。
③ 参看薛蕾前书同章，同节，页128附注。

务，乃神之意旨使然耳。"薄塞尔云："善不变于神，犹其不变于人也。然神在善之范围内所指定为义务者，人若忽之，则不能无罪矣。"[1] 盖阿奎纳及蒲薄二氏主温和神法说，特嘉尔及邓欧格三氏主极端神法说，要皆认为善为恶、非人之所能自由，而一切从善避恶之行为，不能不乞灵于天神也。

吾国先民虽亦笃信神法，而仍认本心有自由之机能；视彼赫赫在上者，不过立于监察之地，未尝言其有左右人生行为之力。书言："天叙有典，天秩有礼，天命有德，天讨有罪。"（皋陶谟）又言："天锡禹洪范九畴，彝伦攸叙。"（洪范）又言："唯天监下民，典厥义。"（高宗肜日）又言："上帝监民，罔有馨香德，刑发闻惟腥。"（吕刑）诗言："上帝临汝，无贰汝心。"（雅大大明）又言："皇矣上帝，临下有赫。"（大雅皇矣）又言："帝谓文王，予怀明德；不识不知，顺帝之则。"（皇矣）又言："天生烝民，有物有则，民之秉彝，好是懿德。"（烝民）国语言："伯禹念前之非度，厘制改量，象物天地，比类百则，仪之于民，而度之于群生；皇天嘉之，祚以天下。"又言"下及夏商之季，上不象天而下不仪地，中不和民而方不顺时，不共神祇而蔑弃五则；（中略）而亦未观夫前哲令德之则，则此五者而受天之丰福。"（周语太子晋谏灵王）凡此皆谓一切法则、率本于天神，天即指有人格有意志之上帝而言。墨子援据诗书，尤持之有故，言之成理。古代神权观念，于此已可概见。法仪篇曰："天下从事者不可以无法仪，无法仪而其事能成者无有；百工为方以矩，为圆以规，直以绳，正以县，无巧工不巧工，皆以此为法。（中略）当皆法其父母奚若？天下之为父母者众而仁者寡，若皆法其父母，此法不仁也；法不仁不可以为法。当皆法其学奚若？（学谓师也）天下之为学者众而仁者寡，若皆法其学，此法不仁也；法不仁不可以为法。当皆法其君奚若？天下之为君者众而仁者寡，若皆法其君，此

---

[1] 参看薄塞尔《道德义务之基础》页 17 及任勒（P. Janet）《道德之理论》（*The Theory of Morals*，P. M. Chapman's translation）篇二，章一，页 166～167。

法不仁也；法不仁不可以为法。故父母、学、君三者莫可以为治法。然则奚以为治法而可？故曰莫若法天。"斯固法天之论证矣。天志篇曰："天之意，不欲大国之攻小国也，大家之乱小家也；强之暴寡，诈之谋愚，贵之傲贱，此天之所不欲也，欲人之有力相营，有道相教，有财相分也。"（天志中）。此言天有欲恶也。又曰："顺天意者，兼相爱，交相利，必得赏；反天意者，别相恶，交相贼，必得罚。"（天志上）此言天有赏罚也。又曰："观其行，顺天之意，谓之善意行；反天之意，谓之不善意行。（中略）故置此以为法，立此以为仪，将以度量天下之王公大人卿大夫之仁与不仁，臂之犹分黑白也。"（天志中）。此言天志为善恶之标准也。凡尚同、兼爱、非攻之指，皆根于天志；而明鬼篇所举鬼神赏善罚恶之例，更为彰明较著；要与远西纯粹神权之论有差焉。儒道两家自孔老已远于神道，① 独戴德犹存帝旨之说，董仲舒犹衍天志之义；大戴礼盛德篇曰："圣王之盛德、人民不疾，六畜不疫，五谷不灾。凡人民疾，六畜疫，五谷灾者，生于天道不顺，天道不顺，生于明堂不饰。今之人称五帝三王者，依然若犹存者，其法诚德，其德诚厚。夫民思其德，必称其人，朝夕祝之，升闻于皇天，上帝歆焉，故永其世而丰其年。不能御民者弃其德法，无德法而专以刑法御民，民必走，国必亡。故今之称恶者必比之于夏桀殷纣，何也？曰：法诚不德，其德诚薄。夫民恶之，必朝夕祝之，升闻于皇天，上帝不歆焉，故水旱并兴，灾害生焉。故曰德法者，御民之本也。"盖谓明堂即天神所在，（见卢辨注）德法即帝旨所存也。春秋繁露为人者天篇曰："人之血气、化天志而仁，人之德行、化天理而义，人之好恶、化天之暖清，人之喜怒、化天之寒暑，人生有喜怒哀乐之容，春秋冬夏之类也。"天地阴阳篇曰："天意难见也，其道难理，是故明阴阳入出实虚之处，所以观天之志，辨五行之本末顺逆小大广狭，所以观天道也；天志仁，其道也义。"既

---

① 论语雍也篇曰："敬鬼神而远之，可谓知矣。"老子六十章曰："以道莅天下，其鬼不神。"此其证也。

仁且智篇曰："天意有欲也，有不欲也，（中略）故见天意者之于灾异也，畏之而不恶也；以为天欲振吾过、救吾失，故以此报我也。"他如深察名号、天辨在人、如天之为等篇皆言天有志意；而符瑞篇言"天者、百神之大君"，王道通三篇言"天常以爱利为意"，更酷类墨子口吻焉。然王充谈天订鬼，实宗道家，正与墨家言相反，至宋儒言天即理，（朱子说）而以鬼神为二气之良能；（张横渠说）则神法浸浸破矣。

主神法者以为道德之制裁，本于神之赏罚，人对此赏罚、有歆惧二念，从神之命令而偿其所歆，即为道德。此其说未始不足以范围僿野朴鲁之民，然以有所歆而后为善，以有所惧而后不为恶，则道德等于诱迫；末流趋于虚伪，一旦信仰弛，藩篱决，善恶将无依据，其害可胜道哉。薛雷曰："世之训童蒙者，往往以神意为道德律之唯一根据，倘彼信神之念一失，则道德失其凭依，将故违规律以自鸣旷达矣。"诚深知流弊之言也。

国 法 说

国法说以为善恶之标准在国法，（the law of the state）人所行合于国法则为善，反之则为恶。盖初民之于善恶，本无一定区别；一人一义，十人十义，人愈众，其所谓义者亦愈众；各是其义而非人之义，交相非而天下乱。于是积为经验，知尚同之不可缓；乃选天下圣智辩慧之人为政长，本群众之好恶而定规约，以一同天下之义；所谓是非善恶，即准此规约之禁许以为断，质言之，道德以法律为根据，恪遵法律者，即宏道行德之士也。希腊诡辩派崔绥玛储氏（Thrasymachus）有言：各种政府自有其适合本身利益之法律，民主政府制定民主式之法律，贵族政府制定贵族式之法律，独裁政府制定独裁式之法律，凡法律之于政府有利益者，即于人民为公道，任何人违之，政府即治以不法不道之罪；政府乃强力之所寄，故曰强者之利即公道。政府有时而是，有时而非，是者，言其合乎政府之利益，非者，言其反乎政府之利益，要之，政府所立之法，人民必遵而守之，斯即公道焉。[1] 此其持论，殆主强者自利，实国法说之先河矣。宗教改革后，法理家莫亚（T. More）鲍丁（J. Bodin）辈反抗教权，引其伏流，至霍布士（Hobbes）赫尔维脩（Helvetius）而汇为巨浸。霍布士以为自然法、宗教法、（即神法）与国法，乃同一道德律而异其形式者；遇有疑难时，则当独尊国法；其言曰："民之初生，势均力敌，同欲而争，各自为战；无主权，无法律，无所谓善不善、义不义。"众恶夫自然状态之为害也，依理性而定和平之条例，是谓"自然法则"。第一，力求和平，不得则竭力自卫；第二，互让权利，彼我保持相当之自由；第三，契约所定，当共践之；此为道德上恒久不变之主要法则。简言之，则为："尔所不欲施诸己者，亦勿施于人。"顾自然之法则反乎自然之情欲，不可无公共权力以临之，约而无剑，彼为具文；必须集众人之权力为一权力，合众人之意志为一意志，其主权或属君主，或属国会。有国家政府而后法可行焉。[2] 赫尔维脩以为道德之学即立法之学，欲使人有德，须使其求一己福利于公众福利之中，此惟立法制，明赏罚可以致之。其言曰："道德若不与政治立法相混合，则道德不过为无关重要之学科而已；道德家考察事物，当持立法家静观事物之见地；指示法律、固道德家所有事，立法家则操权力之符契而保障其实施，道德家唯由于个人利益之绝对摆脱，立法学科之极深研几，乃能为有益宗国之人；其对于法律习惯之利不利，便不便，应加以权衡，决定何者当存，何者当废。然则当吾侪察见一国风俗与法律有必然之联络时，当吾侪理解道德学科非立法学科以外之事时，道德

---

[1]　见柏拉图《共和国》英译本（*The Republic of Plato*, J. L. Davies translation）篇一，页17~18。

[2]　见《勒装雅甄》章一四，章一五，参看（一）《英国道德哲学名著选》卷二，节八九九至九〇六。（二）《伦理学略史》部二，章一，页 133~135。（三）《伦理学史大纲》章四，节二，页 166~168。

岂尚有暗而不明者乎？"① 综观二子所言，视崔绥马储氏为尤辩，盖至是而国法说始有波澜壮阔之观焉。

中土自古有王者受命临民之说，泰誓曰："天降下民，作之君，作之师。"（引见孟子梁惠王下）大雅曰："仪刑文王，万邦作孚。"洪范曰："无偏无陂，遵王之仪，无有作好，遵王之道：无有作恶，遵王之路。"又曰："皇极之敷言，是彝是训。"皇极者，天子大中之法也。墨子虽言万民当上同乎天子，上之所是必皆是之，上之所非必皆非之；而天子当上同乎天，终以天志为主。荀子则以为人可制天，而是非善恶须准乎王制。其言曰："人生而有欲，欲而不得，则不能无求，求而无度量分界，则不能不争，争则乱，乱则穷，先王恶其乱也，故制礼义以分之。"（礼论）又曰："礼、法之大分也，（不苟）人主之所以为群臣寸尺寻丈检式也。（儒效）故绳墨诚陈矣，则不可欺以曲直；衡诚县矣，则不可欺以轻重；规矩诚设矣，则不可欺以方圆；君子审于礼，则不可欺以诈伪。"又曰："圣也者，尽伦者也；王也者，尽制者也；两尽者足以为天下极矣。故学者以圣王为师，案以圣王之制为法。传曰：天下有二，非察是，是察非，谓合王制与不合王制也。天下有不以是为隆正也，然而有能分是非曲直者耶？"（解蔽）又曰："天下之大隆，是非封界，分职名象之所起，王制是也。故凡言议期命，以圣王为师。"（正论）欲求乃烝民之性，礼义乃先王之制，王制即经国之法，圣王即立法之人；惟其法王制，故亦师圣王。何其言之类霍布士与？韩非变本加厉，不言礼制而专言法制。其言曰："夫圣人之治国，不恃人之为吾善也，而用其不得为非也，恃人之为吾善也，境内不什数，用人不得为非，一国可使齐；（中略）不恃赏罚而恃自善之民，明主弗贵也；何则国法不可失而所治非一人也。故有术之君，不随适然之善，而行必然之道。"（韩非子显学）又曰："今有不才之子，父母怒之弗为改，乡人谯

---

① 参看《精神论》（Del, esprit Discourse, ii）中文译本第二讲，页104～110及薛雷《伦理学导言》章二，节六，页53。

之弗为动，师长教之弗为变，（中略）州部之吏操官兵，推公法，而求索奸人，然后恐惧变其节，易其形矣。（中略）故明主之国，无书简之文，以法为教，无先王之语，以吏为师。"（五蠹）又曰："赏罚随是非，祸福随善恶，死生随法度，有贤不肖而无爱恶，有愚智而无非誉，有尺寸而无意度，有信无诈，使天下皆极智能于仪表，尽力于权衡，（中略）使人乐生于为是，爱身于为非。"（安危）此则师吏不师圣王，尚法不尚礼义，以苦乐赏罚祸福死生待愚智贤不肖，不以爱恶非誉意度巧诈乱仪表权衡尺寸。虽赫尔维脩不若是之澈底也。管子书虽多法家言，所论实介乎荀韩之间。其言曰："有法度之制者、不可巧以诈伪，有权衡之称者、不可欺以轻重，有寻丈之数者、不可欺以长短。"（明法）又曰："明主者，一度量，立表仪，坚守之，故下令而民从，法者，天下之程式也，万事之仪表也。"（明法解）又曰："所谓仁义礼乐者，皆出于法，此先圣之所以一者也。周书曰：国法不一，则有国者不详，民不道法则不祥，国更立法以典民则不祥，群臣不用礼义教训则不祥，百官伏事离法而治则不祥。（中略）万物百事，非在法之中者不能动也。"（任法）斯则立法不废礼义，典民不违先圣，殆亦荀韩正反两面之合耳。要之主国法，张君权，本三家所同；后儒每袭其说以媚一人，遂使一国之法变为一姓一家之法，演成专制之局者二千余年。黄梨洲作原君唐铸万作抑尊，力申孟氏民贵君轻之义，而梨洲谓天子之所是未必是，天子之所非未必非；至欲公其非是于学校，（见明夷待访录学校篇）尤与挽近民意之说合。然一国之法，或未必真出自民意，亦未必可通于他国，又岂足以衡天下之公是公非乎？

国法者，所谓便其习而义其俗者也。昔赵之东有挍木之国，其长子生，则解而食之，谓之宜弟；其大父死，负其大母而弃之，曰鬼妻不可与居处，楚之南，有炎人国，其亲戚死，朽其肉而弃之，然后埋其骨，乃成为孝子。秦之西，有仪渠之国，其亲戚死，聚柴薪而焚之熏上，谓之登遐，然后成为孝子。此皆上以为政，下以为俗，为而不已，浸成国法，岂实仁义之道哉？（以上本墨子节葬篇）且法律固本乎道德，而道德亦有与法律不相符契者，杀人者于法当死，而戚族义当有以救其死。亲告罪非自愿举发者，于法可以不问，而乡党或竟不齿其人。古者司寇行刑，君为之不举乐，闻死刑之报，君为之流涕，盖垂泣不欲刑者，仁也，而不可不刑者法也。楚有直躬，其父窃羊而谒之吏，令尹报而罪之，以其曲于父也。鲁人从君战，因有老父，三战三北，仲尼举而上之，以其孝于父也。然韩非以为君之直臣，父之暴子，父之孝子，君之背臣，令尹诛，而楚奸不上闻，仲尼赏，而鲁民易降北；（见韩非子五蠹篇）斯固法家之见也已。太史公言申韩原于道德之意，（见史记老子韩非列传）鲍尔生言法律不过为道德律之一部，（见伦理学原理序论）则是道德先而法律后，道德广而法律狭，安得转谓道德原于国法耶？

自然法说

自然法说以为：宇宙万象中，必有根本法存焉，所谓根本法者，即自然法（the law of nature）是已。自然法超乎一切法之上，无论何时何地，其威权不稍变，其存于人也，则为至上之理性，理性乃判断何事当为，何事不当为之标准，故自然法许可之事，即道德也。是说倡自希腊之斯多噶派（Stoics），罗马之习瑟罗，中世经院学派绍述之，近世格罗裘（Grotius）耿伯兰（Cumberland）葛拉克洛克大成之；至十八世纪之唯物派而趋于极端。斯多噶派经院学派之言，兹不具述。习瑟罗论列自然法、国法、神法而首重自然法，其言曰："自然法者，客观方面为通行各时各地之溥遍法则，其权威高于任何制定之特殊典章，主观方面为人生而莳于心之至上理性，其萌达之时示人以当为不当为而无误者也。"[①]

---

① 参看习氏《道德义务论》（*De efficiis*，W. Miller's translation）篇三，页 287～289，及薛几微《伦理学史大纲》章二，节一九，页 78。

格罗袭认自然法先政府国家而存在，即顺乎人类特性之神圣法则；其言曰："自然法乃正理之命令，示人之行为合于其理性群性则为善，不合则为恶，而其原理可应用于人与人国与国之关系者也。"① 耿伯兰认道德非主观而有客观性，善恶标准非定自人为之政府权力，国法不过使存于客观之自然法更为有效而已。其言曰："凡有理性者对于其群，以最大之惠造最大之福，俾人人分有而共享之，其惠固福之所必需，亦视力之所能及而施焉，故公善乃至高之自然法也。行为有能以至捷之径直达此鹄者，即谓之正，譬若两点间所能作之最短之线，名为直线。法亦曰正，尺亦曰直，则以法之制行，尺之量线，均示至捷之径以达其鹄也。"② 葛拉克认道德非原于法律契约，实由宇宙事物恒久不变之关系而来；其言曰："各种事物互有不同之关系，彼此相与之际，因是有合有不合，有宜有不宜，犹数之等不等，形之齐不齐也。环境之于人，有适于甲不适于乙者，根据事物之性质与其人之资禀，而为一切决定之前题，人与人亦有种种关系，其对于他人之行为因亦有宜与不宜，犹力学上某某能力依乎距离位置及情境之差异而彼此互生不同之影响也。凡自然界道德界一切事物之差异，关系及配合，皆在事物之本体，其理确实不易，为一般无成心者所共承。此心同，此理同，如云雪白，如云日明，其判断放诸四海而皆准焉。"③ 洛克于自然法、神法、国法而外，增一舆论法（the law of public opinion）以为：舆论法能改正国法，二者均原于自然法，为之证实而致用；神法不过自然法之特别形式，其内容与之同；自然法较广而最尊，人人可识，在神法、国法、舆论法之先，而起原于吾人经验上之感觉与反省。其言曰："道德上之善恶，特

---

① 见格氏所著《战争与和平之正义》参看薛氏前书章四，节一，页 161。
② 见耿氏所著《自然法论》（*De Ie Gibus Naturce*，1672.）参看薛几微伦理学史大纲章四，节四，页 174～175，及薛雷《伦理学导言》章七，节九，页 193～194。
③ 见葛氏所著《自然宗教之永恒义务论》（*Discourse concerning the unalterable obligations of natural religion*）参看《英国道德哲学家名著选》卷二，节四八二至五二五，及《伦理学派别》卷二，页 463～474。

谓吾人行为对于法之从违而已，从舆论法者谓之德，违之者谓之邪，从
神法者谓之义，违之者谓之眚，从国法者谓之合法，违之者谓之犯罪。
世之人多为舆论法所约束，于神法国法或不甚措意。违神法则希其解
免，违国法则冀其宽宥，违舆情则无人能逃同侪之指摘，其悍然永不畏
物议者，千万人中未必有一二焉。纵使猖狂妄行，而自然法之真际仍善
保无失，盖德与邪之辨，应以自然法为规律也。愿自然之法与天赋之法
大异，法之可用天然感官知之者，与法之先天铭于吾心者大异，彼肯定
天赋之法与否定天官所能知之法者，离真理而走极端，正相等耳。"①
之数子者，或重理性（习瑟罗格罗裘），或重直觉（耿伯兰葛拉克），或
重经验（洛克），实同主自然而犹不废神法。唯物派有霍尔巴赫（Hol-
bach）者，著《自然之系统》（Systeme de La nature）一书，大要谓：
自然之运动法则有三：曰保持原状，曰互相吸引，曰互相排斥：其在物
也显，物理学者谓之抵力、摄力、拒力；其在人也隐，道德学者谓之自
爱、爱、憎；名异而实同。吾侪由显可以知隐，决不归其因于神及心
灵，彼认自然之外有神，体魄之外有心灵者，皆谬也。② 是直以动力代
神，自然法代神法矣。中土墨家主有神，故言天志；道家主无神，故言
自然。老子曰："人法地，地法天，天法道，道法自然。"（二十五章）
又曰："道之尊，德之贵，夫莫之命而常自然。"（五十一章）又曰："圣
人以辅万物之自然而不敢为，（六十五章）功成事遂，百姓皆谓我自
然。"（十七章）又曰："功遂身退，天之道。"（十章）又曰："天之道其
犹张弓与？高者抑之，下者举之，有余者损之，不足者补之。"（七十七
章）庄子曰："古之明大道者，先明天，而道德次之；道德已明，而仁
义次之；仁义已明，而分守次之；分守已明，而形名次之；形名已明，
而因任次之；因任已明，而原省次之；原省已明，而是非次之；是非已

① 见《悟性论》篇二，章二八，页279～289及篇一，章三，页34，参见《伦理学》英译
本卷，章三，节一，页64。
② 详见《自然之系统》章四（近有中文译本上海辛垦书店出版），参看俞伯惟《哲学史》
节一一八，页130。

明，而赏罚次之。"（天道）又曰："事兼于义，义兼于德，德兼于道，道兼于天。无为为之之谓天。"（天地）又曰："不明于天者不纯于德，不通于道者，无自而可。"（在宥）又曰："真者、所以受于天也，自然不可易也；故圣人法天贵真，不拘于俗。"（渔父）又曰："夫至乐者，先应之以人事，顺之以'天理，'行之以五德，应之以自然。"（天运）凡所谓天，皆明不为而自然，（本郭象山本篇注）天道天理均指"自然法"而言也。（庄子养生主刻意咨跰渔父等篇亦皆言及天理）董仲舒知道之大原出于天，而不知天即自然之谓，谬袭墨家天志之说，力破道家自然之义。以为："物相动无形，则谓之自然；其实非自然，有使之然者。"（见繁露同类相动篇）盖谓天有意使之然耳。厥后王充以为天无意志，人死不能为鬼，道家自然之说乃益昌。（论衡有自然篇、谈天篇、订鬼篇、参看物势论死两篇）其言曰："天动不欲以生物而物自生，此则自然也；施气不欲为物而物自为，此则无为也。谓天自然无为者何？气也。恬澹无欲，无为无事者也。（中略）至德纯渥之人禀天气多，故能则天，自然无为。禀气薄少，不遵道德，不似天地，故曰不肖。（中略）贤之纯者、黄老是也，无心于为而物自化，无意于生而物自成。"（见自然篇、而谴告、塞温两篇亦有天道自然无为之说，此正与董生之言相反矣。）儒家自左传言："民受天地之中以生，是以有动作礼义威仪之则。"（成十三年刘康公语）"天地之经、而民实则之。"（昭二十五年子产语）论语言："惟天为大，惟尧则之；四时行，百物生，天何言哉？"易传言："乾元用九，乃见天则；穷理尽性，以至于命。"中庸言："天命之谓性，率性之谓道，思知人不可以不知天。"孟子言："尽其心者知其性，知其性则知天；莫之为而为者天，莫之致而至者命。"后儒遂以为天即自然之理，而天理之说浸盛。程明道曰："有善有恶，皆天理，天理中物须有善恶，盖物之不齐、物之情也；但当察之，不可自入于恶，流于一物。"（二程遗书卷二上）程伊川曰："天之所以为天，本何为战？苍苍焉耳矣；其所以名之曰天，盖自然之理也。"（二程粹言卷二）又曰："莫之为而为，莫之致而致，便是天理。"（遗书卷十八伊川语四）朱晦翁曰："天则就其自然者言之，命则就其流行而赋于物者言之，性则就其全体而万物所得以生者言之，理则就其事事物物各有其则者言之；天即理也，命即性也，性即理也。"又曰："如所以入井恻隐者，皆天理之真，流行发见，自然而然，非有一毫人为预乎其间，此自然处也。"（语类卷五）陈北溪曰："天即理也，理无形状，以其自然而言、故谓之天。"又曰："天之所命则一，而人受去自是不齐，亦自然之理：理是泛言天地间人物公共之理，性是在我之理，其大目只是仁义礼智四者而已。"（性理字义）凡此皆以自然法为道德之本，而阳明所谓天理天则，当于下节详焉。然道家所谓自然法，超乎物质之上；儒家所谓自然法，寓乎心性之中：实均与唯物派殊旨也。

自然法较神法为真实，较国法为溥遍，其说自亦较前二说为近理；而自然法之与道德律，抑又未可混为一谈焉。自然界之事物无不从自然法者，人类则非必常遵道德律而莫之或违；即以自然法之铭于吾心者言，亦不能全与道德律相符；感情乃自然之行动也，而时时与理性抵牾；义务乃理性所认为道德之法则者也，而有时与自爱之动机不相容。吾心恒有善恶二念相并生，而自然法实善恶共通之法则，所谓当为与不当为之义务观念，乃无从发见也。譬之饥思食，寒思衣，皆自然法之著者矣；以求衣食之故而至于攘窃，自唯物派观之，亦不得谓非自然法所不许；然以道德律绳之，则决不许也。是自然法之不尽合于道德律亦明矣。昔史蒂芬之评葛拉克曰："葛氏之理论，施诸自然法固可，施诸道德律则不可。自然法云：'人皆有死'，此征寔之辞也，所谓寔然也。道德律云：'汝应勿杀，此告戒之辞也，所谓当然也。以当然为寔然，是葛氏之谬也。"[1] 凡远西之主自然法者，皆不免混寔然当然而一之，岂独葛氏有此失哉？

---

[1] 见《十八世纪之英伦思想》（*English Thought in the Eighteenth Century*）卷二，页7。

心 法 说

人智日进，道德益下衰；神法国法既失其威权，而自然法又不可尽恃；然则道德殆无律乎？曰：恶乎无之！道德所贵者，自律（autonomy）耳。神法说托威权于神明，国法说寄威权于政长，人各勉强以徇其所谓法，而非出于自动，皆他律（heteronomy）之道德也。自然法之存于吾心者，似近乎自律；然唯物派视人生之行为，无异机械；意志梏于形气之自然法而不克自由，则亦近于他律。其纯乎为自律者，厥惟良心之法则（the law of conscience），吾则简称之曰心法焉。良心具知善知恶之识，发从善去恶之令，以苦乐为一己所行善恶之赏罚：一念之乐，荣于华衮；一念之苦，严于斧钺；其威权殆驾神法国法自然法而上之，而其柄实全操诸己。此其所以为自律也。远西自保罗（St. Paul）谓："肢体之律令"（the law in my members）与"心灵之律令"（the law of my mind）交战，[1]　逮奥古斯丁（St. Augustine，354～430）以降，言良心者渐众；而心法之说，实成于巴脱拉（Bishop Butler，1692～1752）以及康德、裴希特三氏。巴脱拉不满于前人之道德感觉论，认良心为道德法则上反省之灵明，超自爱博爱两原理而上之。其言曰："吾人凭此灵明以省察一己之意念气质及动作，或愈焉，或咈焉，是不独对于一一情感物欲，有所影响而已，且赫然在上，首出庶物焉。判断也、指导也、监督也、良心之三要素也，其概念非此莫能成也。人之性，有调节，有组织，其主张是而纲维是者，非良心莫属；良心而有权有力，有威有势，其必控制一切也无疑。然则遵从良心之法则果为何种义务乎？曰遵此法则之义务，即吾人之性法，良心对吾所当行者而可决之，保证之，即义务也。良心不惟示吾以当行之道，更有权令吾必由是

---

① 引见任勒前书篇二，章一，页 172。

道而行，其遵行而率性，殆天之所命耳。"① 康德认良心为实践理性之无上律令，并非不可思议之一种官能。其律令之一曰："汝但依此规律而行，因此汝可同时意愿其成为溥遍之法则。"（act only on that maxim whereby thou canst at the same time will that it should become a universal law.）其律令之二曰："凡汝待人之行为，无论对己之人格，对彼之人格，总须视为正鹄而不视为作用。"（so act as to treat humanity. whether in Thine own person or in that of any other, in every case as an end withal, never as means only.）其律令之三曰："汝须依此观念而行，即一切有理性者之意志为溥遍立法之原泉。"（act according to the idea of the will of all rational beings as the source of an universal legislation）盖"法则立自意志，意志定自理性，人遵法则而行，不啻自遵意志而行，是谓意志自律之原理，正与所谓他律者相反焉。"② 菲希特认良心为道德律之根据，道德律为人类理性之表现，义内而非外。其言曰："道德之义务性，绝非基于外，准诸外，法则、规律，乃至神圣戒令，未有为无条件之拘束者；其为拘束也，徒以其为吾侪良心所确信而已。不受未经体察之戒令而以良心控制之，实吾侪绝对之义务；漫不加察而盲从焉，则绝然反乎良心；无论如何，凡非出自吾侪良心之信念者，即实际之罪恶也。"③ 要之三氏所谓良心，均指一切人之溥遍良心而言，非指各个人之特殊良心而言，而康德斥个人谬误之良心为怪魔，其意更明。则其所谓良心之法则，即为理性之法则矣。

　　中土自孟子以本心与良心互称，以良能与良知对举；陆象山则直指本心，王阳明则单提良知，均进而主"心即理"，与程朱之析心与理为

① 见蒲氏《人性讲演》（*Sermons on Human Nature*）之二与三。
② 见额巴特（T. K. Abbott）所译《伦理玄学之基理》（*Fundamental Principles of the Metaphysic of Ethics*）节二，页46～61，参看俞伯维《哲学史》卷二、节一二三，页180～182，按律令之二 "to treat humanity" 或作 "to use humanity"，张东荪教授《道德哲学》页34译为"使用人类"，词意实与下文相反，殆非据额氏译本也。
③ 见菲希特《伦理学系统》篇五，章一，页269以下，参看任勒前书篇二，章一，页173。

二者有异。象山无论矣。阳明之言天理天则，概指良知，其徒王龙溪钱绪山亦复如是。阳明论良知犹规矩尺度曰："故规矩诚立，则不可欺以方圆，而天下之方圆不可胜用矣；尺度诚陈，则不可欺以长短，而天下之长短不可胜用矣；良知诚致，则不可欺以节目时变，而天下之节目时变不可胜应矣。豪厘千里之谬，不于吾心良知一念之微而察之，亦将何所用其学乎？"（见全书传习录中答顾东桥书）其论良知即天理曰："吾心之良知，即所谓'天理'也。致吾心良知之天理于事事物物，则事事物物皆得其理矣。昏暗之士果能随事随物，精察此心之'天理'，以致其本然之良知，则虽愚必明，虽弱必强。"（同上）其论良知即天则曰："良知在声色货利上用功，能致得良知精精明明，毫发无蔽，则声色货利之交无非'天则'流行矣。鄙夫自知的是非，便是他本来'天则'，圣人聪明，如何可与增减得一毫。"（见全书传习录下）龙溪曰："良知自有'天则'，纵恣不肯为，只是违了天则。"（文集抚州拟砚台会语）又曰："良知者，性之灵也。不学不虑，'天则'自然。"（文集白鹿洞续讲义）又曰："良知是天然之则，格物云者，致此良知之'天则'于事事物物也。"（文集致知议辨）又曰："良知是天然之则，伦物感应实事上循其天则之自然，则物得其理矣，是之谓格物。"（文集格物问答原旨）又曰："格者，天然之格式，所谓天则也，致知在格物者，正感正应，顺其天则之自然而我无容心焉，是之谓格物。"（文集大学首章解义）绪山曰："良知天理，原非二义，以心之灵虚昭察而言，谓之知，以心之文理条析而言，谓之理。灵虚昭察，无事学虑，自然而然，故谓之良；文理条析，无事学虑，自然而然，故谓之天。"（上湛甘泉书）凡此皆谓本心之良知即天理天则，实为极端之心法说，不得以自然法说目之也。

　　难者曰：良心之原素，有知有情，知主进取，情主保守，事往往有知断于先而情悔于后者，知情果孰有权威乎？即就知之判断而言，是非随时随地而异，其同时同地者又以人殊，标准果确定而溥遍乎？人之行为，往往良心上求合于一己之所谓标准，而不免于猖狂妄行，良心果可尽恃乎?[1] 曰:良心者,己所独知之本心,而人人所同具之道德觉识也。良心非任何个人之私心,亦非任何时代任何国民之习心,唯独知故无伪,唯同具故无偏,其标准即理性之法则,自有其确定性普遍性,而非由于外铄;所患者,执偏为全,认贼作父耳。良心为道德觉识之有机全体,知识作用在行为未发之前,感情作用在行为已发之后,意志作用介乎未发与已发之间,乃良心之中枢,良心之知曰良知,良心之情曰良情,良心之意曰良意,三者同体异用,实未可截然划分。昔之论良心者,或主情,或主知,或主意,皆一偏之见也。良心出令而无所受令,自禁,自使,自夺,自取,自行,自止,是之则受,非之则辞;(本荀子解蔽篇)良知辨善别恶而立法,良意为善去恶而行法,良情褒善贬恶而司法,其欲之不合法者,则良心于潜识与觉识之间有"监察"(censorship)之作用。[2] 自立之,自行之,自司之,自察之,又自受治焉而不敢违,是谓自律之道德;彼神法,国法,自然法,亦皆由良心体认而出者也;然则虽谓道德律原于心法可也。虽然,本心固有天则,心法不外理性,若误认私心习心为良心,而失其明通公溥之本来面目,则差之毫厘,谬以千里矣,可不慎与。

---

① 参看缪海德《伦理学原论》篇二,章二,页74~78,及麦肯最《伦理学袖珍》篇二,章三,页185~187。

② 佛洛特(S. Freud)所谓监察作用,或译作检举作用。佛洛特以为自我有一种官能,与自我之他一部分反抗,不断监视之、批评之。病者诉述每有举动、便似有人监视,每有思想、便似有人考查,谬在以此可畏之势力归诸他人所有。其实彼在其自我内觉有一种官能之界尺,能用自我之理想裁量其实际自我及一切活动,此种自我批判之官能、即自我之检举作用,即良心,夜中所施于梦而抵抗不道德欲望之来侵者,即此官能,迹其所由此,殆以受父母师长及社会环境之影响而引为模范故也。说详高译佛洛特《精神分析引论》第二编,第九讲,页66~69,第三编,第二六讲,页43~44。

第七章
动机与效果

动机效果两说之指要

道德律为判断善恶之标准固已。夫行为始于动机，终于效果，而效果与动机之善恶不尽同；有动机善而效果恶者，有效果善而动机恶者；其同焉者，固不难辨，如其异也，则善恶杂糅，名实互纽，果安从而辨之乎？于是或专以动机判行为之善恶，或专以效果判行为之善恶，而有所谓动机说（motivism）效果说（consequetism）焉。动机说曰：动机实行为之本，动机定、行为乃成，效果特外部无关重轻之迹耳。道德之鹄在义不在利，善恶之别在心不在迹，知动机之善恶、斯可以断行为之善恶，无须更计其效果之如何也。动机诚善矣，果虽恶、无害其为善行也；动机诚恶矣，效虽善、无救于其为恶行也。远西持是说最著者，德有康德、斐希特（J. G. Fichte，1762～1814），英有谷林（T. H. Green，1836～1882）蒲拉特莱（F. H. Bradley，1846～1924）马铁奴，而希腊之斯多噶派已有以开其先矣。效果说曰：道德非徒贵虚名而已，将以责实效也；义、名也，利、实也，为利乃所以为义也；若徒拥义之虚名、而于群己无影响，奚贵焉？判断行为之善恶，当视其于群己之影响而定；于群己有利者、谓之善，有害者、谓之恶；效诚良、不得以动机之恶掩其功，果诚恶、不得以动机之善宽其罪，盖善恶功罪之别、在效果而不在动机也。凡快乐论派如希腊之伊壁鸠鲁（Epicurus，341～270B. C.），英国之培根（F. Bacon，1561～1626）哈特莱（D. Hatley，1705～1757）柏莱边沁穆勒（J. S. Mill，1806～1873）辈，皆持是说；边穆二氏自称功利论（utilitarianism），而德国鲍尔生氏美国薛蕾氏并易其名为正鹄论（teleological theory），旨趣则少变焉。

斯多噶派及康德菲希特之动机说

斯多噶派始用"义"（Kaθύηkovta）之一词，义即"合宜"（Befitting）之谓。彼以为："行为之合于性而中夫理者，宜也。其出自德性而依乎理性者，正也，正即绝对之宜也。故以正意行之者，所行虽在法律上为罪，而在道德上为善；以邪意行之者，所行虽在法律上为功，而在道德上为恶。"盖义者，事之宜，（things meet and fit）宜于事而亦宜于心，殆去康德所谓义务不远矣。① 康德之言曰："世自善意（Goodwill）外，无所谓善。善意之谓善，非以其有所成就与影响也，非以其适于达一定之鹄也，但以其志愿在德耳。其义即在意之本身，其值贵于一切癖性之所好，即由意之本身所估定。道德行为，原于义务，非原于癖性，义行价值，原于所由决定之信条，非原于由是而得之鹄的。意志所遵从之义务，本自为鹄（ends in itself）本自为善（good in itself），非以此为他鹄之作用而别有所谓善也；而善意云者，即为义行义（duty is to be done for duty's sake）之意是已。"② 夫为义行义，义即是鹄，别无

---

① 参看俞伯维《哲学史》卷一，节五五，页200，及薛几微《伦理学史大纲》章二，节一五，页77。
② 参看额巴特（T. K. Abbott）英译康德《道德玄学基理》节一，节二及薛几微《伦理学史大纲》章四，节二十，页276。

他鹄鬻入意志之中，则动机既高尚纯洁矣，岂必待有成效而后为善哉。斐希特者，康德门人也，以为：一切自然行动皆非道德，虽同情亦然，唯为义而行义乃为至高之德。其言曰："依汝之义务信念而行，即依汝之良心而行，此道德之法则也，以法则之形式言之，汝须时时确认何为汝之义务，以法则之内容言之，无论汝所确认之义务为何，汝之行之者，徒以汝信其为汝之义务耳。无论何人，凡生平专为义务而完成其义务者，一度为之，必终身为之；义务之动机，绝对真实，超乎时间，非若其他情感动机之限于一时；凡从善服义若是者，必永矢弗谖焉。"[1]此盖根据师说而推阐尽致者也。

谷林蒲拉特莱马铁奴之动机说

康德说之入英，肇自柯勒尼辑（coleriage）[2]，谷林祖述康德，蒲拉特宗赫智尔，马铁奴则动机论派之中坚也。谷林著《伦理学绪论》于篇二章一，论意志自由而及动机，于篇三章二，论道德理想而及善意，凡快乐功利之论，举非所取。其言曰：道德界决定之原因为动机，而动机亦即鹄的之观念，此乃自觉之主体所呈于己而奋厉以图实现者也；道德行为之所以别于自然之事者，动机原因为之也。吾人知德行之为何，不在表面之形迹，而在内面之心意，欲察行为所表出之心意，则自省为唯一可能之方法。"纯为事之得行而行事"，乃有意义之要求，微此则无所谓道德。何谓无限制之善，（按即至善）盖善意也，盖善意之所向也。何谓善意，盖意之主乎至善者也；盖意之合乎溥遍法则别无所为者也；论证虽似循环，要不可避免。彼以乐诘善者欲免乎此，则其理想非道德

---

[1]　见克鲁格英译菲希特《知识论》上之伦理学系统篇二，章九，页164，篇三，章一，页173，及附录页383，参看翁德《伦理学》卷二，章三，页120～123。

[2]　详见薛几微《伦理学史大纲》页277。

之理想矣。① 此谷氏之动机说也。蒲拉特莱著《伦理学甄微》，于论三评"为乐而乐"之说，于论四评"为义而义"之说，虽均言其偏，实抑前者而扬后者，意在订正后说，补其所未逮。其言曰："德鹄者，实践之鹄也，非徒觉之，而必行之者也；将有所行，其行即鹄，行本自为善，其善也非以外果故。鹄不在行为者自己以外，更不在其行动以外，善特善意耳，鹄之为意，即以意故耳。善意者，自由之意也，自主之意也，溥遍之意也，法式之意也。义务者，必其为义而行者也，否则非义务也；为义行义，是谓正行，若为义外之鹄而行义，所行容或合法，然非道德也。断定人之有德，不在其表面之成功而在其意之与溥遍性一致。道德无关于意外之外果，而意亦不能以外果量之；所行出自善意，斯为善行焉。"② 此蒲氏之动机说也。然谷蒲二氏实进而主自诚（self-realization）之论，（详后）未尝以动机说自封，此其所以终有异乎康德与。马铁奴类别动机，依心理之序而分先后，依伦理之序而分高下。③更据约翰穆勒之父（James Mill）所言，析人之行为为三段：（一）发乎情志，（二）动乎四体，（三）终乎结果；乃为之说曰："后二者而无情志，即失其道德之性质，其动作等于中风狂走，其结果等于可喜可愕之自然现象；情志存而去夫后二者，犹得全保其道德性质，纵体若痿痹，阻其动作之外现，结果之产生，但使令已发于内，其本身仍蕴蓄一新活动焉。吾人判断行为之善恶，恒在其内部之原泉，而不在其外部之结果；善之价值，未可由外面利益之等级量度之，若利益非原于善而为其表征，则吾之所持以量度者，须绝不予以道德价值之估定；其原愈清者，吾愈善之，初于结果之大小无与也。"④ 盖其所谓情志之发，行为

---

① 见《伦理学绪论》（*Prolegomens to Ethics*）页 104～109，页 230～231。

② 见《伦理学甄微》论四，页 128～133，页 207～208。

③ 按《伦理学派别》（*Types of Ethical Theory*）卷二，篇一，章六，页 266 列有道德动机高下表，凡十三等，张东荪译载所著《道德哲学》页 216，唯十一项译"parental af-fection"，为"对于父母之爱"，应改作"父母对于子女之爱"，观马氏原书章五，页 146 自明。

④ 见前书同卷同篇章一，页 24～26。

之原，正指动机而言也，马氏尝征引谷蒲两家之说，又援斯宾塞史蒂芬之语为动机说张目；然彼二氏者，本属进化功利论派，奚必摭其片言以为重乎。

中土孔孟老庄之动机说

中土动机之论，以儒家为盛。易传言知几，（按几与机同）学记言先志，大学言诚意慎独，（按刘蕺山谓独即机）而孔孟皆严义利之辨。孔子曰：君子喻于义，小人喻于利。又曰：苟志于仁矣，无恶也。又曰：君子谋道不谋食，忧道不忧贫。孟子曰：孳孳为善者，舜之徒，孳孳为利者，跖之徒。又曰：何谓尚志，曰仁义而已矣。又曰：且夫枉尺而直寻者，以利言也，如以利，则枉寻直尺而利亦可为与。盖志乎仁义，则为君子，为舜之徒，志于货利，则为小人，为跖之徒，善恶惟系乎志意之所向耳。[①] 老氏尝以仁义与巧利同弃矣；（见老子十九章）然其言曰：上德无为而无不为，[②] 下德为之而有不为，上仁为之而无以为，上义为之而有以为。（三十八章）盖无所不当为，曰无不为，有所不当为，曰有不为，无所为而为，曰无以为，有所为而为，曰有以为，而其所绝弃者，乃仁义之末流也。又曰：生而不有，为而不恃。（十章）非无所为而生且为乎。又曰：成功不名有，衣养万物而不为主。（三十四章）非无所为而成且养乎。又曰：善行无辙迹，善言无瑕谪。（二十七章）非无所为而行且言乎。其他类是之言尚多，未遑遍举也。[③] 庄周

① 按孟子答彭更曰："子何以其志为哉，其有功于子，可食而食之矣。"或以此为孟子亦言功利之证，不知食功非食志，所谓官先事也，谋道不谋食，所谓士先志也。言各有当，未可泥视也。
② 各本作无以为，先师瑞安陈公曾据韩非子订正，今从之，并据以改下句之以为不。
③ 按欲取固与诸语，见逸周书，本古权谋家言，实非老氏之说。

氏亦尝以仁义与货财同讥矣；（见庄子骈拇）然其言曰：窃钩者诛，窃国者为诸侯，诸侯之门而仁义存焉。（胠箧）则是斥田成子窃仁义之名，行盗贼之实也。又曰：孰恶孰美。成者为首，不成者为尾。（盗跖篇引故书）则是诮世俗以成败定美恶也。又曰：圣人不从事于务，不就利，不违害。（齐物篇）则是不计利害也。又曰：且女亦太早计，见卵而求时夜，见弹而求鸮炙。（同上）则是不急功效也。又曰：汇乎淳备哉，功利机巧，必忘夫人之心，若夫人者非其志不之，非其心不为。（天地）则是明主心志而非功利也。盖老庄之说，实均远于效果，毗于动机，本非与儒家大有殊异，唯因行仁义者动机不良，而遂罪及仁义，乃始僢驰不相合耳。

董张朱陆及陈淳之动机说

汉儒主动机者，推董仲舒，尝谓：义者，心之养也，利者，体之养也，体莫贵于心，故养莫重于义。（春秋繁露身之养重于义篇）又谓：仁人者，正其谊不谋其利，明其道不计其功，春秋之义，贵信而贱诈，诈人而胜之，虽有功，君子弗为也。（按以上皆对胶西王语谊即义之本字）曰贵心，曰重谊，曰正谊明道，曰贵信贱诈，实即尊动机之谓，而所谓春秋之义，则公羊子所传孔氏之微言矣。宋儒多喜称引董生，而动机之说益昌。周濂溪曰：诚无为，几善恶。（通书）司马君实曰：君子治心，小人治迹。（迂书）程伊川曰：哲人知几，诚之于思，志士厉行，守之于为（动箴）；斯特单词只义之散见者耳。而南轩张氏，象山陆氏，晦庵朱氏，北溪陈氏，则言之綦详焉。南轩云：学莫先于义利之辨，义也者，本心之所当为而不能自已，非有所为而为之者也。圣贤无所为而然也，有所为而然者，皆人欲之私，而非天理之所存，非特名位货殖而后为利也。意之所向，一涉于有所为，虽有浅深之不同，而其为徇己自私，则一而已矣。（参照朱子述南轩行状后）象山云：人之所喻，由其所习，所习，由其志。志乎义，则所习必在于义，所习在义，斯喻于义矣。志乎利，则所习必在于利，所习在利，斯喻于利矣。故学者之志不可不辨也。（白鹿洞讲义）晦翁云：且如管仲之功，伊吕以下谁能及之，但其心乃利欲之心，迹乃利欲之迹，是以圣人虽称其功，而孟子董子皆秉法义以裁之，盖于本根亲切之地，天理人欲之分，有毫厘必计、丝发不爽者。今不讲此，而遽欲大其目，平其心，以断千古之是非，宜其指铁为金，认贼为子，而不自知其非也。（答陈同甫书）又云：天理人欲二字，不必求之于古今王霸之迹，但反之于吾心。视汉高帝唐太宗之所为而察其心，果出于义耶，果出于利耶，出于邪耶正耶。若以其能建立国家，传世久远，便谓其得天理之正，此正是以成败论是非，但取其获禽之多，而不羞其诡遇之不出于正也。（同上）按朱陆时有争辩，南轩实调停于其间，而晦翁跋象山白鹿洞讲义，以为切中学者隐微，其教条则引董生正谊明道二语，为处事之要，盖两家之学虽若殊涂，而其辨义利，主动机，则如出一辙已。北溪为朱之门人，而析义利尤精。其言曰：义与利相对而实相反，才出乎义，便入乎利，其间相去甚微。义者，天理之所宜，利者，人情之所欲。天理所宜者，即是当然而然，无所为而然也。人情所欲者，只是不当然而然，有所为而然也。又曰：如有所慕而为善，有所畏而不为恶，皆是利。如为获而耕，为畲而菑，便是利。于耕而望获，于菑而望畲，亦是利。易曰：不耕获，不菑畲，是无所为于前，无所觊于后，此方是义。如哭死而哀，非为生者也，经德不回，非以干禄也，言语必信，非以正行也，此皆是当然而然，便是义。如为生而哀，为干禄而不回，为正行而必信，便是利。又曰：如先难后获，先事后得，皆是尽其我所当为，而不计其效。如揠苗助长，便是望效太速。（以上见北溪性理字义）综观所论，殆动机说之充类至尽者也。

阳明龙溪蕺山及张稷若之动机说

自明逮清，主动机最著者，有王文成王龙溪刘蕺山张稷若（名尔歧）诸氏。义成曰：志于道德者，功名不足以累其心，志于功名者，富贵不足以累其心，仁人正谊不谋利，明道不计功，一有谋计之心，则虽正谊明道，亦功利耳。（与黄诚甫书）又曰：使在我苟无功利之心，虽钱谷甲兵，搬柴运米，何事而非天理，使在我尚有功利之心，则虽日谈道德仁义，亦只是功利之事。（与陆原静书）又曰：至善只是此心纯乎天理之极便是，若只是那些仪节求得是当，便谓至善，即如今戏子扮得许多温清奉养的仪节是当，亦可谓之至善矣。（答郑朝朔问）龙溪曰：君子欲为正本清原之学，亦求诸其端而已，端者，人心之知，志之所由以辨也，道谊、功利，非为绝然二物，为道谊者，未尝无功，未尝无利，但由良知而发，则无所为而为，由知识而发，则不能忘计谋之心，未免有所为而为。君子于其有所为、无所为之义辨之，学斯过半矣。（水西同志会稽）又曰：其机存乎一念之微，义利之辨，辨诸此而已，是故怵惕于入井之孺子而恻隐行焉，所谓义也，从而纳交要誉恶其声而然，则失其初心而为利矣。不屑受于呼蹴之食而养恶行焉，所谓义也，从而妻妾宫室穷乏者得我而为之，则失其初心而为利矣。志有所向，而习随之，习有所专，而喻因之，机之不可不辨也如此。（白鹿洞续讲义）蕺山曰：意无所为善恶，但好善恶恶而已，此心最初之机，惟微之体也。易曰：几者，动之微，吉之先见者也。曰动之微，则动而无动可知。曰先见，则不著吉于凶可知。曰吉之先见，则不渝于凶可知。（全书卷十学言上）又曰：吉凶之几，言善恶由此而出，非几中本有善恶也；几动诚动，言几中之善恶方动于彼，而为善去恶之实功已先动于思，所以谓之见几而作，知几其神。（全书卷十二学言下）又曰：善非择在事上，直证本心始得。（学言上）义利一关，正是良知当判断处，（全书卷八寻乐说）义利本非二途，似就中君子只见得有义，小人只

看得有利，义利两途，遂若苍素之不可混。（全书卷二十八论语学案）
稷若曰：志也者，学术之枢机，适善适恶之辕楫也；枢机正，则莫不
正矣；枢机不正，亦莫之或正矣。志乎道义，未有入于货利者，志乎
货利，未有幸而为道义者也。志之为物，往而必达，图而必成，及其
既往，则不可以返也，及其既成，则不可以改也。又曰：志之定于
心，如种之播于地也；种粱菽，则粱菽，种乌附，则乌附矣。粱菽
成，则人赖以养，乌附成，则人被其毒，学不正志而勤其占毕，美其
文辞，以售于世，皆其毒人自利之籍也。（蒿盦文集辨志）四君子者，
皆兢兢辨志察机于义利一关，固亦动机论派之重镇矣。然王刘诸子以
良知断义利，实与宋儒之截然判义利为二事者略有不同，而张氏诠
志，以为往必达，图必成，则浸浸乎去效果说不远焉，此又未可一概
论也。

动机说之论难

要之善恶之辨，在义利，义利之分，在无所为与有所为，而其机实
存于一心。无所为者，为义而行义，义之外无所为也；有所为者，为利
而行义，义之外别有所为也。意志主乎义者，其动机善，其行为亦善；
意志主乎利者，其动机恶，其行为亦恶；动机之善恶，即行为之善恶
也。论人既须以动机为准，修己斯当于动机致力，然则动机焉可忽诸。
动机者，意志之究竟，行为之发端，而善恶所由分也。机与几古多通
用，（书孔安国序撮其机要释文，机本作几，易系辞极深而研几也释文，
几本作机，荀子解蔽危微之机注，几，萌兆也，与机同。）其谊贯初终，
兼微危，介乎有无之间，要皆主发动而言。易乾卦曰：可与几也。释文
曰：理初始微曰几。系辞上曰：机事不密。虞注云：几，初也。此就事
理言机，故云初；所谓行为之发端也。庄子齐物论曰：三子之知机乎。

郭注云：几，尽也。淮南缪称训引易曰：君子几不如舍，往吝。高注云：几，终也。此就心意言几，故云尽、云终；所谓意志之究竟也。刘蕺山曰：未有是事，先有是理，曰事几；未有是心，先有是意，曰心几。（见刘子全书学言下）可谓辨析精核矣。易系辞下曰：几者，动之微，吉凶之先见者也。尔雅释诂下曰：嘀，几，裁，殆，危也。郭注云：几犹殆也。说文丝部曰：几，微也，殆也，从丝从戍，戍，兵守也，丝而兵守者，危也。段注云：殆，危也，危与微二义相成。而荀子引道经曰：人心之危，道心之微，（伪古文尚书大禹谟有此语）危微之几，惟明君子而后能知之，夫心一也，动而主于欲，谓之人心；动而主于理，谓之道心。欲胜理，则心入于危殆而恶将出，理胜欲，则心入于微妙而善将出；善恶必先知之，吉凶必先见之。善恶皆出于几，皆入于几，其间不能容发，所谓善恶所由分也。礼记大学注云：机者，发动所由。管子七法注云：机者，发内而动外。说文木部云：主发谓之机。王船山读四书大全说云：机者，发动之繇，只是动于此而至于彼意，要非论其速不速。蕺山则有言曰：机，发动所由也，发非机也；以发为机，矢已在的矣。（亦见学言下）盖心未动非几，已动亦非机，机特在方动之际耳。心本无善恶，几动而后善恶始有。易系辞注云：几者，去无入有，理而无形。管子水地注曰：几，谓从无以适有也。周子通书圣章曰：动而未形，有无之间得，几也。刘子全书学言下曰：先儒以有无之间言几，后儒以有而已形者，言几。或曰，意非几也，则几又宿在何处；意非几也，独非几乎。又曰：几者，动之微，不是前此有个静地，后此又有个动著者在，而几则介乎动静之间。盖几可以有无之间言，不可以动静之间言也。缪赫德（Muirhead）曰：动机者，欲之动于意而行之原也。其言近是矣。挽近心理学家之诠动机，有动力说、冲动说、能力说、本能说及生机说。而行动主义派持绝对机械观，独谓：动机不外有机体行动之定向，反应之姿势，即要发未发之潜伏行为；既非指动力与冲动，尤非指欲望观念等。（详见郭任远人类的行为第九章）斯则徒视动机若机括，不认有心意存于其间；信如所云，动机殆无道德价值，尚何义利善恶之足论乎。难者曰：主动机者为义不为利，心诚纯洁矣；然或信心太过，憬憬焉孤行其意之所安，但求内省无疚，而不复计及事之利害得失，极其弊，必至径情直行，误用其责任心以取罪戾。设有人焉，见贫儿赤足立雪中，意大不忍，遂盗富商革履以救之。又设有人焉，不忍于暴君之酷虐无人理，奋然挺身刺杀之，以一快人心。斯固史乘所称任侠义烈之举，其动机不可谓不善也。然任侠义烈而至于攘窃刺杀，实大有害于社会之安宁，则其结果甚为不良，论者宁复可略迹而原心耶。[①] 曰，动机论派之流弊，势固难免至此，然亦由徒认动机为盲动之情感耳。动机有二义：时用以指先见之行为结果，而为其人之意中所欲者，时用以迳指欲望或有觉之冲动。[②] 以前义言，则动机非徒谓无明之情感（blind feeling），以后义言，则动机非徒谓无思之冲动（impulse without thought），而远西动机论派第取后一义。盖动机似盲瞽而实睿知也，[③] 盗革履者，意在私自市惠，而其效可免一人之寒冻，刺暴君者，意在侥幸成功，而其效可除国民之残贼，均激于一时情感之冲动，未尝加以慎思明辨，动机既非纯善，效果亦非纯恶，此例适足以难效果说耳，独于动机说乎奚尤。难者又曰：动机亦分有意无意两种，今善恶不断自行为，而断自动机，不断自无意之动机，而断自有意之动机，则凡无意所为之善，不得谓善，无意所为之恶，不得谓恶，人但日存善念，日诵善言，遂可谓之善人乎。今有人曰：吾愿忠于友，敬于事，惠以待贫，公以为政，似有意于善矣，而于阴贼恣睢腴削侵蚀诸恶行，无意中实靡所不为，是犹得以善人目之乎。恶也，谓之善，善也，谓之恶，道德之判断果足信乎。曰：此更不足以难动机说也。心理学上之行动论派，（如华特生等）虽力破意识，初未尝否认动机，伦理学上之动机论派，虽偏重意志，亦未尝遗弃行为，持善意之说者，正以意志所向

---

① 参照鲍尔生、薛雷所说。
② 本薛几微《伦理学涂术》第七版，362 页。
③ 参照杜威《伦理学》页 250。

为鹄，达焉始谓之善，非谓虚存一善意，不必见诸实行也；更非谓有意之善言，可以掩无意之恶行也。有意言善言，欺人也，无意行恶行，自欺也，自欺欺人，其意非诚，意非诚，即意非善也。动机论派据意之诚伪断善恶，非据意之有无断善恶，即如言善言而行恶行者，实由意志决定而始言之，亦由意志决定而始行之，不得以有意无意论也。世固有存恶意而伪为善者矣，宁有存善意而甘为恶者哉。平心论之，极端动机论派诚有所偏，而其弊尚不若效果论派之甚，观下文自明焉。

伊壁鸠鲁培根哈特莱之效果说

伊壁鸠鲁有言："乐即善，苦即恶固已，然欲决定何者为乐而取之，何者为苦而拒之，须先衡其结果。取之者，以其结果乐胜于苦也；拒之者，以其结果苦胜于乐也；精于计算，固智之华，而智亦德之原也。道德法则乃领袖人物判断之结果，即若辈所认为有益社会者，初非人之性所固有，亦非原始君长之所发明、而强加乎人之身者也。"① 斯固效果说之滥觞矣。培根为征验派钜子，于伦理学最重实用，其所著《进学》（*Advancement of Learning*）一书，大别道德之知为二类：曰明善（the exemplar or platform of good）、曰养心（the regiment or culture of the mind)，以为：古代道德哲学家徒辨善之高下，而忽于人类性情之调和，不知因势利导以致用；"善"与"用"原非二物，利群即为真德。② 哈特莱伦理之说，全以心理上之感觉论（sensationalism）为根据，其《原人》（*Observations on man*）一书条举生活通则凡九，末谓人生休咎，视其从违法则之结果而定。第六通则中又列实践附则十，其三曰：竭吾

---

① 参照罗素《心之分析》（*Analysis of Mind*）讲演一，页32。
② 引见俞伯维《哲学史》卷一，节五九，页210。

所能以衡量行为各方面或然之果，斯为甚宜。[1] 若二子者，非英国乐利派之先河乎。

柏莱边沁穆勒之效果说

柏莱以为道德感觉之判断殊无定，须以客观之结果为准，而行为结果之良恶，即以其致福利与否为断。其言曰："德者、所行善乎人群，顺乎神意，而为夫无疆之福者也。人之行为，当视其影响如何而品评之；凡便宜之事即为正。人于道德规律必存义务之念者，以其功用耳。义务有强迫之意，顾舍本人之得失观念而外，实莫能强迫之。义务之行为与审慎之行为不同，前者之得失在现世，后者之得失在来世，其计校得失则均也。"[2] 边沁以为欲察一事趋向之善恶，首当计其所生苦乐之价值，视行为结果如何而美之刺之，乃功利之原理，其言曰："行为倾向之利害，或多或寡，视其结果之总额而定，即视其善果恶果在数量上之差异而定。顾吾所谓结果，第指其主要者而言；任何行为之结果，其数之多，其类之异，必至于无限；唯其主要者乃有考量之价值，唯其包含苦乐，或有产生苦乐之影响者，乃得谓之主要；此不可不察也。结果所由成之条件有六：行为，一也；环境，二也；觉识，三也；志趣，四也；动机，五也；性向，六也；结果则实现是六者，而为此因果连环之结束。但就有害之结果言之，有主与副之分；其害为预定之个人或群众所受者，曰主害；其害波及全社会或不可预定之群众者，曰副害；然行为之主果为害，而副果为利，其利且将溢乎主害者，亦往往有之。动机与志趣，或均善焉，或均恶焉，或一善而一恶焉，皆使结果有显著之差

---

① 见培根《进学》下篇，章二〇至二二，参看薛几微《伦理学史大纲》章四，页158。

② 见哈特莱《原人》部一，篇三，篇四，参看《伦理学史大纲》章四，页222。

异；故言志趣时宁不言动机，言动机时宁不言志趣。世人恒谓某行为来
自善动机，某行为来自恶动机，非确论也。动机本无善恶，而善恶徒在
其影响；其善也，以影响之生乐而免苦也；其恶也，以影响之生苦而除
乐也。行为有善者，有恶者，有不善不恶者，来自同一动机可也，来自
各种动机亦可也。行为之主果诚有害焉，动机纵极良，而副害终不能以
动机之善消除也。"① 穆勒以为"功利道德"之义务，原于得乐免苦之
裁定，吾人欲得公共大福，而后从善服义，非为公共福利，则义务亦无
由见，其言曰："一切行为皆有所为之鹄；道德规律所以供鹄之用，其
性质色采全禀诸鹄，此自然之推想也。人之情，或好而俞焉，或恶而咈
焉，均大为事之影响于其幸福者所左右。任何学派，虽不愿认功利为道
德之基理、义务之来源；而行为在幸福上之影响，为道德节目中所最当
考量之主要部分，则莫不承也。行为之趋于增福者为正，其趋于构祸者
为邪；福即乐而免苦之谓，祸即苦而丧乐之谓：斯固功利论之主张矣。
凡吾侪所行，非必以义务情感为唯一动机，其出自他种动机者殆百分之
九十九；动机纵有关于其人品之高下，实无关于其行为之正邪。今有拯
人于溺者，不论其动机为迫于义务，为希望酬报，要不可谓非正行焉。
今有见信于友而卖其友者，即令动机在为他友尽较大之义务，抑亦不免
于罪戾焉。世人或谓功利论派徒焦思苦虑于行为之结果，未尝重视行为
者之性质，其实行之为善为恶，不必因人之为善为恶而定，功利论派知
德以外尚有他种可贵之性质，知正行未必表现德性，而横被指谪之行为
往往出自应受赞美之性质，然其意非谓行为之善不足以证品性之善，而
善性反有产生恶行之倾向也。或又谓行为对于一般幸福之影响，当行为
之先，殊无暇时可以衡而计之。不知人类在所有过去时期，已由经验而
谙悉行为之趋势；凡所以谨言慎行，蹈道履德者，胥唯经验是赖；人类

---

① 见柏莱《道德政治哲学之原理》（*The Princicles of Moral and Political Philosophy*）篇
一，章五，章七，篇二，章二，章三，参看《英国道德哲学家名著选》卷二，页 357～
360。

尚须进而求知行为在幸福上之结果，吾承认焉，吾且坚持焉。人生斯世，如涉大海，其于善恶正邪之辨，智愚贤不肖之分，早已心领神会而有成算矣。"① 观三子所言，殆皆极端之效果说也。

鲍尔生薛蕾之效果说

鲍尔生薛蕾二氏关于正鹄论之辨证极详，而正鹄之意义实与效果有殊。盖意外之效果，即不得谓为正鹄也。鲍尔生曰：正鹄论但主张行为情状之或善或恶，视其有可以生何等效果之自然倾向耳；非谓特别行为之价值，必由实际效果判定也，诽谤之性质，含有可以毁人信誉之效果。纵偶或效果相反，适以彰彼被谤者之懿行。此非谤者之失计，实由闻者断自良心，持以谨慎，能知夫人之情而洞察其奸。是即亚里士多德所谓诽谤者，善果之偶因，而非其真因也。故道德不在行为之实际效果，而在其性质所应有之效果。② 薛蕾曰：行为之善恶，非因乎实际所生之偶果，而因乎性质所应有之真果；人莫不谓砒毒足以杀人，以其性质然也。时或砒毒不发，此乃偶然之事，而遂谓砒非毒物，可乎？诈伪诽谤盗窃杀害之为恶行，以其性质必趋于生恶果也。正鹄论未尝谓人之于事，因预知其果而行之，亦未尝谓有善行之人皆必预知所行之定生善果；食所以充饥，初固未著养生之念；然谓食滋养之品者，必生良善之果，仍无妨也。③ 夫天下事物，有果必有因，因有真有偶，果亦有真有

---

① 见边沁《道德及立法之原理》章七，节二，节三，章一二，节一，节三，节一四，章九，节一四，章一○，节一一，节一二，章一二，节二六，参看《伦理学史大纲》章四，节一五，页240~245。
② 见穆勒《功利主义》章一，页2，页5，章二，页9，页10，页26，页28，页29，页34，页35，页36，参看《伦理学史大纲》章四，节一六，页245~249。
③ 见薛雷英译《伦理学系统》篇二，章二，页225，参看蔡译《伦理学原理》章一，节二，页28~29。

偶，偶果善而真因恶，其行不得谓之善，偶果恶而真因善，其行不得谓之恶，凡谓之善行恶行者，其因果之为善为恶也，必皆真而非偶。而其所据以评判善恶者，又徒在行为本质中有可以生何等效果之倾向，而不在实地所生之影响。然则二氏所主张者，非夫狭义之效果说与。

中土墨荀尸尹及韩非之效果说

中土主效果说者，先秦有墨法诸家，而儒家有荀卿、名家有尹文、难家有尸子。墨翟曰：义利也。（经上）义，志以天下为芬而能能利之，不必用。（经说上）今天下之所以誉义者，为其上中天之利，而中中鬼之利，而下中人之利，故誉之与。今天下之诸侯将犹多皆不免攻伐并兼，则是有誉义之名，而不察其实也。（非攻下）此言义即是利，能利天、利鬼、利人、利天下，方谓之义，义特利之名，而利乃义之实也。又曰：所谓贵良宝者可以利民也。而义可以利人，故曰义天下之良宝也。（耕柱）斯则正谊而谋利矣。又曰天下匹夫徒步之士少知义，而教天下以义者功亦多，何故弗言也。（鲁问）斯则明道而计功矣。又义义，利；不义，害；志功为辨。意获也，乃意禽也；志功不可以相从也。（大取）斯则以义不义决利害，以求与获辨志功矣。又曰：凡言凡动利于天鬼百姓者，为之。凡言凡动害于天鬼百姓者舍之。（贵义）斯则以利害定取舍矣。又曰：用而不可，虽我亦将非之；且焉有善而不可用者。（兼爱下）斯则以可用不可用定善否矣。又曰：效也者，为之法也；所效者，所以为之法也；故中效则是也，不中效，则非也。（小取）斯则以中效不中效定是非矣。墨氏一切皆主实利，则其于伦理学而持效果说也，尚复何怪哉。荀卿尝讥世之洁国以呼功利唯利之求者，然犹有言曰：国者天下之利用也，人主者，天下之利势也；国者，巨用之则大，小用之则小；巨用之者先义而后利，小用之者先利而后义。（荀子王霸）先义而后利者荣，先利而后义者辱；荣者常通，辱者常穷。（荣辱）辨义利而计及荣辱穷通与用之大小，独有利害之见存，是亦功利之言耳。又曰：凡事行有益于理者立之，无益于理者废之。夫是之谓中事。凡知说有益于理者，为之。无益于理者，舍之。夫是之谓中说。（儒效）立与废，为与舍，一决之于有益无益，则浸浸乎与墨氏同旨矣。尸子曰：义必利，虽桀杀关龙逢，纣杀王子比干，犹谓义之必利也。（引见文选，李萧远连命论注）又曰：虑之无益于义而虑之，此心之秽也；道之无益于义而道之，此言之秽也；为之无益于义而为之，此行之秽也。（见群书治要）尹文子曰：故有理而无益于治者、君子弗言，有能而无益于事者、君子弗为；君子非乐有言，有益于治，不得不言；君子非乐有为，有益于事，不得不为。（大道上）何其说之与荀墨相类耶。韩非固法家，实师荀卿，其言曰：言行者，以功用为之的彀者也。夫砥砺杀矢而以妄发，其端未尝不中秋毫也。然而不可谓善射者，无常仪的也。今听言观行，不以功用为之的彀。言虽至察，行虽至坚，则妄发之说也。（韩非子问辨）又曰：明主听其言必责其用，观其行必求其功，（六反）法立而有难，权其难而事成，事成而有害，权其害而功多，则为之。（八说）事成则用显，功多则害掩；功用即效果之谓，仪的即正鹄之谓；以功用为的彀，即以效果为正鹄之谓，则虽名之曰正鹄论可也。

贾谊苏洵及永康永嘉诸儒之效果说

汉世治左氏春秋，而立言与董生相反者，有贾谊，其言曰：善不可谓小而无益，不善不可谓小而无伤。（新书审微）此谓利害乃善不善之效也。又曰：行之善也，萃以为福已矣。行之恶也，萃以为菑已矣。（大政上）此谓福菑乃善恶之果也。又曰：见祥而为不可，祥反为祸，

见妖而迎以德，妖反为福。（春秋）又曰：人能修德之理，则宏利之为
福，祭祀鬼神，为此福者也。（道德说）又述孙叔敖之母之言曰：有阴
德者，天必报之以福。（春秋）此谓福德相应，而天鬼能福善祸淫也。
凡此所言，多本左氏，而后儒（如袁了凡辈）功过果报之陋说由是起
矣。宋世与洛学抗颜者，有蜀之苏氏，与朱陆角立者，有永康永嘉两
派。苏洵之学，出于纵横，尝谓：权书，兵书也，而所以用仁济义之术
也。（嘉祐集权书序）圣人之道，有经、有权、有机，使圣人而无权，
则无以成天下之务，无机，则无以济万世之功，君子为善之心与小人为
恶之心，一也。君子有机以成其善，小人有机以成其恶，有机也，虽恶
亦或济，无机也，虽善亦不克。（嘉祐集衡论上）游说之士，以机智勇
辩济其诈，吾欲谏者以机智勇辩济其忠。龙逢比干不获称良臣，无苏秦
张仪之术也；苏秦张仪不免为游说，无龙逢比干之心也。（嘉祐集谏论
上）夫善也、忠也、仁义也，所谓正鹄也，机也、权也、术也，所谓作
用也。为欲成善竭忠用仁济义之故，而不惜出于机变权术，则亦奚啻西
谚所谓"正鹄神圣作用"（the end justifies the means）邪？抑苏氏又援
易文言"利者义之和"一语，而发为"义利"、"利义"之说。略谓：
"君子耻言徒利，小人难行徒义，须'义利'、'利义'相为用。"盖有义
之利曰"义利"，有利之义曰"利义"，无义之利、无利之义，曰徒利徒
义，"徒义"则义即为鹄，"徒利"则利即为鹄，"利义"则义为鹄而利
为用，"义利"则利为鹄而义为用，斯则晦翁所谓周旋於二者之间，费
尽心机者也。① 陈同甫，永康人也，尝以义利双行，王霸并用，见讥於
晦翁。其答晦翁书曰：孔子之称管仲曰，如其仁，如其仁，伊川谓如其
仁者，称其有仁之功用也，仁人明其道不计其功，夫子亦计人之功乎。
若如伊川所云，则亦近乎来谕所云喜获禽之多矣。功用与心不相应，则
伊川所论心迹原不会判者，今亦有时而判乎。又曰：不失其驰，舍矢如
破，君子不必于得禽，而非恶得于禽也，范我驰驱，而能发必命中者，

————————————

① 见《伦理学导言》章五，节三，页135，节一，页130。

君子之射也，岂有持弓欠审固，而甘心于空返者乎。（书战龙川文集）命中以正鹄言，得禽以功效言。晦翁门人所目为异说者，此类是已。永嘉陈止齐（名传良）答同甫书云：功到成处，便是有德。事到济处，便是有理。此老兄之说也。如此则三代圣贤，枉作工夫。功有适成，何必有德；事有偶济，何必有理，此朱丈之说也。如此则汉祖唐宗，贤于盗贼不远。盖以雨家之说，皆未安也。顾又谓：暗合两字，如何断人。识得三两分，便有三两分功用。识得六七分，便有六七分功用。欲有全然识了，为作不行，放低一著之理。决无全然不识，横作竖作，偶然撞著之理。（以上并见止齐文集）则仍左祖龙川而持功效之说矣。叶水心（名适）亦为永嘉钜子，谓正谊不谋利，明道不计功，初看极好，细看全疏阔。古人以利与人而不自居其功，故道义光明。既无功利，则道义乃无用之虚名耳。（水心习学记言）全谢山谓永嘉功利之说，至水心始一洗之，殆未然也。

李贽颜元李塨之效果说

明有李卓吾者，号为龙溪再传，而主功利特甚。其说曰："今观仲舒不计功谋利之云似矣，而以明灾异下狱论死，何也？夫欲明灾异，是欲计利而避害也；今既不肯计功谋利矣，而欲明灾异，何也？既欲明灾异以求免于害？而又谓仁人不计利，谓越无一人，又何也？所言自相矛盾矣。且天下曷尝有不计功谋利之人战？若不是真实知其有利益于我，可以成吾之大功，则乌用正谊明道为邪？其实贾谊之通达国体，真切实用何如邪？"（李氏焚书论贾谊）夫明灾异，言祸福，其指一也。董明灾异而非功利，说自违牾；贾言祸福而主功利，义适连贯；此卓吾之所以抑董而扬贾与？清儒颜李之学主实用，汉宋诸儒多遭其掊击，而恕谷之攻阳明尤甚。颜习斋评董生正谊明道之语曰："世有耕种而不谋收获者乎？世有荷网持钩而不计得鱼者乎？抑将恭而不望其不侮，宽而不计其得众乎？这不谋不计两不字，便是老无释空之根；唯吾夫子先难后获，先事后得，敬事后食，三后字无弊。盖正谊便谋利，明道便计功，是欲速，是助长；全不谋利计功，是空寂，是腐儒。"（见习斋言行录）又评朱子忧学者习功利便可见效之语曰："都门一南客曹蛮者与吾友王法乾谈医云：'唯不效仿是高手。'殆朱子之徒乎。朱子之道千年大行，使天下无一儒，无一才，无一苟定时，因不愿见效故也，莫论唐虞三代之英，孔门贤豪之士，世无一人，并汉唐杰才亦不可得；世间之德乃真乱矣，万有乃真空矣。"（朱子语类评）于是更为矫枉过直之言曰："以义为利，圣贤平心道理也。后儒乃云：'正其谊不谋其利'，过矣。宋人喜道之以文其空疏无用之学，予尝矫其偏，改云：正其谊以谋其利，明其道而计其功。"（四书正误卷一）夫董生亦第言不谋利、不计功耳，非必欲天下无利无功也。认"不"为"无"，遽谓与释老之空寂同，无乃过于深文周内乎？朱子所忧，正为欲速助长，并非不愿见效。今云：正谊以谋利，明道而计功；果何异于正谊便谋利，明道便计功乎？充其所言，是"以利为义"，非"以义为利"也。李恕谷攻阳明事亲不徒重仪节之说曰："心之具而无其仪，于何见心？然亦谁曰仪之徒具而可无心者；爨演则徒扮其仪耳，乌可比也。"又攻阳明格去物欲之说曰："形色，天性，岂私欲邪？犹人羡人金玉而盗之，始谓之盗，始谓之赃；岂人与金玉并未染指而即坐以盗名，定为赃物邪？"（见大学辨业）乃复进而辨正董说，集矢宋儒曰："董仲舒曰：'正其道不谋其利，修其理不急其功'；语具春秋繁露，本自可通，班史误易'急'为'计'，宋儒遂酷遵此一语为学术；以为'事求可，功求成'，则取必于智谋之末而非天理之正。后学迂弱无能，皆此语误之也。请问行天理以孝亲而不思得亲之欢，事上而不欲求上之获，有是理乎？事不求可，将任其不可乎？功不求成，将任其不成乎？"（论语传注问）夫仪节具而后心可见，则有其心而无其仪者，不得谓孝矣。金玉既窃，始谓之盗，则有盗心而无盗迹者，可免盗之名矣。为思得亲之欢而孝亲，为欲求上之获而事上，不欢，将不孝乎？不获，将不事乎？事必求可，功必求成，知其不可不成，将不为乎？斯亦效果说之趋于偏宕者也。

效果说之批评

大抵动机说重"义"而贵"心"，效果说重"利"而贵"迹"，一以"意"之纯驳判善恶，一以"事"之利害判善恶，故往往同论一人一事，而褒贬各殊。春秋书宋公及楚人战于泓，宋师败绩。公羊传曰：春秋辞繁而不杀者，正也，君子大其不鼓不成列，临大事而不忘大礼。谷梁传曰：襄公以师败乎人，而不骄其敌，何也，责之也。夫公谷所论，同为宋襄败于泓之一事，而或大之，或责之者，一以为意正而动机善，一以为事败而结果恶耳。董仲舒申公羊义，谓宋襄不厄人，不由其道而胜，不如由其道而败。（繁露俞序）郑康成从谷梁义，谓刺襄公不度德，不量力。（箴膏肓）是亦一主动机，一主效果矣。动机说之弊，纵如罗之难者所论，而效果说流弊所极，更有不可胜言者。事之成败利钝，贤智或不能逆睹，脱非意向所及，即无责任可负，刑律且有宥过之条，况在道德，若必执意外结果以绳人，适足短正士之气，而长桀黠者之焰。田乞行阴德于民，而意在篡齐，其心实不可问，始窃仁义而终至窃国，其罪视窃履者为何如哉。晚近功效实利之说盈天下，生计学上"最小劳力获最大利益"之原则，至通于凡百学业，而深中于人人之心。觊效求速，行险侥幸，初犹不过冀其事半而功倍，卒乃至不劳而望获。未菑而问畬，未耕而求获，未操一蹄一盂而祝满沟满车，非徒如会涤生氏所云"朝耕而暮获，一施而十报，譬若沽酒市脯，喧聒以责之贷者，又取倍称之息焉"，已也。甚者阳揭公义为徽帜，阴悬私利为标鹄，率借种种美名义为攘权夺利之工具，而彼此互以机巧诈术相利用，权利得，则工具立见毁弃，不得，则又变其徽帜以乘利便，斯亦可谓极"正鹄神圣作用"之能事矣。杜威者，实验哲学家也。其所著伦理学书，犹调和于动机效果两说之间。（详下）而晚年讲演伦理，则力斥效果而主动机曰：凡人须先考究居心，方能判善恶，辨是非；然人类天性，往往好以结果定是非，以害己者为恶，利己者为善，不问居心如何。论结果不论居心，即有一弊，便是以成败论人，幸而成，虽非亦是，不幸而败，虽善亦恶。为一己谋福钓誉之动机，固非甚恶，亦非高尚，最高尚者，为同情之动机。夫实验哲学家互以影响之良否，判学说之短长得失，而其于伦理也，持论乃若是；殆亦鉴于效果影响之恶，亟思有以救其弊与。

动机效果两说之调和

总之动机效果二说，各有偏蔽，而动机论派或主志趣，效果论派或主正鹄，取两者而折衷之，庶归于中正。动机与志趣有别，志趣亦名意向，意志所希望而悬以为鹄者，谓之动机，意料所及而心每向往之者，谓之意向，论语皇疏曰：志者，在心之谓也，在心向慕之谓也。朱子语类曰：主宰谓心，立趋向谓志。陈北溪性理字义曰：人常言志趣，趣者，趋也，心之所趋向也。是志趣与意向异名同实矣，吾侪行为，必有种种结果随之而生。结果有为志趣所及者，有非志趣所及者，志趣有属于动机者，有不属于动机者，正鹄即动机所止，而志趣所及者也。极端动机论派以为志趣与动机全合，而动机与正鹄不相容；极端效果论派以为志趣与效果全符，而结果与动机不相应。不知主动机而弃正鹄，犹之无的纵矢；主效果而弃动机，犹之无矢求中。结果之封域最广，动机之封域最狭。志趣介乎结果与动机之间，而动机与正鹄亦纯非相外。彼于诸名概念，淆混莫辨，宜其推论之趋于两极已。夫吾侪行为之属于志趣、而悬有正鹄者，自当全负责任，人亦不能外是而施评判。结果无论如何，苟为吾侪事前之所能预见，斯责任无可幸免，而志趣之为动机与否弗问焉。使动机恶而志趣亦恶，则其行为之恶也无疑；使动机善而志趣亦善，则其行为之善也亦无疑。然或动机虽善而志趣实恶，如行劫以养父母者是；或志趣虽善，而动机实恶，如设计陷人而又逆知其可以利人者是：凡此类行为，虽具一善，犹备他恶，岂得遽称善行邪。更就正鹄剖析言之，公鹄之中，有私鹄，真鹄之外，有伪鹄，假公济私者互出公鹄以示人，而伏私鹄于其内，则公者即其伪鹄，私者即其真鹄。正鹄分公私真伪，而志趣之纯驳、动机之正邪、由是判矣。动机派未尝全不言正鹄，而鹄即在义，与效果派之义外别有正鹄不同。效果派未尝全不言志趣，而志实在利，与动机派之义外别无志趣者不同，徒恃效果之完美未善也，徒恃动机之纯正未尽善也，必也动机极纯正，志趣不苟且，正鹄又复有公无私，有真无伪，专一不二，斯乃所谓尽善之行为也。杜威曰：两派之于道德品质也，或置诸意态及动机中，或置诸事实及志趣中，彼此似不相涉，实同以道德有事与人之别，客与主之分耳。结果中善恶之淆杂，与动机中善恶之淆杂，彼此适相为比例，吾侪认品性行为之交错不容为分析之苟简所始。所谓内部外部者，即性行发展所含之区别，但使品性未入变化之程，但使行为乃一因睽孤而固定之事，吾侪斯有内部外部之分，而康德派功利派之理论并伏焉。其实本无所谓分别，不过先后动作之愿望及预计，有种种阶段相对比而已。有品性焉，将使人对于其行为结果之认识，一若可以明著切近也者，此则履道行德之士所最要也。[①] 盖动机属诸人，效果属诸事，属诸人者，关乎品性，属诸事者，关乎行为，人若养成先见结果之品性，及指正结果之志趣，则人与事契、性与行合，动机与效果相一致，而主客内外之分悉泯，杜氏可谓善于调和矣。然附志趣于效果，以之与动机分立，殆犹袭功利派之成见，而未能脱其窠臼也。中土调和之说，亦有可称引者，易文言曰：利

---

① 按东坡云："凡言苟出于利，虽中小人也，况不中乎？苟出于德，失犹君子也，况不失乎？"又云："有善射者，教吾反求诸身，心不期中，目不存鹄，十发十中矣。"其说近于动机，适与乃翁异撰，姑从略。

者，义之和。又曰：利物足以和义。小戴礼大学曰：此谓国不以利为利，以义为利。国语晋语一曰义以生利，利以丰民。晋语四曰义以导利，利以阜姓。吕览尊师篇曰：义之大者，莫大于利人。左氏昭十年传曰：义，利之本也。左氏昭二十五年传杜预注曰："义者利之宜。"易文言王弼注曰：进物之速者，义不若利，存物之终者，利不及义。孝经唐明皇注曰：利物为义。孔叶子称孟轲问牧民何先。子思曰：先利之。曰：君子之所以教民亦仁义，固所以利之乎？子思曰：上不仁，则下不得其所，上不义，则乐为乱，此为不利大矣。（见杂训篇）斯皆"以义为利"，而义外无利，与墨氏之"以利为义"，而利外无义者殊科，苏洵混而言之，有所谓"义利"与"利义"，则终趋于功利之一途焉。① 夫以事言，义利本交相出入，以心言，则别无所为为义，别有所为为利，封界绝不容混，事固有义而且利者，小人则为利不为义，事固有利而且义者，君子则为义不为利，诚能烛效于动机之先，定志于正鹄之内，祸福将至，善恶前知，宁蹈祸以全义，不违义以趋福，此所谓事前定而不困，行前定而不疚者也，则亦安用谋计于其间哉。

---

① "以义为利"者，犹云："利、义也"，如图甲。"以利为义"者，犹云："义、利也"，如图乙。"利义"犹言利的义，如图丙。"义利"犹言义的利，如图丁。设云"义非利，利非义"，则如图戊。设云"义即利，利即义"，则如图己。

（甲）

（丁）

（乙）

（戊）

（丙）

（己）

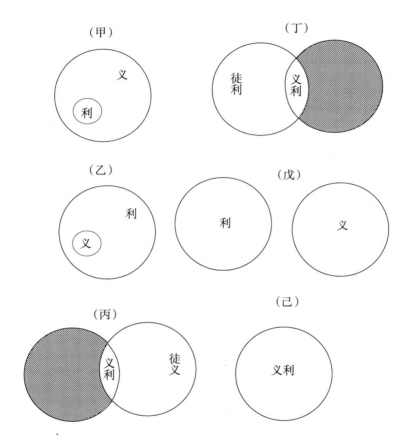

第八章
乐利与幸福

快乐说之旨要

今试会各伦理学家于一堂而问之曰：人生究竟之鹄何在乎？必皆曰：在至善也。然试问所谓至善者何邪？则答之者必不一焉。人生而有欲，有欲斯有求，利所求也，求而得，乐也；害非所欲也，弗欲而不免，苦也；有乐而无苦，善之至。凡可以养人之欲，给人之求，俾得乐其乐，利其利，以遂其生者，皆善也；反是则恶也。人生至善之鹄，唯在乐而已，岂有他哉？此持快乐说者之所答也。快乐说（Hedonism）亦名幸福说，以乐即福故，亦名实利说，以秘即乐故。主是说者，类多属于效果派。意谓：善恶之值，定自苦乐之果，果之予人以乐者为善，予人以苦者为恶，虽苦乐杂糅，善恶仍不难辨；乐大于苦，亦善也，苦大于乐，亦恶也；要之乐愈多者，行愈善，苦愈多者，行愈恶，而极乐即至善己。希腊德谟克利图（Democritus）首创快乐之论，奚里奈派（Cyrenaics）及伊壁鸠鲁派（Epicureans）更敷畅厥指。近世如霍布士洛克孟特微哈特莱哈企孙柏莱边沁穆勒之流，则祖述其说而浸变者也。顾斯说之中，有以一己之乐利为鹄者，是为"利己主义"（ego-ism），亦名"独乐主义"（individual hedonism）；有以众人之乐利为鹄者，是为"利他主义"（altruism），亦名："众乐主义"（universal hedonism）；合而言之则曰"利己快乐说"与"利他快乐说"；请分述之。

诡辩派奚里奈派伊壁鸠鲁派之利己快乐说

希腊辩者（Sophist）蒲洛泰哥拉氏有言："人为万物之权衡，知特一时之官觉。"寻绎其旨，殆谓事物之真美善，由人之知情意而定；第就善论之，善乃主观者。栢对者，个人认其为善，斯善矣。此盖利己主义所由托始也。然蒲氏犹不承凡乐事皆善，凡苦事皆恶；而于"群善"与公道，亦未尝致疑焉。[①] 戈基亚（Gorgias）氏谓："善仅有狭隘之主观性，存乎个人一时愉快赞许之情；人之善不能即为我之善，所谓'群善'，实为幻想。"崔绥玛储（Thrasymachus）谓："公道乃强者之利；强者之牧民，犹牧羊然，肥其群正所以利其私；民莫敢不从者，畏罚故耳。"[②] 则变本加厉，渐趋于极端矣。要皆以为：德不过得乐免苦之作用，自利与德不相违，各人瞬息所认为利者即善，原无公溥坚定之鹄。斯固诡辩派之共同主张也。[③] 奚里奈派阿利斯提泊（Aristppus）尝谓："苦乐均生于动；动而感其温，则乐，动而感其猛，则苦，不动而静，

---

① 见刁吉尼莱狄斯所述《希腊诸哲之生平及其学说》英译本（Diogenes Leartius. *Lives and Opinions of Eminent Philosophers*，R. D. Hicks translation）卷二，篇九，章八，页 463～465，及《柏拉图对话集》英译本卷一，《蒲洛泰哥拉》（*The Dialogues of Plato*，Vol. l，"Protagoras"，B. Jowetts translation）页 175～176，参看俞伯维《哲学史》卷一，节二八，页 74；及罗吉士《伦理学略史》部一，章一，页 31。

② 戈氏说详见《柏拉图对话集》英译本卷二，《曼诺》（*Meno*）页 30 及《戈基亚》页 328 以下，崔氏说详见《柏拉图共和国》英译本（*The Republic of Plato*，translated by G. L. Darise and D. G. Vaughan）篇一，页 16（原书页 338）以下，参看罗吉士《伦理学略史》部一，章一，页 33，章二，页 43。

③ 参看薛几微《伦理学史大纲》章一，节二，页 18～22。

则苦乐两无，是名不可记别之中性。无苦非即乐也，无乐非即苦也；乐与乐较，无品质之异，乐虽来自不正之行，亦善也。乐非由于善之追忆或预期，乐之影响吾心，历时辄尽；心之苦乐非全出于身之苦乐，而身乐远较心乐为佳，身苦远较心苦为烈。事往往有能生快乐而性质反苦者，积乐致福，其事至难，遇乐即享，不可放过；审慎之结果，可以得乐；友好之动机，在乎有利；德之足贵，以其为乐利之具也。人莫不以一身当前之乐为鹄，敬神、守法、求知、为善，亦以其有利于己故耳。"① 赫基胥亚氏（Hegesias）亦谓："凡智者所行，皆为自利；其取诸人之利必最大，其与诸人之利必最少；感恩也、施惠也、交友也、徒为一己之利而已。"翟阿多罗氏（Theodorus）亦谓："友谊不存于愚者相与之际，亦不存于智者相与之际；愚者求遂则交绝，智者足乎己而无所需于友；舍生以卫国，智者不为焉。"② 观此派所言，殆与诡辩派之极端利己快乐说无异；所不同者，彼无定见，而此有所谓通鹄耳。然翟氏以为人生之鹄，不在暂乐而在恒愉；赫氏以为鹄不在得积极之乐而在无苦；讵非所见终异阿氏，而适为伊壁鸠鲁之先导乎？③ 伊壁鸠鲁以为乐有动静两种；免于烦劳，静乐也，悦怡欢愉，动乐也；苦或止或无，均属静乐。苦而全止，则乐之最醇者也。若离人生之乐，则德行为无用，若屏官体之欲。则乐字为无义；公道所以防人之相贼害，友谊所以便人之相利用。总之不离乎乐者近是。乐之本身无恶，虽事有生乐而贻倍蓰之苦者，乃恶也。然心苦久于身苦，心乐大于身乐，官体固愉乐之根，而精神之乐为尤要；人当臧往知来，以积一生

---

① 见习吉尼前书英译本卷一，篇二，页217～221，及习瑟罗《道德义务论》英译本（*Cicero Deofficila*, W. Millers translation）篇三，节三三，页297，参看俞伯维《哲学史》卷一，节三八，页95～96及薛几微《伦理学史大纲》章二，节四，页32～33。

② 见习氏前书英译本篇二，页223，页227。

③ 参看俞伯维《哲学史》卷一，节三八，页97，及余慈《伦理学原理甄微》部一，章一，节二，页89。

之大乐焉。① 其致闵努伽斯书（letter to menoecus）曰："欲有自然而且必需者，有自然而非必需者，有非自然亦非必需者，明乎此而斟酌取舍之，体康而心宁，是为幸福生涯之鹄。乐者，幸福生涯之终始也；然乐有踵以大苦者，吾恒弃之如遗。苦有承以大乐者，吾恒安之苦素；乐非尽入吾选，而苦或尊于乐也。乐固近性而皆善，岂一切皆足取邪？苦固皆恶，岂一切皆宜避邪？吾谓乐之正鹄者，非言夫感官之乐，豪华之乐，如世之愚顽放僻者所为，特身无苦痛，心无烦恼云尔。人生快乐之来，不在纵酒食，溺声色，而在运清醒之思，明取舍之由，且扫除一切渎乱心神之信念，则审慎尚已。其他诸德，皆发原于审慎，吾人不能使快乐之生涯不为审慎尊荣公正之生涯，亦不能使审慎尊荣公正之生涯不为快乐之生涯；盖德之滋长，与快乐生涯合为一体，而快乐生涯终不能离夫德也。"② 此其为说，异于阿利斯提溥者有二：彼仅言动而温和之正乐，此兼言静而无闷之负乐，一也；彼畏身苦而重体魄之暂乐，此畏心苦而重精神之恒乐，二也；然而彼此仍有相同之点，即均以一己独乐为鹄是已。③

霍布士洛克孟特微赫尔维修哈特莱及尼采之利己快乐说

霍布士认心有欲恶，物有摄拒，均为动之正反两式，欲之动象为

---

① 详见刁氏前书英译本篇十，页535，页661，页667，页673，页675，及刁瑟罗《善恶究竟论》（*De Finibus Bonorum et Malorum*，H. Raekham's translation）篇一，节七，节一一，节一七，节二〇，篇二，节二，节三，节一八，节二三，节二四，节二六，节三二，节三三。按刁氏述其说，刁氏驳其说，当分别观之，参看俞伯维《哲学史》卷一，节五九，页210～211及薛几微《伦理学史大纲》章二，节一七，页85～87。
② 见刁氏前书英译本篇十，页653～657，参看余氏前书同章同节，页90～92。
③ 参看俞氏《哲学史》卷一，节五九，页212。

乐，恶之动象为苦；所欲之鹄曰善，所恶之事曰恶；乐即助长生力之
活动，故为善之征；苦即阻阏生力之活动，故为恶之征。避苦趋乐，
乃人之性，全生益生，斯有乐感；人类一切冲动，皆为己而已。① 其
言曰："人之能力相若，故其欲望相等，设两人同欲一物，不能共享，
遂为仇敌；势必交相残贼，危及生命与自由。人有龃龉之因三：曰争
夺，曰猜忌，曰矜夸：争夺所以求获，猜忌所以求安，矜夸所以求荣，
此皆出乎天性也。闻者疑吾言乎？彼试自思行则挟兵，卧则键户，居则
扃箧，有犯之者，则资法与吏以为报复，其待远近亲疏之人类如是，人
将谓之何邪？公道者，以人各私诸己者予之之良法美意也，若无能有之
己，即无所有之权，亦即无所谓不公；立约而守之，乃公之所在也。②
邺人之灾而感其祸将及己，是谓悲悯；力能自给而又有以助人，足谓仁
爱；前者起于苦同身受之想像，后者起于乐在方来之预期，凡社会所谓
道德，皆个人康乐之具也。"③ 洛克认事之善与恶，系乎乐与苦；苦乐
兼指身心而言，身动而有为，心动而有思，皆苦乐所由起。事之增吾乐
而减吾苦者，谓之善，其增吾苦而减吾乐者，谓之恶；事之悦吾心而厌
吾意者，谓之福，其扰吾心而乱吾意者，谓之祸；若舍恒乐而取暂乐，
是自绝于福，故不可不慎。博爱固表面之德，自爱实行为之最高动机
焉。④ 其言曰：苦乐不惟在吾身而已；感觉反省，均有违顺，此心之苦
乐也；苦减而止，亦乐也；乐消而亡，亦苦也；是人之情也。审善无
他，徒乐耳；审恶无他，徒苦耳；欲之对象不限于现乐现苦，而事后引

---

① 参看薛几微《伦理学史大纲》章四，节二，页164，罗吉士《伦理学略史》部二，章
　一，页129。
② 见《勒裴雅甄》章十二，章十五，参看《英国道德哲学家名著选》卷二，页290～292，
　及页297。
③ 见《人性论》(On Human Nature) 章九，节一〇，节一七，章八，节三，参看《名著
　选》同卷，页298～299，及《伦理学派别》卷二，页309～311。
④ 详见包恩（Fox Bourne）所著《洛克传》页163～165，及洛克《悟性论》篇二，章七，
　节二，章二十，节二，参看翁德《伦理学》英译本卷二，章三，节一，页63，及薛蕾
　《伦理学导言》原书章六，节六，页164。

起之苦乐，亦恶也善也。欲者，不宁之状，人而无此，将复奚为；天降饮食男女之欲于民，置之不宁之境，使之动其心，决其意，而以存身衍种为鹄；若鹄足以定吾志，则吾无苦矣。德与福合，天实为之；修德之上，群众利赖；德有规而行有矩，吾既以是曰利，又必以是劝人，德律之为众所公认者，以其利己而遂人之生也。① 盖霍氏之快乐说，近于阿利斯提溥，洛氏之快乐说，近于伊壁鸠鲁：其主利己一也。孟特微（Mandeville）曰："一切行为，皆原于自大自私，即德行亦若是；贪也，侈也，妒也，夸也，争胜也，皆猎取名利之根本冲动；其所以济世而善群者，犹愈于博爱与节欲。巧慧之政家知其然，揭道德原型以示人，使之互相利用而就范；彼则肆其野心，益取利于大多数之群众，统而治之，以策安全；此即道德所由起也。"② 赫尔维修曰："人类天性所能感受者，无他乐焉，唯官觉之乐而已；情欲但以官觉诸乐为对象，而贪吝、夸大、骄矜、友好，皆情欲之类也。友谊非与两人之诚信为比例，而与其共同之利益为比例，公道及其他诸德，莫不皆然；人咸曰为德而好德矣，斯言也，出乎其口，非存于其心。人之所好，固有超乎利益者，然好德而无利，德于何有乎？"③ 观两家所论，实扬崔绥玛储之波者也。哈特莱曰："人有麤粗疏之自利（gross self-interest），即用以得感觉、想像、及功名心（sensation，imagination，and ambition）之乐，而免其苦者是；有精练之自利（refined self-interest），即用以得同情、神感、及道德心（sympathy, theopathy and the moral sense）之乐，而免其苦者是；有合理之自利（rational selfinterest），即用以得人生所可

① 见《悟性论》篇一，章三，节六，篇二，章二十，节一五，章二一，节三二，节三四，节六一。
② 《蜂之寓言》第二版（*Fable of The Bees or Private Vices Public Denefits*，*Second Edition* 1723.），《道德起源论》（*An Enquiry into the Origin of Moral virtue*）参看《英国道德哲学家名著选》卷二，页 351～352，及佛根堡《近代哲学史》 （Falckenberg. *History of Modern Philosophy*. translated by Armstrong）页 202～203。
③ 见《灵性篇》英译本论二，章九，章十，章十四，及《人论》（*Treatise on Man*）部三，章十二，参看马铁奴《伦理学派别》卷二，篇二，节一，页 313～315。

得之最大幸福者是。苦乐二念，与生俱来，虽夫妇亲子之相爱，亦由自利为之基。婴儿之初爱其母也，岂爱母哉？爱母之与己以乐感耳。终则乐之一念与其母相联合，乃惟母是爱矣。道德观念之养成，正藉联合之力（the powers of as sociation）也。"① 斯则以心理上联念之说入伦理，已渐由利己而趋于利他矣。他如法之霍尔巴哈梅特里，荷之斯宾诺莎，德之史端男（Stirner，1806～1856）尼采（Friedrich Nietzsche，1844～1900）皆持自爱自利之说。② 而尼采竟谓："勇毅自雄为强者之主德，慈巽自牧为弱者之奴德；尊贵高亢而有强力者自觉其为善，卑陋鄙俗凡庸者相形而为不善；强者为自利之故，实擅创造价值之权。"③ 则其言尤悍焉。

中土道法两家及巫马子荀杨诸儒之利己主义

中土道家有言："至乐性馀"，（阴符经）"天之道，利而不害"，（老子八十一章）"乐全谓之德志"，（庄子缮性）"至乐活身"。（庄子至乐）细绎其旨，殆亦皆以至乐为至善。唯其求乐之方，在无欲无为，故又云："无为诚乐，至乐无乐。"（亦见至乐篇）则所谓乐者，乃消极之乐，实与远西之积极快乐说异撰。然老壮均贵以身为天下，其流至于为我；为我者徒计一己当前之乐，势必反乎无欲而主纵欲；如魏牟杨朱是已。魏牟重生而纵情性，（见庄子让王篇、吕览审为篇、荀子天下篇）其言今不传，而列子书所载杨朱之说最著。其说曰：

---

① 详见《原人》，部甲，458 页，及 483～485 页。
② 参看薛雷《伦理学导言》原书页 262 附注。
③ 详见尼采《道德谱系》英译本（The Genealogy of Morals，H. B. Samuel's translation）论一，节二，页 3～4，节十，页 17～18，参看薛雷《晚近伦理学之趋势》（Recent Tendencies In Ethics）第一讲，页 20～21。

"人之生也，奚乐哉？奚为哉？为美厚尔，为声色尔，遑遑竞一时之虚誉，规死后之馀荣，徒失当年之至乐，不能自肆于一时，重囚累梏，何以异哉？太古之人，纵心而动，不违自然，所好当身之娱，非所去也。"又曰："伯成子高不以一豪利物，舍国而隐耕，大禹不以一身自利，一体偏枯。古之人，损一豪利天下，不与也；悉天下奉一身，不取也；人人不损一豪，人人不利天下，天下治矣。"又曰："忠不足以安君，适足以危身；义不足以利物，适足以害生；安上不由于忠，而忠名灭焉，利物不由于义，而利名绝焉：君臣皆安，物我兼利，古之道也。忧苦，犯性者也，逸乐，顺性者也，斯实之所系矣。守名而累实，恤危亡之不救，岂徒逸乐忧苦之间哉？"[①] 夫谓人当纵一己美厚声色之欲，图一时耳目口体之乐，极与阿利斯提溥之说合，而其贵利己之实，贱利物之名，不惜灭忠绝义，以自全一身，殆亦与尼采之自利主义无殊。然人各自利而不侵人之利，是之谓人人不损一豪，既不损己以利物，亦不损物以利己，是之谓物我兼利；则虽不利天下，亦不害天下也。法家主利君而不主利民，以为君当自利于上，民不当自利于下。商君书云："民生则计利，死则虑名，名利之所出，不可不审也。"（算地篇）又云："民弱、国强，国强、民弱，慈仁、过之母也。"（民弱篇）申子云："有天下而不恣睢，命之曰以天下为桎梏。"（引见李斯上二世书）韩非子云："匹夫之私誉，人主之大败也，匹夫之私毁，人主之公利也。"（见韩非子八说）是真欲损下益上，俾人主残民以逞，而所谓公利者，实强者之私利耳。韩非子又尝纵论父子主佣夫妻君臣之关系矣。其言曰："人为婴儿也，父母养之简，子长而怨；子盛壮成人，其供养薄，父母怒而诮之；子父至亲也，而或谯或怨者，皆挟相为而不周于为己也。夫卖庸而播耕者，主人费家而美食，调布而

① 以上皆《列子·杨朱篇》文，按《庄子·盗跖篇》云："声色滋味权势之于人，心不待学而乐之，体不待象而安之，夫欲恶避就，固不待师，此人之性也。"又曰："尧舜为帝而雍，非仁天下也，不以美善生也；善卷许由得帝而不受，非虚辞让也，不以事害己也；此皆就其利，辞其害，而天下称贤焉。"其说与杨朱略同。

求易钱者，非爱庸客也；曰如是耕者且深，耨者熟耘也。庸客致力而疾耘耕者，尽巧而正畦陌畦畴者，非爱主人也；曰于是羹且美，钱布且易云也。此其养功力，有父子之泽矣，而心调于用者，皆挟自为心也。”（外储说左上，三）又曰：人臣之于其君、非有骨肉之亲也，缚于势而不得不事也。故为人臣者窥觇其君心也，无须臾之休。为人主而大信其子，则奸臣得乘于子以行其私；为人主而大信其妻，则奸臣得乘于妻以成其私；夫以妻之近与子之亲，而犹有不可信，则其余无可信者矣。夫妻者、非有骨肉之恩也，爱则亲，不爱则疏。语曰：其母好者其子抱，然则其为之反也，其母恶者其子释。（备内篇）又曰：“今上下之接，无父子之泽，而欲以行义禁下，则交必有郄矣。且父母之于子也，产男则相贺，产女则杀之，此俱出父母之怀衽，然男子受贺，女子杀之者，虑其后便，计之长利也。故父母之于子也，犹用计算之心以相待也，而况无父母之泽乎。今学者之说人主也，皆去求利之心，出相爱之道，是求人主过于父母之亲也。霸王者，人主之大利也，人主挟大利以听制。富贵者，人臣之大利也，人臣挟大利以从事。”（六反）斯则谓自利为人之天性，相爱非人之本心，虽亲如父子，犹不能无利害之见存，君若臣无异主人庸客，各为其利以相市，更无恩义可言，宝极端自利之说也。至谓：“民智之不可用，犹婴儿之心，婴儿不知犯其所小苦，致其所大利；（显学）刺骨故小痛在体而长利在身，拂耳故小逆在心而久福在国。”（安危）其计算利害之大小固类墨子，而仍以人君自利为主；方诸伊壁鸠鲁之主精神恒乐，不犹有逊色邪？李斯行申韩之术于秦，导二世专用天下以适己，二世问李斯曰：“彼贤人之有天下也，专用天下适己而已矣；今身且不能利，将恶能治天下哉？故吾愿肆志广欲，长享天下而无害，为之奈何？”李斯以书对曰：“夫贤主者必且能全道而行督责之术者也；是故主独制于天下而无所制也，能穷乐之极矣。夫不能修申韩之术，行督责之道，专以天下自适，而徒务苦形劳神，以身徇百姓；则是黔首之役，非畜天下者也；何足贵哉？夫以人徇己，则己贵而人贱；以己徇人，则己贱而人贵；故徇人者贱，而人所徇者贵，自古及今，未有不然者也。"（见史记李斯本传）二世用其言，荼毒天下之民，而亦竟以自利者自亡焉，然则自利之效、果利乎？果不利乎？主利己者必且解之曰：二世特不善自利耳，非自利之罪也。邾文公不云乎："苟利于民，孤之利也。"（见文十三年左传）田鲋不云乎："欲利而身，先利而君，欲富而家，先富而国。"（见韩非子外储说右）二世若能利其民，何患不能利其身邪？然此已遁入利他主义之藩篱，人本有利他之情，非必尽为利己之故而始利物也。儒家之主张利己最力者为巫马子，① 荀杨则不言自利而言自爱。巫马子谓子墨子曰："我与子异，我不能兼爱。我爱邹人于越人，爱鲁人于邹人，爱我乡人于鲁人，爱我家人于乡人，爱我亲于我家人，爱我身于吾亲，以为近我也。击我则疾，击彼则不疾于我，我何故疾者之不拂，而不疾者之拂；故我有杀彼以利我，无杀我以利彼。"……子墨子曰："然则一人说子，一人欲杀子以利己；十人说子，十人欲杀子以利己；天下说子，天下欲杀子以利己。……"盖巫马子欲以自利破墨子兼爱之说，而转为墨子所破也。荀子称："子路曰：'仁者使人爱己。'子曰：'可谓士矣。'子贡曰：'仁者爱人。'子曰：'可谓士君子矣。'颜渊曰：'仁者自爱。'子曰：'可谓明君子矣。'"（见荀子子道篇）扬雄曰："人必其自爱也，然后人爱诸，自爱，仁之至也。"（见法言君子篇）王介甫以为：荀卿谓爱己贤于爱人，其不察理已甚，实非孔子之言，扬子言能自爱则足以爱人，非谓不能爱人而能爱己。（详见临川文集荀卿篇）要之荀扬固同以自爱为仁者已。清有袁枚者，谓："孩提之童，无不知爱其亲者，非爱其亲也，爱其乳也。"② 此其说殆与哈特莱相类似，第未知证以观念联合之理耳。

---

① 孙诒让墨子闲诂以为巫马子即孔子弟子巫马期之子姓。盖儒者也。
② 见《小仓山房文集》策秀才文五，按李二曲集富平答问中，已有以此说发难者，二曲曾辨之。

德谟克利图、培根、耿伯兰、夏富伯里、
哈企荪、侯谟、史密斯、柏莱之利他快乐说

希腊快乐论派自德谟克利图而外，殆皆专以个人福利为本位，主利他者绝罕。德谟克利图（460～357BC）以为心灵含有精微圆滑之元子，思想情欲皆元子之运动，福乃人生至善之鹄；不在外而在内，不在身而在心；心恒宁静，不为过度之情欲所乱，是之谓福，而智为尤要。① 其言曰："福者、心平气和，内无忧惧之谓也；此当以思辨得之，而非依乎官体之健康与愉乐；欲愈寡斯失望愈少，故欲贵有节。官体之乐、瞬息即灭，冀其复返，徒撄人心；人所宜求者，深思熟虑之乐耳。凡德之可贵，以其能达至善之鹄也；公正、仁慈、乃达鹄之要道；嫉忌、怨仇、实害人之大匪；唯德可以获福，此人所以必须有德也。② 人若选心灵之善，是取其最神者也；若选体魄之善，是取其终归断灭者也；善非徒不为恶之谓，乃不欲为恶之谓；作孽之人尤苦于受孽之人。天下至高之乐即至希之乐；乐而无度，其最大之乐含有最大之苦。吾不可求他人所有之福，而忮夫胜我者，吾但与生活不如己者比，且设想其苦痛，自觉处境较优，已属幸运；则将于宁静中度吾一生，而烦冤之除，亦非浅鲜矣。吾侪当认国利大于一切，争胜而失公平，擅权而背众福，皆所不可；国之治，所以保我子孙黎民，利莫大焉。"③ 此为诡辩派以前最备之快乐学说，而已趋重公众之乐利，伊壁鸠鲁袭取心神宁静之旨，适得其反；遂令众乐兼利之义，沈霾千载，诚可惜也。近世培根求道德基础

---

① 见俞氏《哲学史》卷一，节二五，页70及习氏前书英译本，章九，页455。
② 详见德谟克利图《佚文》(Mullach Fragments) 第一，第五，第七，第十五，第十六第二十，第二一，第二六，第三六，第四七，第五〇，第四五各条。
③ 见德谟克利图《粹言》(The Golden Sayings of Democritus) 第三七，第四五，第六二，第三二，第二三三，第二五二各条，载培克威尔《上古哲学探原》(G. M. Bakewell Source Book in Ancient Philosophy) 章七，页60～65。

于人类经验之中，始注重社会福利，力破古代哲学家自利独乐之谬见；以为"善之形于事物，其性质有二：事事物物各自成一全体或实体，一也；事事物物各为较大体系之一部或一员，二也；后者之值，较前者为高；物界如是，人事尤然。①善之为用，其鹄的亦有二：其一为个人福利，在乎满足个人自存自全及衍种之天然本能；其二为社会福利，在乎满足人类关系所生之各种需要；而个人对于一般人类及其所属特殊团体之义务，即由此需要而定。二者不可得兼，宁舍个人福利而取社会福利；'自然'恒牺牲个体以保存人类全体，而示人以正轨，为公善而活动，乃为真德。"②盖霍布士之前有培根，正犹伊壁鸠鲁之前有德谟克利图矣。自是以后，反抗霍布士之说者、有耿伯兰夏富伯里哈企苏，订正霍布士之说者、有侯谟史密斯，而与哈特莱同源异流者有柏莱。耿伯兰曰："人类道德之初级，其行为固原于利己之动机，而人为理性动物，实由是以进于高尚之动机；吾侪诚竭力增进人类全体之公善，使各部均利赖焉，一己之福即在其中；盖一己为其一部也。个人幸福，由于全群利益之平均；肢体健强，恃乎全身血液之营养；其理一也。"③夏富伯里曰："人有对于公益之'自然情感'，有对于私利之'自己情感'，有反乎公私利益之'非自然情感'，其善恶正邪，即由是以判。为公之情感强而有力者，必愉怡，缺是者必忧痗，为私之情感过强、而不受自然情感之限制者，必痛苦，非自然情感之不基于公私利益者，必为痛苦之尤。吾所谓乐，或在身，或在心；心之乐较身之乐为贵，心乐之福亦较

---

① 见《进学》篇二，据薛几微《伦理学史大纲》章四，页158~159所引。
② 见 De Dignitate Augmentis Scientiarun, Lib, Vii, Sermones Fidles esge, 16，17，56~59. 据翁德《伦理学》卷二，章三，页55所引。按前一书即《进学》之拉丁文本，于1623年行世，其英文本为 The two books of Francis Bacon on the proficience and advancement of learning, divine of human, 于1605年出版。
③ 见耿氏《自然法论》(Do Logibus naturae. J. Maxwell'Trans) 及阿尔比 (F, Albee) 氏《耿伯兰之伦理系统》(The Ethical System of Richard Camberland, Philosophical Review. 1895)。参看薛几微《伦理学史大纲》章四，节四，页17，薛雷《伦理学导言》，章七，节九，页193。

身乐之福为大；心乐非他，即自然情感本身之直接活动，或由此情感所生之影响也。爱也，勤恳也，善意也，好群也，一切自然之情皆有直接满足之感；其本身即元始之乐所在，非依前逝之苦而起。仇怨也，嫌恨也，苛刻也，一切非自然之情始本痛苦，舍暂有所安慰而外，不能致他乐；其乐无论若何强烈，徒多伏痛苦而已。唯具公益之念，而明善恶正邪之理者，乃可谓之有德焉。"① 哈企荪曰："天赋之'道德感官'导吾侪于行，而予以高尚之乐，故吾侪但谋人之利，而无意乎一己私利之增进。语夫博爱之仁，顾名思义，自利在所宜屏；人有事实上利他而所谋专属自利，并非博济为怀者，不得谓之仁人。仁者必无利己之心，设想像最有利于人之行为，而见其出于自爱自利，则仁之面目全失；仁即不自利而谋他利之谓也。行为之实质善者，其倾向或利全局，或利一部，而一部之利须与全局之利一致；不论其人之情感若何也。行为之形式善者，乃出自善之感情而合于适当之比例者也。最善之行为必得最多数之最大福，最恶之行为必召最多数之最大祸，此第就实质而言耳。② 欲明真福所在，须较苦乐种类之同异；同类之乐，可比例其强弱与久暂；异类之乐，宜比例其久暂与高下；品质高者虽暂无伤，品质下者虽强无补，人之贤愚不齐，好恶各殊，愚者未能识贤者之所尚，贤者则能洁比一切之乐而决择之，此亚里士多德所以谓'善人为万事之裁判及仪准'也。"③ 侯谟曰："苦乐者，人心之原动力也；当情思均离苦乐时，即不能有所欲，有所顾，有所感，有所为；吾致思于品性行为，辄感苦乐，

---

① 见夏氏《德功论》（*An Inquiry Concerning Virtue or Merit*）篇二，部一，节三，部二，节一，节二，篇一，部二，节三。参看《英国道德哲学家名著选》卷一，页13，页56，页30，页34，页35，页361。

② 见哈氏《道德上之善恶论》（*An Inquiry Concerning Moral Good and Evil*）章一，节八，章二，节三，及《哲学评论》卷五，第一号所载阿尔比氏《夏富伯里与哈企荪》一文。参看《英国道德哲学家名著选》卷一，页886，及薛雷《伦理学导言》，章六，节八，页165。薛几微《伦理学史大纲》章四，节八，页203。

③ 见哈氏《道德哲学系统》（*A System of Moral Philosophy*）篇一，章四，据《英国道德哲学家名著选》卷一，页421～424所录，及《伦理学派别》卷二，篇二，页549～550所引，参看亚里士多德《尼珂玛克伦理学》篇二，章六，篇六，章五。

吾即因此而非之是之；品性之得得赞许者，正以其倾向于人类之善也。① 凡吾侪沈思燕谈所及，事事皆见其为人祸福，激起吾心苦乐之同情作用，殆无往而不如是。同情之不衰，在乎与己有关；其对于疏远之人，较对于亲近之人为弱，斯固吾侪所承者；然平心论断人类之品性，则不顾一切差别而增进社会公共之情，乃吾侪之要务也。人是否生而有博爱之性、是非之心，固不能无疑；然事之兴社会之利者，必予人以乐，事之为社会之害者，必予人以苦；其利济人群之倾向者，人必大加赞许；此类事例，不可胜数，讵非吾侪所习见乎？"② 史密斯曰："人无论如何被认为自利，其天性中显有明通公溥之理，使之关心他人命运，治以己所必需之福；已但顾而乐之，此外别无所得。倘值他人有祸，或目睹其事，或想见其状，则动悲悯恻隐之情。事莫快于见他人之与晋同忧喜，莫不快于见他人之忧吾所喜，喜吾所忧；说者以为此乐此苦，原于自爱；实则苦乐之感，间不容发，其不能出自一己利害之计较也明矣。爱敬慈悲，合群之情也；憎恶怨愤，离群之情也，关于一己吉凶之忧戚，利己之情也，合群之情可悦，离群之情可厌，利己之情介乎可悦可厌之间。情感有施受两方面，吾培置身其境，而与之相应；此同情所以有主观客观之分也。"③ 柏莱曰："凡增进公共幸福之行为，必合于事宜，合于自然，合于理性，合于真际，而亦神意之所示也。福不在感官之乐，以其乐之为时甚暂，重复生厌，而吾侪所常求者，乃较为高远深厚之乐也。福亦不在安富、尊荣、及困苦患难之幸免；若夫社会情感之陶冶，身心官能之训练，标鹄之坚定，良习之培养，健康之保持，乃福

---

① 见侯谟《人性论》（*Treaties on Human Nature*）篇三，部三，节一，篇一，节二，节三。参看《伦理学导言》章六，节九，页166～167。《伦理学史大纲》章四，节九，页204～212。

② 见侯谟《道德原理论》部二，节五，页56，页64，页67。

③ 见史密斯《道德情感论》第六版篇一，部一，章一，页9，章二，页13，页14，部二，章三，页32，章四，页37，章五，页39，参看翁德《伦理学》卷二，章三，节一，页79～83。

之所存也。乐之异也，久暂耳，强弱耳，岂有他哉"① 按耿氏柏氏均持功利论，一重自然法，一重神法，夏氏哈氏均持道德官觉论，一重公益，一重博爱，侯氏史氏均持同情论，一重客观，一重主观；虽其言有深有浅，有激有随，要之皆主利他而已。又柏氏专计苦乐之量，哈氏兼核苦乐之质，则边沁穆勒之先导也②。

边沁、穆勒、孔德、叔本华、薛几微之利他主义

边沁首立自发、政治、舆论及宗教四种外律，示人生苦乐之原；前三律所生之苦乐，皆在现世；后一律所生之苦乐，则或在现世，或在来世；在现世者确能验之，在来世者不可知。次释苦乐为有关利害之感觉，大别为简复两类；简者不能析一为多，复者可以化繁为简，此类复觉成分，有徒为数种之乐者，有徒为数种之苦者，有兼为一种苦乐或数种苦乐之混合者，关于乐之认定，宁视若复而合一，不视若简而歧异焉。乐之简者十有四：即感官之乐，财富之乐，技巧之乐，友好之乐，令名之乐，权利之乐，敬神之乐，仁爱之乐，残忍之乐，记忆之乐，想

① 见柏莱《道德政治哲学之原理》，篇一，章六，篇二，章一，参看《英国道德哲学家名著选》卷二，页357~358，及《伦理学导言》，章六，节十，页167~168。
② 按苦乐质量之说，尚可远溯诸苏格腊第，苏氏尝谓蒲洛泰哥拉等曰："善衡者置乐与苦于天秤之上，凡近者远者悉权之，告人以孰为较多，君等其似之乎？倘所权者为乐对乐，自必取其多且大者；倘所权者为苦对苦，自必取其少且小者，倘所权者一方为乐，一方为苦，则必择其行动之乐溢于苦者；或近胜于远，或远胜于近，莫不皆然；而其行动之苦溢于乐者必避焉。"（参看柏拉图《对话集》英译本卷一，页180，及中译本页288）又尝谓薛密亚（Simmias）等曰："哲人应顾念饮食之乐乎？亦应顾念男女之乐乎？然则将顾念一身之服御，如美衣、华屦、或其他饰物乎？抑或不措意于此，而于天然所需者外，悉贱视之乎？子将不谓哲人全注意于心灵而不注意于体魄乎？世人多谓彼无官体之乐者，生活殆无价值，且不顾念官体之乐者，虽生犹死。然则哲人非贱视体魄，使其心灵得离躯壳而求自在乎？"（参看《对话集》裴独英译本卷二，页203~204，及中译本页111~113。）据此则苏氏又为柏莱哈企苏之先导也。

像之乐，希望之乐，联想之乐，解困之乐是。苦之简者十有二：即缺乏
之苦，感官之若，窘拙之苦，敌视之苦，恶名之苦，畏神之苦，慈悲之
苦，怨毒之苦，记忆之苦，想像之苦，希望之苦，联想之苦是。以上诸
种苦乐，又可归为两类：一曰属诸己，一曰及于人；其及于人者，唯仁
爱与残忍之乐，慈悲与怨毒之苦，馀皆属诸己者耳。[①] 至其计量苦乐之
价值，复沿柏莱所立两例，广而为七：一曰强弱（intensity），即乐之中
取强，苦之中取弱也。二曰久暂（duration），即乐者取其久，苦者取其
暂也。三曰确否（certainty or uncertainty），即于乐希其确，于苦希其
不确也。四曰远近（remoteness or propinguity），即自乐言之，近胜于
远，自苦言之，远胜于近也。五曰缘生（fecundity），即乐为乐所缘，
苦为苦所缘，有相同之感觉缘附而生也。六曰纯粹（purity），即乐不杂
于苦，苦不杂于乐，无相反之感觉伴随而起也。七曰广狭（extent），即
苦乐及于他人之范围，受其影响者有众寡也。前四例就一己苦乐之本身
而言，中二例就产生苦乐之行为倾向而言，后一例就苦乐影响所及之人
数而言，凡行为均依此核其所生苦乐之量，而估其值。苦乐之生，各有
先后；后致之乐，与先乐为缘，与先苦为杂；后致之苦，与先苦为缘，
与先乐为杂。除次第分计每一先乐先苦，每一后乐后苦之值以外，其关
于个人之利害者，则一方合计一切乐之值，一方合计一切苦之值，溢量
在乐，其行为之全部影响必善；溢量在苦，其行为之全部影响必恶。其
关于一群之利害者，则分计既如前，更合计每人行为所有全部善影响之
量，及每人行为所有全部恶影响之量；溢量在乐，其对于全群也必有一
般之善影响，溢量在苦，其对于全群也必有一般之恶影响。若以一群之

---

① 见边沁《道德及立法原理导言》1823 年订正本章三，节二，节五，页 24，页 25，章
　五，节一，节二，节三，节三二，页 33，页 34，页 41。按张东荪《道德哲学》章二，
　节五，页 76 举单纯之乐 15 种，多一"知识之乐"，举单纯之苦 11 种，少一"联想之
　苦"，未知所据何本，日人书苦乐均作 14 种，似非是。

人数乘每人之乐量，即可得全群乐利之总值焉。[1] 于是乃为之说曰：
"乐或谓之善，谓之利，谓之便，谓之益，谓之福；苦或谓之恶，谓之
害，谓之碍，谓之损，谓之祸；类是之名，不可备举，不问其形名若
何，而计量苦乐之程序皆同。乐外无善，善即在乐，苦外无恶，恶即在
苦；种种苦乐，莫不皆然；否则善恶二名，羌无意义。乐之量果等，则
'操缦安弦'，与'博依安诗'，其善一也。人之行为，有专属一己之部
分，有涉及他人之部分，均为其幸福所依倚；前者谓之对己之义务，其
德曰慎；后者谓之对人之义务，其消极也不损人之福，则曰悫；其积极
也必益人之福，则曰惠。一己之福与他人之福，皆个人行为之向导
也。"[2] 盖认苦乐有量之别，无质之别；而一己之福依乎全群之福也。
顾又谓："稔恶之人，败德之行，乃苦乐上之误计，私利上之失算；证
而明之，责在贤哲。"[3] 则犹伊壁鸠鲁之注重审慎，骎骎乎由功利转入
自利矣。夫苦乐之感，人各不同，情绪迁化，有时无方，（方谓空间）
欲设一明确公溥之单位，而洁比之，实为至难。主观单位既不能通诸一
切，而客观单位亦不可遽得。[4] 感官上之苦乐，虽微近于客观，而其
大小之量，又无一定标准。姑就强弱与久暂而论，久暂之度，尚可算
而量之；强弱之度，仅能观而测之；若洁比强度与久度而求其数理关
系，则不可能。设强度之有单位，如久度之有分秒；则谓现有之乐强
于向有之乐两倍，犹之二秒之乐大于一秒之乐两倍，未始不合理。然
乐有强而暂者，有久而弱者，岂得谓二秒微弱之乐，等于一秒强烈之

---

[1] 见前书章四，节一至六，页 29～31。参看《英国道德哲学家名著选》卷一，页 356～
359。

[2] 见前书章四，节七，页 31，页 32，章十，节十，页 102，章十七，节六，节八，页
312，页 313，按 "操缦安弦，博依安诗" 二语，见《小戴礼·学记》，借译 Push-Pinis
as good as Poetry。据赖耶《价值之观念》章五节七所述，"Pushpin" 类似筹码之戏
(being a trivial game, something like Seiliks)；朱译《伦理学导言》作小儿羽子之戏，
张著《道德哲学》作 "押针"。

[3] 见边沁遗稿《义务论》(Deontology)。

[4] 近人有较量情感之快乐苦痛，与脉博之强弱迟速，定其比例，以造苦乐仪者，然研究
尚浅，遭难凭信。

乐乎？更就强弱与广狭论之，乐之强也或较狭，乐之广也或较弱；享较大之福者或为少数，享较小之福者或为多数；今量最高限度之福，将偏重乐之强度乎？抑偏重乐之广度乎？例如财富之乐，为其他诸乐所由取得之具，或少数享巨富之乐，或多数人享小康之乐，公共福利呆何属乎？至量度苦乐之广狭，尤较强弱为难；若勉强为之，不外两法：一则根据各人情感上反省之报告，一则根据各人行动上实验之推断。顾事之致乐致苦，情状至赜；人之感苦感乐，程度各异；其所得之普通结论是否精确可信，犹属疑问也。① 况一己以外之苦乐，本非吾所能感，即令可以推知，究不若身受者之切，斯固利己派所引为口实者已。

穆勒起而补苴罅漏，倡为心理快乐之说，认外律为未足，益以内律，（internal sanction）谓之本心对义务之情；而等差苦乐，质量并计。其言曰："有种快乐，较他种快乐为更可欲，更可贵，认取此类事实，全与功利原理合。今于他事之质若量，一切皆并计之，于快乐乃徒计量而不计质，其悖孰甚？或问快乐品质之异果何谓耶？此乐之较贵于他乐者，舍其量较大而外，果何由致之耶？有两乐于此，人涉历之而取其一，不论出于任何义务之情，其见取者必为贵而可欲之乐；此唯一可能之答案也。两乐均能接触之人，位其一于他乐之上而取之；纵使其量较微，为他乐之量所超轶，且伴有大量不足之感，然已确信所取者于质为优，决不以是而弃之。其最为足取之乐，必运用高尚之官能，此事实之无可疑问者也。人鲜愿穷禽兽之乐，而沦为下等动物；睿知好学而有良心同情之人，绝不羡彼愚陋自私者之踌躇满志，而甘为下流；与其为白喜之蠢豕，宁为人而寡欢；与其为醰嬉之愚夫，宁为苏格拉第而抱憾以死。愚夫蠢豕徒知一己之乐，所见甚隘；贤哲则兼知两方之乐而洁比之，故能见其大焉。功利论所谓福为正行之标准者，非一己之福，乃全

———
① 参看赖耶《价值之观念》章十，节七，页340～345，及翁德《伦理学》卷二，章三，节四，页143～145。

群之福。耶教黄金律实俱功利伦理之精神，如云'己之所欲施于人，爱邻如己'，已达功利道德之理境矣。行为之可贵，在能牺牲一己之福；然自牺非其鹄，必别有所为之鹄在其外；若谓鹄不在福而在德，而德较善于福，则试问杀身成仁者如不确信其可以免众人于类似之牺牲，亦焉用自牺为乎？志士仁人知事有贵于个人之福者，故愿为庸夫俗子之所不愿为；其事为何？非即众人之福耶？福者，善也；唯各人之福为对己之善，斯公共之福为对群之善；此福所以为有为之鹄、道德之范也。人之好德而欲无恶，固不亚于好乐而欲无苦，然好德者究不如好福者之溥遍；依功利论而言，德本非鹄之一部，仅可变成之；世之好德者，心诚欲之乐之，渐致变德为鹄而别无所利，遂不复认德为福之作用，而以之为福之一部矣。"① 盖同质之苦乐，固可依量为别，异焉者，则当兼审质之高下，而不徒计量之大小；高尚之乐，或含大苦，自非人情所喜，而合其远果计之，总视卑下者所生之乐为更大；苟简择于二者之间，于义自当舍彼而取此。今设有甲乙两事，甲所含之乐较大于乙；即甲较善于乙；其苦乐关系，不外下列五式之一：（一）甲乙均乐溢于苦，但甲之溢量大于乙；（二）甲乐溢于苦，乙苦乐两不相溢；（三）甲乐溢于苦，乙苦溢于乐；（四）甲苦乐两不相溢，乙苦溢于乐；（五）甲乙均苦溢于乐，但甲之溢量小于乙。其善恶关系，亦不外下列五式之一：（一）甲乙均善，而甲更善；（二）甲实善，乙无关善恶；（三）甲实善，乙实恶；（四）甲无关善恶，乙实恶；（五）甲乙均恶而乙更恶。要之事之乐溢于苦者本善，事之苦溢于乐者本恶，事之苦乐两不相溢者本无关善

---

① 见《功利主义》章二，页 11，页 12，页 14，页 24，页 25，页 53，页 55。按《庄子·盗跖篇》，子张曰："今谓臧聚行如桀纣，则有怍色，谓宰相行如仲尼，则变容易色称不足；势为天子，未必贵也，穷为匹夫，未必贱也。贵贱之分在行之美恶。"又让王篇子贡曰："古之得道者，穷亦乐，通亦乐，所乐非穷通也；道德于此则穷通为寒暑风雨之序矣。或聘于庄子，庄子应其使曰：子见夫牺牛乎？衣以文绣，食以刍菽，及其牵而入于太庙，虽欲为孤犊，其可得乎？"斯亦似主心理快乐之说，唯其所谓乐，限于一己，又与穆勒之功利主义有别。

恶，择其尤乐尤善者可耳。① 虽然，以量别苦乐，其别尚在苦乐之中；以质别苦乐，其别直在苦乐之外；所谓乐之差异，实有歧义，而异"质"等于异"原"。如云来自同情之乐，较来自感觉之乐为高尚，是"质"之异不啻"原"之异也。所谓高尚之乐，义亦有三：或指乐之属高尚事物者而言，或指乐之用高尚官能者而言，或指此乐本身之高尚而言。高尚之官能必用于高尚之事物，二者密切相联，均为高尚之乐所从出；依前两义言之，与其谓高尚在乐之质，无宁谓高尚在乐之原；唯第三义所云，乃为质之高尚。然离事物官能而专论乐之本身，欲辨其质，厥事至难；穆勒乃不得不混为一谈，而乐之本义荒矣。② 不宁唯是，彼以为善与"可欲"（desirable）同义；凡可欲者必于实际所欲者（What actually is desired）验之，唯一"所欲"之事物，即唯一"可欲"之事物，即唯一足为善鹄之事物；是善不过认为或简或复之概念，而"可欲"与"所欲"无别也。彼又以为某种事物，吾应欲之，因吾实欲之，使"应欲"诚等于"实欲"，则亦犹云吾欲如是，因吾欲之耳；是混"当然"与"寡然"而一之也。彼又以为人恒欲乐，绝不欲乐以外之事；凡欲一物，恒由欲乐而及之；其欲乐外之事者，以其为鹄之作用，即为鹄之部分；是欲之原因与欲之对象相混，而"鹄"与"用"无别也。夫"可欲"非"能欲"之谓，乃"应欲"之谓；欲之对象，即引起吾欲之观念，乐之为吾所预期而未得者，当吾欲之之时，其观念即为欲之对象；而实际快乐并非吾之所求，吾所求者，固未得之乐也。然则乐固恒为欲之原因，岂遂恒为欲之对象邪？乐既非欲之唯一对象，岂得复为人生唯一之鹄邪，用变为鹄，其于联想，则仍师哈特莱之故智耳。③

---

① 以上本剑桥大学讲师穆诃（G. E. Moore）《通俗伦理学》（*Ethics*，Home University of Modern Knowledge）章二，页49～66。
② 参看赖耶《价值之观念》章五，节七，页157～159，章九，节七，页343。
③ 参看穆诃《伦理学原理》章三，节四至四四，页66～74。

孔德者，首定利他主义之名，而为穆勒所私淑者也。[1] 尝谓："人
性之发展，有宜推考者两点：其一，情感之官能本胜理智之官能，例如
动作有恒，为成功之要件，而人情初不之喜，徒在活动变化中寻乐；是
理智弱而情感强也。情感导理智而活动，群体乃有进步，及其既进，乃
渐以理胜情矣。其二，个人之情感本胜社会之情感，据生物学理所示，
公共福利固特别有赖于社会情感之发达，个人本能之抑制，而前者实不
及后者之坚强；个人本能为社会活动之向导，公益以私利为基础，人未
有爱人而不自爱者；故曰爱人如己。然人类同情之本能与理智之活动，
虽在社会上均感不足，而可以互相救济；道德之首务，在增是二者之影
响，渐扩充而为人道发展之自然结果。人类关系，始于家庭，极于社
会；家庭为社会之单位，其关系乃统一而非联合；在家庭则同情之本能
胜，在社会则合作之理智胜。个人道德在以训练律已，家庭道德在以同
情抑私，社会道德在以理智引导一切本能：此人性官能之完全发展，且
顺其合宜之法则也。"[2] 观其所言，殆可谓之"实证功利论"焉。叔本
华者，持极端之利他主义而引起尼采之反动者也。尝谓："善恶之概念，
非单纯者，以其表示一种关系也；亦非直觉者，以其出自日常经验也。
凡事物之适于意欲之努力者谓之善，其善即与意欲相关联；反是者，谓
之恶。公众称不自利之人为善者，以其为公众服劳也。[3] 道德价值，唯
在利人之行为，其行为之动机关于一己之利害者，则概为利己之行为，
则无道德之价值；至损人之福利，益己之福利，斯为恶矣。"[4] 薛几微
者，兼采快乐说直觉说而立"合理功利论"者也。尝谓："最大幸福，
即乐超于苦之最大溢量，苦与乐等量齐观，得其平衡，而二者对比之

---

[1]　参看鲍尔生《伦理学系统》篇二，章六，页279，翁德《伦理学》，章三，章四，页
　　151。

[2]　详见孔德《实证哲学》英译本（*The Positive Philosophy of Anguste Comte*,
　　H. Martineau's translation）卷二，篇六，章五，页127～148。

[3]　见《叔本华全集》（*Werke Prauenstast*，1874）卷四，页265，据赖耶《价值之观念》
　　章四，节二，页136所引。

[4]　见叔本华《道德原理》节十六，据鲍尔生《伦理学系统》英译本章六，节一所引。

数，彼此相销，固伦理上计算之妙用也。"人之实践原理有三：（一）曰审慎，或称"合理之自爱"；人当以其一生全部之善为鹄，后之善须视为等于今之善，现在之小善不应较未来之大善为可取。此条原理，不徒可施于福或乐而已，凡善之他种言诠均可用之；盖未承乐为唯一之善也。（二）曰博爱，自溥博之天观之，任何个人之善，不较重于任何他人之善；吾所薪向者，必须为力所能及之通善，而不徒为善之一曲，以吾之有理性也。各个人义当视他人之利犹一己之利，彼断他人之利为轻者，其利或莫能确现或未可必得，自是例外，非私见也。（三）曰正义，亦谓之一公平一：凡判断一行为于己为正者，于一切同境同类之人亦为正。设甲之所以待乙者为善，乙即以之待甲而为不善，此非仅由甲乙之为两人，实由甲乙之性格境遇各异；至福之分配，亦准此例。"每人以一分计，无多于一分者；此固边沁所谓平等原则，而亦仅适用于同境同类之人也。"① 薛氏以为上述三大原理，皆不待证而自明，斯实直觉之功利论，非复征验之快乐说矣。他如英之培因（Bain）法之任勒（P. Janet）持论与穆勒略同；德之莱伯尼（Leibnitz）斐希特，主利他而畸于理性，姑不备述焉。

中土儒墨管晏宋尹及尸子之利他主义

中土儒家多讳言功利；顾易称利物、利天下，传称利民，② 子思称牧先民利之，（详见前）未始下以利济为兢兢。而子贡称仁者爱人，（见荀子）又以博施济众为仁，（见论语）以事求可，功求成，用力少，见

---

① 见《伦理学涂术》篇三，章十三，节三，页 379～382，篇四，章四，节二，页 413～417，参看《伦理学导言》原书章一，节十三，页 173～175。
② 如易云："利物足以和义，乾始能以美利利天下，引重致远，以利天下。"传云："上思利民，忠也。苟利于民，吉孰大焉。"皆是。

功多，为圣人之道；（见庄子天地篇）实于儒家中别开功利一派。孟子
主保民，主与民同乐，尝谓"乐民之乐者，民亦乐其乐，忧民之忧者，
民亦忧其忧；乐以天下，忧以天下，禹思天下有溺者，由己溺之，稷思
天下有饥者，由己饥之。"似亦以众民之乐为鹄矣。然不急功，不近利，
不以是为道德之极；终与功利主义有别也。汉河间献王曰："尧存心于
天下忧众生之不遂，有一民饥，则曰此我饥之也，有一民寒，则曰此我
寒之也。"又曰："禹称民无食，则我不能使也，功成而不利于人，则我
不能勤也，故疏河以导之，民亦劳矣，然而不怨苦者，利归于民也。"
（见刘向说苑君道篇）斯非讬尧禹以自抒其功利之见者与？宋之陈叶，
清之颜李，其学主于济世利物，世称功利学派，（详见前）盖亦有自来
矣。管晏宋尹皆功利派之钜子也。桓公见家人有年老而自养者，取外御
者五人妻其子。管仲曰："公之施惠不亦小矣。公待所见而施惠焉，则
齐国之有妻者少矣。"（见说苑贵德篇）晏子饮景公酒。家老曰：财不
足，请敛于民；晏子曰："止。夫乐者，上下同之；今上乐其乐，下伤
其费，是独乐者也。不可。"（见晏子春秋内篇杂上，说苑贵德篇亦有其
文）而墨子之称晏子曰："晏子知道，道在为人，而失为己，为人者重，
自为者轻。"（见晏子春秋内篇问上）盖管子重多数之大福，晏子耻一己
之独乐，皆所谓为人而不自为者也。宋轻谓孟子曰："吾闻秦楚构兵，
我将见秦王说而罢之；楚王不悦，我将见秦王说而罢之；我将言其不利
也。"（孟子告子下）尹文子有言曰："为善使人不能从，此独善也；为
巧使人不得从，此独巧也：未尽善巧之理。为善与众行之，为巧与众能
之：此善之善者，巧之巧者也。"（大道上）是二子者，见侮不辱，救民
之斗；禁攻寝兵，救世之战；愿天下之安宁，以活民命；人我之养，毕
足而止，抑亦庄子所谓："为人太多，自为太少"者焉。（详见庄子天下
篇）然诸家之说皆不著，独墨子卓然为功利主义之宗，言尤详而有纪，
举其大要，盖有三端：一曰："利人多，功又大；亏人多，罪益厚。"
（非攻下非攻上）鲁问篇记子墨子告吴虑曰："藉使天下不知耕，教人耕
与不教人耕而独耕者其功孰多？"吴虑曰："教人耕者其功多。"子墨子

曰："天下匹夫徒步之士少知义，而教天下以义者功亦多。"公孟篇记子墨子告游于其门者曰："子亦闻乎匿徒之有刑乎？……匿一人者犹有罪，今子所匿者若此其多，将有厚罪者也；何福之求。"（参看非攻中譬若医之乐人有病者一段）此计利害之多寡，殆犹边沁氏计苦乐之广狭矣。二曰："欲正权利，恶正权害。"（经上）大取云："于所体之中而权轻重之谓权；断指以存擎，利之中取大，害之中取小也；害之中取小者，非取害也，取利也。遇盗人而断擎以免身，利也，其遇盗人，害也；断指与断擎，利于天下相若，无择也。利之中取大，非不得已也；害之中取小，不得已也，所未有而取焉，是利之中取大也；于所既有而弃焉，是害之中取小也。"此计利害之大小，殆犹边沁氏计苦乐之强弱矣。三曰："万事莫贵于义。"贵义篇云："今谓人曰：予子冠履而断子之手足，子为之乎？必不为；何故？则冠履不若手足之贵也。又曰：予子天下而杀子之身，子为之乎？必不为；何故？则天下不若身之贵也，争一言以相杀，是义贵于身也。故曰万事莫贵于义也。"（参看鲁问篇公输子谓子墨子及孟山誉王子间两段）此言宁杀身以争义，不杀身以取天下；殆犹穆勒氏兼计品质之高下贵贱，不徒计数量之广狭强弱矣。[1] 他篇所述爱人利人之旨，不可胜举。而大取篇既曰："杀己以存天下，是杀己以利天下。"又曰："爱人不外己，己在所爱之中。"则未免自相违悟。至谓："以乐为利其子，而为其子求之，非利其子。"（亦大取篇中语）主功利而非乐，殆又与彼建功利主义于快乐说之上者微有不同也。尸子之功利论，亦有可述者，其言曰："舜之方陶也，不能利天下，及南面而君天下，蛮夷戎狄皆被其福。"（尸子明堂）又曰："舜兼爱百姓，务利天下。"（君治）又曰："夫爱民，且利之也；爱而不利，则非慈母之德也。（发蒙）父母之所畜子者，爱之忧之，欲其贤己也，人利之与我利之无择也；此父母所以畜子也。然则爱天下，欲其贤己也，人利之与我利之无择也，则天下之畜亦然矣。"（治天下）又曰："恕者，以身为度者也，

---

① 以上三例与梁启超墨学发微所述有异，可参看。

己所不欲，毋加诸人，恶诸人则去诸己；欲诸人则求诸己；此恕也。"
（恕）又曰："论贵贱，辩是非者，必且自公心言之自公心听之，而后可
知也，匹夫爱其宅不爱其邻，诸侯爱其国不爱其敌，天子兼天下而爱
之，大也。"（广）又曰："圣人权福则取重，权祸则取轻。"（文选注引）
又曰："桀纣纵欲长乐，以苦百姓，此其祸天下亦厚矣。"又曰："昔商
纣有子曰王子须，务为谄，使其君乐须臾之乐，而忘终身之忧。"（引见
太平御览皇王部人事部）又曰："贤者之于义，曰贵乎义乎？曰义；曰
富乎义乎？曰义；曰生乎义乎？曰义；三者，人之所重，而不足以易
义。"凡此所论，多与薛几微之说相类，而泰半祖述墨子，特未尝非乐
耳。虽然，功利主义与快乐说矛盾处，亦诚有之。夫快乐说非以现感之
苦乐为准乎？方人之闻乐而乐也，心与声通，形随音化，利害都忘，物
我无间，直觉其为乐而已。若物我之界分，利害之见起，心中横存一利
己利物念，则乐感立归于无何有之乡焉，安见乐即为利乎？边沁执苦乐
而计其数量，是以追思悬想之苦乐代现感之苦乐，固已不合快乐说之本
旨，而穆勒更于数量之外，以品质别之，是不啻自引起苦乐之原因以为
别，而求其标准于苦乐以外，其离快乐说之宗也益远。乐利有时不两
立，而利或在于苦，则亦奚怪墨子之舍乐而言利哉？

总论利己利他

　　上述两派之说，一主独乐而利己，一主众乐而利他，初视之似绝相
反，及细察之，实同以最大福为薪向而偶然终无归宿。鲍尔生曰："征
之实际，凡人未有单纯主义之行为，而其行为之动机及效果，常徘徊于
利己利他二者之间；故考察一切行为而判断之，势不能不于人我之福，
皆有所注意。背于对人之义务者，决不足以为对己之义务。背于对己之
义务者，决不足以为对人之义务。"（见伦理学原理第六章）薛蕾曰：

"今若谓吾人但知为己，则亦可谓吾人徒知为人，二说皆非也。其实人之所以为人，谓之无公无私可，谓之亦公亦私可，然则吾行之终果，既能公私两利，则吾行之动机，岂不能人我一律。"（见伦理学导言第九章）王节信曰："夫交利相亲，交害相疏。俗人之相与也，有利生亲，积亲生爱，积爱生是，积是生贤；（中略）无利生疏，积疏生憎，积憎生非，积非生恶。（中略）非独朋友为然，君臣夫妇亦犹是也。（见潜夫论交际篇）仁也者爱人，爱人故不忍危也；义也者聚人，聚人故不忍乱也。（中略）一国尽乱，无有安身；是故贤人君子既爱人，亦为身作；仁者兼护人家者，且自为也。（释难篇）徒知彼之可以利我也，而不知我之得彼（彼指财利）亦将为利人也。"（遏利篇）王介甫曰："杨子之所执者为己，为己、学者之本也。墨子之所执者为人，为人、学者之末也。学者之事、必先为己，其为己有余，而天下之势可以为人矣，则不可以不为人。"（临川文集杨墨篇）"今有人于此，食不足以厌其腹，衣不足以周其体，则虽天下之至愚、知其不能以赡足乡党也；盖不能于狭则不能泽于广，明矣。爱己者，仁之端也，可推以爱人也；古之人、爱人不能爱己者有之矣，然非吾所谓爱人，而墨之道也。"（见临川文集荀卿篇）凡此皆调和于利己利他之间，可名之曰"两利主义"。然"人己两利"，本经济学上之原则，① 持调和论者移经济原则为伦理原则，实以利己为鹄，利他为用，离快乐而专言利己利他，调和犹可以勉强从事；若兼执快乐以为言，则乐与利己不能全合，更安得调和人己哉？夫利害苦乐，何常之有，乐之中有利亦有害，苦之中有害亦有利，利之中有善亦有恶，害之中有恶亦有善。良药苦口，则苦适为利；晏安鸩毒，则乐适为害；非必苦者害，而乐者利也。临财苟得，则以利成其恶；见危授命，则以害全其善；非必利者善，而害者恶也。即以利害与苦乐相应者论之，利害乃行事以后之结果，苦乐乃随利害而起之情感。生物学

---

① 严译《天演论》案语引亚丹斯密计学之公例曰："大利所存，必其两益，损人利己，非也，损己利人亦非：损下益上，非也，损上益下亦非"是谓人己两利之原则。

家有言：乐所以诱人，苦所以警人，人由苦而知其害，由乐而知其利。则苦乐亦不过人生趋利避害之向导耳，非人生究竟之鹄也。趋利而避害，舍苦而就乐，固人之恒情；而克己苦行死义殉道之士，或谓其志在牺牲一己以利天下，实则未尝稍有计较利害苦乐之念撄其心，亦唯以道义为鹄而已矣。且福包"乐"（pleasure）"悦"（joy）两义，而乐与悦又有辨。美国柏讷随（Una Bernard Sait）女士述柏格逊哲学之"伦理义蕴"（the ethical implications of bergsons philosophy）曰："乐非欲之鹄，欲餍乃伴以乐；福亦非行之鹄，鹄达乃谓之福；'乐'属物质而浮浅，'悦'属精神而深沈，由乐入悦，以至乎创造之境，而与人生之理想合，则福莫大焉。"[①] 是悦较乐为上，而乐不足以尽福也。诚如极端快乐论派之说，将使天下人纵其无等之欲，以求所谓乐利，而不复知有道义理想，适足以颠覆道德之基，而大福终归泡幻；则无论为利己，为利他，为人己两利，其流弊均不可胜言，尚何至善之足云乎？总之，斯说之谬，始于误合"善"与"乐"为一，中于误合"乐"与"利"为一，终乃至于偏执"福"之双义，知有"乐"不知有"悦"，纷纷焉妄分物我而自违其宗，姑不问其实践之流弊若何，其理论实难成立也。

---

① 见原书章三，节五，按邢昺论语疏，"谯周曰：'悦深而乐浅也。'一曰在内为悦，在外为乐。"柏女士所言，与之巧合。

第九章
乐观悲观及淑世

乐观主义与悲观主义

快乐论派既以苦乐为善恶之标准，而其对于人生之意义态，又有乐观悲观之殊。谓人生苦实而乐虚者，为悲观主义（pessimisrn），谓人生苦暂而乐恒者，为乐观主义（optimism）；然就广义言之，则凡以人生为有价值者即乐观，凡以人生为无价值者即悲观，非必如快乐论派专执苦乐为衡也。今夫悲观者以为人寿俄顷，修短靡常，总计一生，苦多乐少，凡所谓乐，廑乃免苦，斯世污垢，罔罟重重，欲适乐园，须脱苦海，于是有出世之想，无乐生之心。彼婆罗门、乔达摩、萨佛克勒（Sophocles）、基尼克及蒲鲁达怯（Plutarchus）之人生观尚已。而快乐论派如赫基胥亚（Hegesias）、培根、葛德（Goet）、卢骚、叔本华、哈特曼（E. von Hartmann）之流皆是也。乐观者以为人之初生，本偕无穷之乐以俱来，长或不幸而陷于苦，特人间世偶然之变耳；诚努力以求解脱，斯立复其常然之乐矣。且斯世乐日增，苦日损，固演进而不已者也；彼不能黾勉求生，而舍生以求乐者，愚也；身处乐境，而犹妄自呻吟，以鸣不足者，诬也；乐惟在知足耳。彼赫勒克利图、斯多噶、伯罗提那（Plotinus）、阿奎纳、莱伯尼及麦尔伯兰基（Malbranche）辈姑不论，快乐论派之持斯说最著者为伊壁鸠鲁（世多目伊壁鸠鲁为悲观派，今细按其言，实为消极乐观说，详后）、穆勒、斯宾塞辈，而现代哲学家如詹美士、杜威、倭铿（R. Eucken）、柏格逊诸氏，则均持淑世主义之人生观焉。

知情意上之悲观

鲍尔生氏分悲观主义为三：曰感觉界之悲观，曰道德界之悲观，曰历史哲学界之悲观。薛蕾氏则大别为二：曰主观之悲观，曰客观之悲观。又就知识上、情感上、道德上细别为三种。今唯依心理别之：曰情感上之悲观，曰知识上之悲观，曰意志上之悲观。持悲观论者，往往兼从知识意志各方面立说，而快乐论派之悲观主义，则以属于情感者为多也。赫基胥亚曰："世之人皆欲福，而全福莫之能有，所谓至善，不过免苦而已；敝形疲神，侘傺一生，唯死乃可以脱人于苦；故生不如死。"① 培根之诗曰：

> 斯世若浮沤，
>
> 人生一弹指；
>
> 襁褓至墓墟，
>
> 烦忧相终始；
>
> 孰能恃孱躯，
>
> 贤愚皆有死；
>
> 翰墨入泥涂，
>
> 丹青付流水。②

---

① 习吉尼《希腊诸哲之生平及其学说》英译本卷一，篇二，页213；习瑟罗《塔斯寇仑辩论集》（Tusculan Discussions）三四；后一书据薛雷《伦理学导言》章六，节三，页159所引。
② 引见薛雷《伦理学导言》原书章十，节二，页287。

葛德之诗曰：

> 吾子生兹郁黯之尘世兮，
> 奚啻梦中之羁旅；
> 迨闻帝命之降兮，
> 其死于斯而生于彼。[1]

此纯乎情感上之悲观说也。

卢骚尝自知识上立说曰："人之天性本善，社会乃导之以入于恶。所谓文明社会者，适使人不自然而习于矫伪，不独立而安于依傍；所谓文明人者，生则茧身于襁褓，死则封尸于棺椁，生死均俘虏耳，人或束于教，拘于俗，犹诩诩然自以为智，曾不知终其身囿于社会而不能自脱也。人之智力实有限，非特不能物物皆自知之，即欲全得他人所知，亦且未能，而知之真实无妄者，更能有几何？世所谓真理，往往成自悖词之相反，则真理之不悖者鲜矣。夫实在之界（the world of reality）有涯？而虚想之界（the world of imagination）无涯，吾人愁郁烦冤之苦，胥由两界差池有以致之；自官体之痛楚外，百忧皆起于多虚想也。人亦幸而有死耳，人无死，则忧将靡有已；禀不死之命，是受永忧之赐也。夫死诚人情之所难，然别有优美生涯予斯世之悲以止境，吾又何取乎长生；思之重思之，死固有余甘焉。愚者昧于生之所以然而不畏死，智者知事有贵于生而不恶死，中人念念于死，且思及死以外之事，其一知半解，适足以致极恶之心疾，而此疾仍唯死可以治之；彼不知处死之道者，则苦痛滋甚焉。天劳人以生，息人以死，人乃逆天而不安于息，自奋其私智，以与苍苍者争旦夕之命，徒见其为愚悖不祥也已。"[2] 又自意志上立说曰："人有欲斯有求，有求斯有苦，力不称欲，悲之所伏也；欲与力埒，志与才等，斯为真福之所存。顾福之为物，可追而不可及，

----

[1] 引见倭铿《现今伦理学对于精神生活之关系》（*Present Day Ethics in their Relations to the Spiritual Life*）页 61。

[2] 散见傅克斯莱（Foxley）所译卢骚《爱弥儿》（*Emile*）篇一，篇二，篇三。

方吾以为庶几获之，忽又福徒而远在吾前；距乐弥近，去福弥远，竭全力以求达吾之鹄，而终瞠乎其后；吾之力诚弱与？然强弱特相对之谓耳：蝼蚁力过于求，谓之强，狮象求过于力，谓之弱。人而但以己之本分自足，则诚强矣，人而乔诘卓鸷以求超乎人，则诚弱矣。彼自违其性，妄冀作长生久视之羽流者，不诚弱于率性安命以待死之凡民耶？"①又自情感上立说曰："绝对之善恶不可知，善恶实杂糅乎一生，人未尝娱于纯全之感，而滞于同一之境也。吾心情感在不断之流中，犹之吾身血液之轮转；极喜者，乃苦之至微者也，极忧者，乃乐之至小者也；忧恒多于喜，苦恒多于乐，人人之命皆然也。人少疾痛，便谓之福，则人间世之福特负数耳；祸实也，福幻也，富贵康疆而神王，皆梦而已矣。"② 夫以知识言，世之可厌既如彼，以意志情感言，世之可厌又如此，信如卢骚之说，人生尚值一顾也耶？

叔本华、哈特曼二氏，均持意志上之悲观说者也。叔本华曰："意志者，万物之元也，其性盲乎努力以求自现，初不过为众生讬命之本然冲动；及其现于含识之伦，则其为意志也益槁，而其努力于生存也亦益著。顾努力者，不足于现状之谓，足则无所用其努力；盖缔造经营之生涯，实一辛苦艰难之生涯也。人之意志尤显，生存尤难，不足尤甚，斯苦痛乃达于极度；虽偶或蹢躅满志于一时，实不过侥幸免苦而已；初非有积极之善也，意志为烦恼之根，欲去烦恼，须破意志（the negation or denial will），而增智慧；意志之破有两级，始于爱人，终于丧我（selfmortification），爱人则无自利之见，丧我则无自存之心，至是意志全脱，烦恼自断矣。"③ 哈特曼曰："世界之存，由于无觉之意志不循理而盲动；乐固非全自免苦之消极方面而来，然乐之起于苦之不存者，其量实大溢于积极无限制之乐，而强度又远逊于所免之苦。苦乐两种情感

① 见《爱弥儿》篇二。
② 见《爱弥儿》篇二。
③ 本薛几微《伦理学史大纲》章四，节二十，页281～282。

之延长，均足使神经疲苶，苦之为苦也递增，而乐之为乐也递减；故满足不过一瞬，不足则长与欲俱存。举凡嫉妒、忿悁、憎恶，与夫追悔已往之情，皆纯苦也。少壮乎？康疆乎？自由乎？特苦之不存者耳。勤动乎？婚媾乎？特罪恶之差小者耳。财乎？名乎？权乎？特眩惑贪夫、烈士、夸毗之徒，而谬作究竟之鹄者耳。怒也、夸也、悲悯也、爱赤子也，施者苦既远溢于乐，受者亦不胜其苦；总之均苦也。虽美术科学间或引人入胜，而能享此乐者殊少；即以少数之人论，其智力同情益发达，其对于苦痛之觉感益锐敏，而防苦之法实未能与之俱进。是科学进步所获积极之乐至仅，或且等于无，而未来物质之增益殆绝望；所增益者，惟烦恼而已。吾侪否定生存之意志，不仅限于于一己，且须遍于人人，务使世运告终，万有皆灭而后可。"① 盖叔本华主破个人之意志，哈特曼主破全体之意志，而其归于悲观则一也。抑叔本华又谓："人恒追乐于既往，希福于未来，未有能觉福乐于现在者。人逮暮年，始忆少时之乐，而少时不自觉其为乐，人遇不幸，始知平日之福，而平日不自觉其为福，享乐愈强者，其感乐愈钝。"哈特曼又谓："情感不外乎苦乐，苦乐不外乎失意与得意；苦乐之质无别，惟量有大小，若质非同一，则比较莫由，而体魄精神之辨，徒为多事。志得意满之谓乐，反之则为苦；苦乐之大小，关乎意志之强弱，而意志即为苦乐之根。"② 斯则兼据情感以为言矣。

消极积极之乐观

自来哲人文士，厌世者多，乐天者寡，故鲍尔生、薛蕾二氏均详论

---

① 本前书同章同节，页282～283。
② 参看俞伯维《哲学史》卷二，节134，页21～26及《伦理学史大纲》章四，节二十，页282～283。

悲观主义，而乐观主义独从略。夷考其实，乐观主义可分为消极积极两派，则亦乌可以不述。伊壁鸠鲁者，世多以悲观派目之。然彼以为：身心之至乐，得诸苦障之移易，乐乃有变化而无增益；故官体至大之满足，可供之以至简之力。求之给也，有以复其宁静恬适之情，生涯平澹，不为忧患所乘，斯为至高无上之恒乐。虽体魄上乐不免逊于苦，而苦或甚暂且微，贤者当之，容亦偶觉此身之苦有余；然使其心解脱一切未来恐怖之魔障，而显现当前纯净之善果，则亦未始不可以精神之乐剂其平。人对于未来之恐怖，莫甚于死而不为神所喜，此等幻想，唯天人相关之真理可以除之。神无所扰于己，无所为于物，更无所恩怨喜怒于人。死本无事，何必自扰，贤者将屏绝此等思虑，唯恬愉无躁以乐其生焉。[1] 其致闵努伽斯书曰："人之求智也，少不嫌其过早，老不嫌其过迟，若谓求智之期未至或已过，犹云求福之时有待或无余也。老而有所歆于已往之乐事，亦可以为少，少而无所畏于将来之苦事，亦可以为老；老少均当求智以得福也。福至则事事俱备，福不至则百行皆趋而向之；世不乏致福之事，须尽其在我者耳。神者，永存常住而有福祉者也，常识所示，斯固可信；至谓作善降之百祥，作不善降之百殃，神喜人之类己而福之，恶人之异己而祸之，则出于庸俗之妄为臆度，不可信也。善恶吉凶，必有觉知，死则觉知全失，无关我事；诚能了然于死之与我无干，有涯之生，亦自可乐；此非由长生久视使然，在能去其希求不死之念而已。今有人曰：吾畏死，非畏死至而苦，实畏死之在望而苦，其愚殆不可及；盖死至本无以致苦，死在望而亦徒致浮苦也。吾存而死犹未至，死至而吾适不存。死与吾实无相会之期，果何有于我哉？天下之人，时或视死为至凶之事而逃之，时或以其免生之苦而趋之，其实生死均无事，庸人自扰耳。智者既不轻生，亦不畏死，生固无伤，死亦无害；其于岁月也，必求其最乐，不唯冀其最久，犹择食不徒贵多而贵其悦口也。彼谓少当善其生，老当善其死者，愚也；彼谓不生为佳，

---

[1] 本《伦理学史大纲》章二，节十六，页86~88。

既生则速过地府之门者，诬也；若彼真信是言，何不自绝其生？若彼徒戏为是言，谁复信之？言不顾行，非诬则愚也。吾侪当知"将来"非全属于我，亦非全不属于我，吾不计其必至，亦不虑其必不至而沮丧；凡吾侪行为之鹄，在不忧不惧，及达此鹄，心神之扰攘自息矣。命者，庸俗所谓万事之主宰也，达人则笑而轻之，以为事有必然者，有偶然者，有出自人为者，必然毁其责任，偶然堕于无常，唯人之行动自由者，功过乃有所归。与其受制于命，莫若奉教于神，与其愚而多福，莫若智而不幸；要之善行之判断，以不归功于命运之扶助为妙焉。"[1] 凡所论列，大要为澄心寡欲，乐天知命，以精神之乐，易体魄之苦，不怨不尤，不忧不惧；非所谓消极之乐观主义邪。

　　穆勒、斯宾塞，均积极乐观派也。穆勒曰："绝对自牺以福人，唯于世界甚不完满之情境为最善。自世界犹在不完满之情境中，牺牲遂为人类至高之德；处斯世而作了无幸福之事，其觉识能力正予以实现幸福之莫大希望，而此幸福非终不可得者。觉识能使人超乎命运之上，命运纵极恶，卒无权力以胜人；脱人于关乎一生罪恶之忧患者，觉识也；于恬静中养夫满足安适之欲者，觉识也；唯万不可少之正鹄是求，而不计及时间之有定与否者，亦觉识也"[2] 盖穆勒以为世界情境，当由不完满而进于完满，履道行德，终将趋于坦易，而无复牺牲之苦，其为乐观也，不可与安于现状之消极派同日语矣。斯宾塞曰："世或谓：造物之为善，以其于无量期间创此世界，自始即与众生以可乐也；否则天行亦有时而恶矣。夫善恶有相对，有绝对，所行使人有余乐者，善之证；所行使人有余苦者，恶之证，而绝对之行善，则生纯乐而不杂于苦者也。若伴有一分之苦，斯含有一部之恶，当此情境，但求苦极微，恶极小，不失为相对之善而已。绝对之善惟于理想社会中之完人见之，现世人类仅可以相对之善自怡，然亦未尝绝无一二至善实例；（至善即绝对之善）

---

[1]　见刁吉尼前书英译本卷二，篇十，页 639～659。
[2]　见《功利主义》章二。

譬若健康之慈母乳健康之赤子，子既得饱，母亦自娱，彼此同乐，各无所苦；斯盖至善之型焉。迨世界完全进化，社会达于理想之境，人类关系亦如母子，博爱者既有以乐人，亦不至于自苦，至善之实现洵不难已。"① 盖斯宾塞据自然进化之理，抒积极乐观以之论，以为善之实行，乃助天而非逆天；（按赫胥黎谓天人之行，根本相反；史帝芬谓：欲使福德全合，犹之画圆为方，是进化论师亦有持悲观之见者。）殆穆勒所引而未发者也。

中土先民之人生观

中土厌世思想，莫盛于周秦之际，而乐天主义亦相激相荡以起，盖世变使然也。庄列其悲观派之钜子乎？庄子曰："吾生也有涯，而知也无涯，以有涯随无涯，殆已。"（养生主）此由知识上立说也。又曰："髑髅见梦曰：诸子所言，皆生人之累也，死则无此矣？死无君于上，无臣于下，亦无四时之事，从然以天地为春秋，虽南面王乐不能过也，吾安能弃南面王乐而复为人间之劳乎？"（至乐）此由情感上立说也。又曰："人上寿百岁，中寿八十，下寿六十；除病瘐死丧忧患，其中开口而笑者，一月之中不过四五日而已矣。天与地无穷，人死者有时；操有时之具而托于无究之间，忽然无异骐骥之驰过隙也。不能悦其志意，养其寿命者，皆非通道者也。（盗跖）乐全之谓得志。今之所谓得志者，轩冕之谓也；轩冕在身，非性命也，物之倘来，寄也；寄之，其来不可圉，其去不可止，故不为轩冕肆志，不为穷约趋俗，其乐彼与此同，故无忧而已矣；今寄去则不乐，虽乐未尝不荒也。"（缮性）此由意志上立说也。又曰："天下有至乐无有哉？有可以活身者无有哉？夫富者苦身

① 见《伦理学张本》章十五。

疾作，多积财而不得尽用，其为形也亦外矣；夫贵者夜以继日，思虑善恶，其为形也亦疏矣；人之生也，与忧俱生，寿者惛惛，久忧不死，何之苦也？其为形也亦远矣。烈士为天下见善矣，未足以活身；吾未知善之诚善耶？诚不善邪？若以为善矣，不足活身；以为不善矣，足以活人，故夫子胥争之以残其形，不争名亦不成；诚有善无有哉？吾观夫俗之所乐，举群趣者诠诠然如不得已，而皆曰乐者，吾未之乐也，亦未之不乐也；果有乐无有哉？吾以无为诚乐矣，又俗之所大苦也；故曰至乐无乐，至誉无誉，天下是非果未可定也。"（至乐）斯则合知情意三者而为之说，以见人生之无乐，无善，无价值矣。列子托为林类之言曰："死之与生，一往一反，欲死于是者安知不生于彼，故吾知其不相若也；吾又安知营营而求生，非惑乎？亦又安知吾今之死不愈昔之生乎？"（天瑞）又托为仲尼之言曰："人胥知生之乐，未知生之苦；知老之惫，未知老之佚，知死之恶，示知死之息也。"（同上）又托为仲尼告颜回之言曰："汝徒知乐天知命之无忧，未知乐天知命有忧之大也；今告若其实，修一身，任穷达，知去来之非我，亡变乱于心虑，尔之所谓乐天知命之无忧也。曩吾修诗书。正礼乐，将以治天下，遗来世，非但修一身，治鲁国而已；而鲁之君臣日失其序，仁义益衰，性情益薄，此道不行一国与当年，其如天下与来世矣。吾始知诗书礼乐无救于治乱，而未知所以革之之方，此乐天知命者之所忧；虽然，吾得之矣；夫乐而知者，非古人之所谓乐知也；无乐无知，是真乐真知。"（仲尼篇）夫林类未必真有其人，仲尼未必真有其言，作列子者特借以自写其情感上知识上悲观之怀耳。

　　杨朱者，悲观而又乐观者也。"孟孙阳问杨子曰：'有人于此，贵生爱身，以蕲不死，可乎？'曰：'理无不死。''以蕲久生可乎？'曰：'理无久生。生非贵之所能存，身非爱之所能厚，且久生奚为？五情好恶，古犹今也；四体安危，古犹今也，世事苦乐，古犹今也，变易治乱，古犹今也；既闻之矣，既见之矣，既更之矣，百年犹厌其多，况久生之苦也乎？'"（见列子杨朱篇）斯固纯乎情感上之悲观矣。"孟孙阳曰：'若然，速亡愈于久生，则践锋刃，入汤火，得所志矣。'杨子曰：'不然，既生则废而任之，究其所欲以俟于死；将死则废而任之，究其所之以放于尽，无不废，无不任，何遽迟速于其间乎？'"（同上）此则甚类伊壁鸠鲁之说也。杨朱又有言曰："原宪窭于鲁，子贡殖于卫，原宪之窭损生，子贡之殖累身，然则窭亦不可，殖亦不可，其可焉在？曰：可在乐生，可在逸身，故善乐生者不窭，善逸身者不殖。太古至于今日，年数不可胜纪，伏羲以来，三十余万岁，贤愚好丑，成败是非，无不消灭，便迟速之间耳。矜一时之毁誉，以焦苦其神形，要死后数百年中余名，岂足润枯骨？何生之乐哉！"（同上）夫乐生逸身，不窭不殖，且趣当生，奚遑死后，非消极之乐观与？顾杨朱主为我，主纵欲，其流至于由消极之乐观，为积极之恶行，此其所以终异乎伊壁鸠鲁也。若夫墨之非命，荀之制天，其乐观趋于积极，又各与杨朱有别。墨子曰："天下之乱也、将属可得而治也，社稷之危也、将属可得而定也。昔桀之所乱、汤治之，纣之所乱、武王治之；世不渝而民不易，上变政而民改俗，天下之治也，汤武之力也，则夫岂可谓有命哉？今也王公大人之所以蚤朝晏退、听狱治政、而不敢怠倦者，以为强必治，不强必乱，强必宁，不强必危，卿大夫之所以竭股肱之力，内治官府、而不敢怠倦者，以为强必贵，不强必贱，强必荣，不强必辱；农夫妇人所以早出暮入，夙兴夜寐，强乎耕稼树艺、纺织纴纴、而不敢怠倦者，以为强必富、必饱、必暖，不强必贫、必饥、必寒；若信有命而致行之，则必怠矣。"（非命下）此言一切在力不在命，人当努力而强劲也。荀子曰："日月星辰、瑞历，是禹桀之所同也，禹以治，桀以乱，治乱非天也；天行有常、不为尧存，不为桀亡，应之以治则吉，应之以乱则凶。强本而节用，则天不能贫；养备而勤时，则天不能病；修道而不贰，则天不能祸；本荒而用伤，则天不能使之富；养略而动罕，则天不能使之全；倍道而妄行，则天不能使之吉。大天而思之，孰与物畜而制之？从天而颂之，孰与制天命而用之？故错人而思天，则失万物之情。"（天论）"仁之所在无贫穷，仁之所亡无富贵；天下知之，则欲与天下共乐之；（本作同苦乐之，据太平御览改订）天下不知之，则傀然独立天地之间而不畏。"（性恶篇）"乐行而志清，礼修而行成，移风易俗，天下皆宁，美善相乐。"（乐论）此言一切在人不在天，人不可任天而弟靡也。然荀主以人持天，墨犹尊天志，所见竟亦互殊。而墨子又谓："天下之乱将可得而治，社稷之危将可得而定。"乃知其可而为之，非知其不可而为之；殆骎骎乎由积极乐观趋于淑世主义矣。

比较言之，道家多悲观，儒墨多乐观，而有周诗人实已启其端绪。兔爰言："我生之后，逢此百忧。"节南山言："忧心如酲，蹙蹙靡所骋。"正月言："父母生我，胡俾我愈。"小弁言："天生之我，我辰安在。"苕之华言："知我如此，不如无生。"荡言："天生烝民，其命匪谌。"抑言："昊天孔昭，我生靡乐。"桑柔言："我生不辰，逢天僤怒。"若斯之类，皆小序所谓不乐其生者也；其情感上之悲观为何如邪？考槃硕人之乐贫，衡门隐者之乐饥，阳阳君子之乐为碌仕，简兮伶官之乐在下位，蟋蟀山枢车邻之欲及时行乐，此则乐观而消极者耳。厥后如屈原之骚，贾谊之赋，曹操之短歌行，阮籍之咏怀，李白之谢朓楼饯别，苏轼之初秋寄子由，皆悲观也。如扬雄之反离骚，陶潜之九日闲居、归去来辞，杜甫之北征，白居易之乐天行，朱子之读书乐，文信国之浩浩歌，王心斋之学乐，皆乐观也；自易有乐天知命之说，儒家殆鲜不以乐观为宗。孔子蔬食饮水，乐在其中；颜子箪食瓢饮，不改其乐；曾晰言志，舞雩咏归。孟子谓："君子有三乐，乐天者保天下。"子贡谓："穷亦乐，通亦乐，所乐非穷通。"（见庄子让王篇）周茂叔每令伯淳寻仲尼颜子乐处，或以为所乐在道；程子则谓使有道可乐，便不成为颜子；其论盖甚高。邵尧夫陈白沙均私淑曾晰，曰："卷舒一代兴亡手，出入千重云水身；"曰："天地我立，万化我出；"其乐观有如是者。王文成以乐为心之本体，至谓："虽哭，此心安处，即是乐。"（见传习录下）而心斋学乐之歌，正发明斯旨。凡此所谓乐观，概与快乐论派异撰；殆亦全从人生价值上言乐而已。

关于乐观悲观之驳论

　　鲍尔生薛蕾之评悲观主义备矣。薛几微曰："悲观派所持以为钤铨者，大要不外三端：一曰欲求与觖望之苦境，通乎一生而为其重要成分；二曰苦之强度较大于乐而无限，而官体之苦为尤甚；三曰大多数人不辞勤动之烦恼，苟以救一时之疾苦，而犹有不周。据是而断定人生苦多于乐者，在英国或不多见；然谓齐民所得幸福之平均率，虽在文明社会亦不胜其低者，则所在皆是焉。① 夫苦多于乐，以情感言也。顾情感以人殊，而人又以时异；有甲以为乐而乙以为苦者，有甲以为苦而乙以为乐者；有一人此时以为乐，而彼时以为苦者；有一人此时以为苦，而彼时以为乐者。驰要褭，骋苑囿，射高鸟，逐奇兽，目观掉羽武象之乐，耳听滔朗奇丽激掺之音，此凡民之所为淫佚流荡而忘返也；而有道者则虑其蛊心志，乱情性。处贫僻之乡，隐榛莽之中，茅屋蓬户，瓮牖桑枢，逍遥广泽，倘佯豁谷，此凡民之所为形植黎累，忧悲而不得志也；而有道者则处之怡然，绝无愁悴怨怼之态。淫雨霏霏，连月不开，阴风怒号，浊浪排空，日星隐曜，岛屿潜形，薄暮冥冥，鲸啸乌啼；当斯时也，则行人有去国怀乡，感极而悲者矣。春和景明，波浪不惊，海鸥翔集，锦鳞游泳，长烟一空，皓月千里，浮光耀金，静影沉壁；当斯时也，则行人有心旷神怡，其喜洋洋者矣。不宁唯是，柔毛绨幕，绵纩狐貉，富贵人所尚也；田父处之衣之，则心悁体烦以病热。戎菽藜藿，枭茎萍实，野人所甘美也，乡豪取而尝之，则蜇于口而惨于腹。剔首捪痤，婴儿未有不啼者也；壮夫则视之蔑如。临褥产子，贵夫人未有不昏眩者；村妇则处之晏然。香炷灼顶，俗子未有不咋舌者也；比丘则喃喃如故。身临鼎镬，庸夫未有不股栗者也，烈士则甘之如饴。同一月夜也，飞觞琼筵则乐，独坐萧斋则苦。同一风雨也，围炉话旧则乐，策马

---

① 见《伦理学史大纲》章四，节十六，页258。

远行则苦。同一大雪也，著屐携酒，猎骑当风则乐，冻吟寒织，荷樵淋漓则苦。苦不知乐，乐亦忘苦，苦乐不齐，大率类此。然则安得人人而测其苦乐？安得时时而量其苦乐？更安得统计人人时时所有之苦乐而较其盈朒多寡？若悲观派可漫言苦多于乐，则乐观派亦可漫言乐多于苦，其孰从而正之乎？且苦乐非行为之唯一动机，而幸福亦非人生之唯一正鹄也。昔培因（Prif. Bain）谓："毋宁自牺以保赤子者，由于素有怀抱之乐。"斯宾塞谓："某物所以引起恐惧之情者，在其已往所生苦痛观念之复现。"联念派殆咸认苦乐为一切行为之原矣。然现代心理学家道葛（William Mc Dongall）深非之，以为："乐所以延夫行动，苦所以止夫行动，凡官体上本能运动之适应，特藉苦乐为向导，而苦乐实非行动之原；定一切行动之正鹄，而予以驱策之力者，厥惟本能之冲动；智慧仅为达夫正鹄之作用及工具，苦乐则不过导此冲动以择其工具而已。"[1] 盖人生即正鹄，本能即动机，苦乐尚不得遽认为作用，幸福顾可遽认为正鹄哉？持快乐论者误认幸福为正鹄，转以人生为作用，其偏计苦也，则流为悲观，其偏计乐也，则流为乐观，其亦不达甚矣。夫苦乐相对相待，有则俱有，无则俱无；以人之恒情言，固有苦有乐，以心之本体言，原无苦无乐。吾人初当乐以天下，忧以天下，先天下之忧而忧，后天下之乐而乐；乐天而未尝不忧，忧世而无所于厌；终当乐以还乐而无乐，忧以还忧而无忧；无乐无不乐，无忧无不忧；不执乐，不执苦，苦乐两舍，斯无人而不自得焉；尚何乐观悲观之足云耶？淮南子曰："吾所谓乐者，人得其得者也；能至于无乐者则无不乐，无不乐则至极乐矣；是故无所喜而所怒，无所乐而无所苦，万物玄同也。"（原道训）善哉斯言，可以祛彼胶执乐苦者之惑矣。

---

[1] 见《社会心理学导言》，第七版，页43～44。

淑世主义

淑世主义（Meliorism）者，介乎乐观悲观之间，认世界有不断之改进，人生有不绝之创新，而希望正复无穷者也。穆勒斯宾塞之积极乐观说，已近于淑世主义；唯穆氏仍认福为固定之鹄，斯氏仍认世有绝对之善，自挽近持淑世之说者观之，殆犹未达一间耳。淑世主义与实验主义相关联，前者滥觞于艾理思（Elist，1819～1880），后者导源于皮尔士（Peirce），逮詹美士杜威而合流。詹美士论世界之济度曰："试以'可能'观念施诸济世之事，而谓济世为可能；就实验态度言之，果何意耶？盖谓济世之条件，有实际存焉者，救济之条件弥多，斯阻挠之条件弥少；可能之根据弥佳，斯事实之或然性弥大；此吾侪对于可能之初步观感也。悲观派以为济世绝不可能，乐观派以为济世必不得免，立于两派之间者，谓之淑世主义；其于济世也，不以为必然，不以为不可，而以为可能；其可能之或然性愈大，斯救济之实际件条愈多。实验主义必倾向淑世主义，显而易见；例如同堂之人，各有怀抱的理想，且愿为其理想而生活、而动作；此种理想之一现，即斯世济度之一顷。唯此种理想，非虚浮抽象之可能，乃有根据、有生气之可能，以吾侪为其活跃之斗士与证人故；若补充之条件备具，则理想立成实事。此补充之条件为何？其始也，为诸事凑合所予之时机，为吾侪所可投入之间隙，终乃为吾侪之行动。然则吾侪之行动，一有时机可乘，间隙可入，便能创此济世之业乎？其所创者，殆非全世之济度，而仅为行动所笼罩之一域乎？吾侪行动所及，即吾侪世界上关系最亲切、知识最周密之地，何故不为世界上实际转变之地、实际滋长之地耶？何故不为万有制造之所，不于创造中攫取事实，而望世界之以别种方法滋长耶？世界之滋长，零而非整，端赖各部分之贡献。此吾侪讨论中应有之观念也。设创世者预告于君曰：'吾将造一世界，其济也不定，其成也有限；人各尽其一分之能力，则为必要之条件。吾授子以入世之机会，其平安吾不能保，子固知之；是乃真实冒险之事，前途诚不测，然或可终得胜利；此为通力合作之社会计画，须认真实行而后可。子愿入此行伍乎？子对己对人，均信其足以当此艰危乎？'此创世者所计议之世界，正类吾侪实际所处之世界，自吾侪观之，殆似乎合理而最有生气者也。"① 杜威论道德之改进曰："今夫有意义之事，不在固定之结果，而在滋长进展之历程；例如健康非一成不变之鹄，唯健康上必需之进步，不断之历程，乃鹄也，善也。鹄为转变现有情境之能动历程，非复达到之终端；完善不视为最后之的，但以正完善、正成熟、正精进，而历久不渝之历程为活泼生动之目标；盖滋长本唯一之德鹄也。自人生之恶可以解除，于是恶之问题，遂不复为神学玄学之问题，而成实践上为道日损之问题。悲观主义谓世界全恶，使凡对于特种之恶而求其可救之因者，其努力概归无效，且使关于世界改进之企图根本破坏；是麻木之说也。乐观主义谓斯世已为一切世界中最好之可能，信如所言，则根本为恶之世界将复何似邪？是亦梦呓之说也。淑世主义为一信念，即信特殊情境之存于一时，比较上或恶或善，无论如何，总可使之改进；是说也，鼓励聪明才智之士，锐意研几善之积极方法，及其实现之障碍，努力以促情境之进步，且唤起确实之信赖，合理之希望，为乐观主义所不能，盖乐观主义以为善已实现于最高实在之中，将使吾人对于具体存在之诸恶，无不掩饰；彼生活安逸，侥幸成功者遽以此为信条，未免过早。乐观与悲观，在名义上虽为不同之两极端，其麻木吾人对于世界改造之聪明才力，则实一致协作；要之乐观主义乃招吾人离此相对而变化之世界，入彼绝对而常住之世界者也，人生态度上此类变化之意义，多集中于福之观念，福非单纯所有这物，非固定所得这物，仅可于成功中求之。成功乃继长增高之谓，前进先登之谓，此为能动之历程，非所动之结果，凡障碍之克

---

① 见詹氏《实验主义演讲》（*Pragmatism，Popular Lectures on Philosophy*）第 8 讲，页 284～291。

服，病根之芟刈，皆包涵于其中焉。"① 综观詹氏杜氏所言，一方遮拨悲观乐观两说，一方阐明淑世主义之理论，可谓详矣。

倭铿以精神生活励人群，柏格逊以创造进化诘人生，亦淑世主义之宗匠也。倭铿曰："执有命者谓人不过亿兆品汇之一种，自然机括之一部，因果纲罗中之一物，是不啻认生活空无所有也。遗传之根性，社会之环境，诚大有影响于人生，而人生实非全为命运所宰制；人有精神生活滋长于内，予彼以生命之源泉，清新而自发；彼因是能全以己力自创新业，抗乎命运而行；是为自由与命运之竞争，而生活即以是扩大。人生进步，非自然发展之观念所可适用；方自以为有得，乃忽失之，吾侪时时在此危险之中；如是者屡屡，终必达于生活之顶点；事多出乎吾侪初次所见、平昔所信之外，遇有大震撼，大危疑，往往发生新信念，新力量，是皆在我而已。"② 又曰："赫智尔尝斥彼信仰神权命运者之由诚入痴矣；古之人对环境而自觉其弱，处极无聊赖之情况而安之若命，亦固其所；今人则视权力所及，义务所在，得全现其关于道德之理想而不自沮焉。"下德容或恒滞于否定之一级（the level of negation），上德则由否定以达肯定（affirmation），虽处否定之境，亦持肯定之念；故所谓创造之道德者，勇往直前，随地新立，另辟蹊径，鼓动万机，振起精神生活而增长之，不俟当必然之会，遇可为之时，而后始出此也。精神生活非已存于吾身之内，吾须开始操而存之；其存也非在吾后而在吾前。吾视其在吾前也，犹吾高尚之理想，未可一蹴而几；然吾由残缺不完之生活，进于真实无妄之生活，则可毅然决之矣。"③ 柏格逊曰："设吾人由生存而溯及意志，由意志而溯及冲动，则知实在为不绝之生长，无穷之创造；盖意志之具此神力久矣。凡人事之发明，志行之自由，机会活动之安然表现，莫不有以新夫世界焉；宇宙非已成之物，方生长繁

---

① 见杜氏《哲学之改造》（Reconstruction in Philosophy）章六，页 177～180。
② 见《现今伦理学对于精神生活之关系》，章三，页 63～66。
③ 见前书章四，页 87～91。

衍而未始有极，而新世界或且增益无限，未可知也。"① 又曰："生力布
濩星球之上，诚不能不与物质为构，其寓于机体也，诚不能不从物理之
公例；然事变一来，生力辄能充其量之所至，以自脱乎所谓公例。其无
力轻移物理变迁之趋向，固为事实；而其逆物理以为行动，则其势不可
圉。盖生力者，纯粹之觉识也，超越之觉识也，其为纯乎创造之动作宜
也。"② 又曰："那琅德氏（Mandre Lalande）谓：'凡物皆有死，其抗死
而苟延一息者，亦徒然耳。不知此有方死之世界，彼有方生之世界，一
人一物之死，曾何损于大生（life in general）；而死亦何遽为厌生者所
必需。人固有勉延其寿命者，而生实未尝自为之；大生之进化，有待于
人物之代谢，则死固可以顺受者也。'③ 夫以精神生活言，则现世即净
土，此生即至善；人物贵在自新而已。以创造进化言，则世界正无限，
希望正无穷，人生贵在自创而已。自新自创，均有以促社会之进化，非
待社会既进化而个人始有完福也。"然则倭柏二子之说奚啻詹美士杜威
之淑世主义更进一解耶？

　　虽然，淑世主义诚较悲观乐观之说为优，而亦不无缺点。世界犹一
完整之有机体，各部问题，息息相关，詹氏欲随时随地而零碎解决之，
犹之头痛医头，脚痛医脚；此虽基于多元之宇宙观，但未免支离灭裂不
得要领；此其一。人固不可无冒险进取之精神，若一切行动专以乘间抵
隙为事，则实验主义之人生观，势将变为机会主义之人生观；其所以淑
世者，能有几何？此其二。倭柏二氏较为能见其大，而束于宗教，习于
神秘，似与詹氏同持保守态度；杜氏思想较为超脱自由，而其改进世界
之主张，亦零而非整，缓而非急，犹未全脱詹氏窠臼；故淑世主义仅为
社会改良之人生观，不足语于革命；此其三。总之极端悲观之人生，苦
而不乐，积极乐观之人生，乐而不苦，消极乐观之人生不苦不乐，淑世

---

① 据《创化论》英译本，页252～255。
② 据前书页259。
③ 据前书页260小注。

主义之人生亦乐亦苦。纯悲观乃自杀杀人之人生观，纯乐观乃自欺欺人之人生观，唯淑世主义为自救救人之人生观，而亦不是至论。然则如之何而后可？曰：为社会服劳，为国家效命，为民族传文化，为世界开太平；先立乎其大者，而苦乐悲喜不足以荣其怀；人生观而若是，亦庶乎其可耳。

第十章
进化与伦理

哲学进化论与科学进化论

进化一词，就广义言之，乃宇宙万物渐次继续前进，有系列，有秩序，而出于自然内因之变化历程。进化论有属于哲学者，有属于科学者。希腊安纳西曼德（Anaximander）言："地球始自流动状态，生物萌达于湿气与温度，动物由鱼而进为人。"赫勒克利图言："万物皆出于火，皆入于火，循常住之理法（逻各斯）而流转变化。"恩比多克黎（Empedocles）言："万物由地水火风四元素之聚散离合而生灭变化，其动力为爱憎；大地最初为粘泥状态，水因回转而排出，地中先生植物，次生动物。"德谟克利图言："世界依元子之回旋运动而成，其数无限，增减成毁无已；地球始犹轻小，由动而渐趋于静，生物起于湿地，灵魂含有精细圆滑之火元子。"（以上见俞伯维哲学史，卷一节十三页35，节十四页38，节二三页62，节二五页70。）亚里士多德言："无生物无灵魂，生物有灵魂，植物赤魂有营养蕃殖而无感觉意欲，动物灵魂有感觉意欲而无理性，人类灵魂则有理性而兼有动植物诸作用。宇宙藉形与质而递升，纯质最下为物，纯形最上为神；质潜能而形现实，由潜能至现实之历程为动与变。"（见前书节四八页157～159，节四九页163～164）

罗马伊壁鸠鲁派卢克理修（Lucritius），承德氏之元子论，历述动物生活之由简单而渐次发展，且隐含适者生存之理论。（引见 Patrick：*Introduction to Philosophy*, ch. Ⅷ p. Ⅲ.）新柏拉图派柏罗提那袭雅氏之形质论而倡流出说，以为万物自神分段流出，第一为理性，第二为灵魂，第三为物质。近代赫智尔认宇宙乃发展之历程，葛德认动物有共同之远祖，莱伯尼认宇宙活动之力有无限单元，名曰单子，最下为裸单子，中为灵魂，最上为精神。凡此皆哲学进化论也。科学进化论起于家畜豢养、植物种莳及古生物之发见，其理论有事实为之证实；拉麻克（Lamark，1744～1829）浚其源，达尔文（C. Darwin，1809～1882）畅其流；而达尔文之影响最大。拉麻克以为生物个体因环境而变化，其变化遗传于后代，动物更以本身之需要与欲求，器官之习用与失用，变化其体构及机能；鹿有长颈者，即因引颈常取树梢柔叶而加长。此类变化结果，代代遗传，逐渐产生新官能、新习惯，竟至引起剧烈变化，产生新种，是为物种变化及后天习得特性遗传之说。达尔文则以为动植物蕃殖既多且速，若尽得挈长，大地将无锥隙，而食亦不足；于是物竞以起，适者生存，而适者乃最能适应环境之个体。同种各生物体构机能偶然微变，其变而适者获存，是谓天择；凡为天所择之生物，可传递其变化之优点于子孙，逐代渐变，以至于大变，而新种遂出。要之达尔文生物进化之原则有四：曰变化，曰遗传，曰物竞，曰天择，（以上本柏屈里克哲学概论章八页112～117）而末二者为尤要；就物竞言，有鹬的之涵义，就天择言，有机械之涵义，厥后斯宾塞、海克尔持机械论，杜里舒持生机论，柏格森持创造进化论，莫耿、亚历山大持突创进化论，（或称层创进化论）则又建立进化哲学于生物科学之上矣。

中土先哲之进化思想

中土生物科学向不发达，进化思想却古已有之。老子谓天地以万物为刍狗，而神造之说破；（见老子五章）庄子谓物种以不同形相禅，而形变之说兴；（见庄子寓言）淮南子谓"昼生者类父，夜生者似母，五类杂种，肖形而蕃"，（坠形训）而遗传之说出；中庸谓"天之生物，因材而笃，栽者培之，倾者覆之"，而天择之说萌；列子谓"物以智力大小相制"；（说符篇）论衡谓"物以势力优劣相胜"，（物势篇）而物竞之说昌。顾抱朴子有言："兕之角也，凤之距也，天实假之，何必日用哉？"（诘鲍篇）似犹未明器官以习用失用而至变化之理也。（淮南子兵略训云："有角者触，有齿者噬，有毒者螫，有蹄者趹，喜而相戏，怒而相害，天之性也。"亦仅言机能之出于天性而已。）王弼之注老子曰："天地不为兽生刍，而兽食刍，不为人生狗，而人食狗。"则以机械自然之义诠生物，而与列子有合矣。（列子说符云：人取可食者而食之，岂天本为人生之，且蚊蚋嗜肤，虎狼食肉，岂天本为蚊蚋生人虎狼生肉者哉？按论衡自然篇亦言天不故生五谷丝麻以衣食人，义正同。）董仲舒之对策曰："与之齿者去其角，傅之翼者两其足"，则以究竟内觉之义诠生物，而与大戴记有合矣。（大戴记易本命云：四足者无羽翼，戴角者无上齿，无角者膏而无前齿，有翼者脂而无后齿。）彼谓"天为民殖五谷，生鱼鸟"者，特世俗之外觉究竟观耳。窃尝谓中土进化思想有四：易老明自然往复之理，庄列示万物出入之机；孟子烛天下之一治一乱，伏生稽王者之一质一文；（尚书大传）邹衍论五德之转移，刘向征三术之循环；（说苑修文篇）康节以元会运世推天地之终始，伊川以元享利贞说万物之生成；此循环进化思想也。礼运以大道之世为大同，（郑玄以为五帝时）三代之英为小康；春秋于所传闻世见治起衰乱，于所闻世见治升平，于所见世著治太平。（何休说）由小康进于大同，似返古；由据乱进于升平太平，似隆今，实则托事见义，远期方来；断代为说，不绝若线。此直线进化思想也。惠施言："日方中方睨，物方生方死，今日适越而昔来，连环可解。"（按连环可解者，谓连环可以解说之；此承"南方无穷而有穷，今日适越而昔来"为文，似为一事：盖惠施所陈者八事，殆非十事也。）以见过去现在，时本难分，环环相入，今昔亦然。（严译天演论述佛说云：生有过去，有现在，有未来；三者首尾相衔，如琅玕之环，正可取证。）董仲舒说春秋，张三世，通三统；（黑白赤）每一世皆含数世，每一统皆存他统。班固则明谓夏殷周三正之相承，三教（忠敬文）之相易，如顺连环。（白虎通义）此连环进化思想也。荀卿言："水火有气而无生，草木有生而无知，禽兽有知而无义，唯人也有气、有生、有知亦且有义。"（王制篇）以见气质、生命、心知、理义层层创进，叠有所增。朱晦翁亦谓："动物有血气，故能知；植物虽不可言知，然一般生意亦可观；猕猴之类能如人立，故特灵怪。"（语类）又谓："以气言之，则知觉运动，人物若不异，以理言之，则仁义礼智之禀，非物之所能全。"（集注）王船山则以为天之生物，其化不息，自初生而幼、而少、而壮、而老、更有所命。（尚书引义）此层创进化思想也。夫以循环言，似有进亦有退，易所谓"变化者进退之象"是矣。（系辞上）然分段观之，因退者退，进者进；合观之，则进退皆进化之程，而"退步本与进步相随属"；（语见英译创化论43页）故循环亦得谓之进化。孔颖达周易正义云："自天地开辟，阴阳运行，寒暑迭来，日月更出；孚萌庶类，亭毒群品，新新不停，生生相续；莫非资变化之力，换代之功。"迭来更出固循环，新新生生则进化也。直线进化往而不返，连环进化变而相涵，循环进化似重规而密移，层创进化则突变而创新。层创进化亦名盘旋进化，乃比较圆满之说；其有进无退者，唯直线进化一义，远西进化论家今已以盘化说代直进说焉。老子曰："失道而后德，失德而后仁，失仁而后义，失义而后礼。"（三十八章）庄子曰："逮德下衰，顺而不一，德又下衰，安而不顺，德又下衰，去性而从于心。"（缮性篇）孟子曰："尧舜性之，汤武身之，五霸假之。"（尽心上）淮南子亦以为：道灭而德用，德衰而仁义生；上世民性善，下世民性漓。（缪称训齐俗训）是为道德退步之历史观。商君书曰："伏羲神农教而不诛，黄帝尧舜诛而不怒；（更法篇）神农非高于黄帝，以适于时也。"（画策篇）韩非子曰："有美尧舜鲧禹汤武之道于当今之世者，必为新圣笑矣。"荀子曰："欲观圣王之迹，则于其粲然者矣，后王是也。"（非相篇）王充更以为：文质古今所共，善恶古今皆有，周不如汉，今胜于古。（详论衡、齐世、治期、宣汉、恢国诸篇）是为道德进步之历史观。虽观点不无进退之殊，其有见于道德之应时变化则一也。顾老庄所倡：为"弱胜强，柔胜刚"，（老子七十八章），为"不争而善胜"，（七十三章）为"无以战胜人"；（庄子徐无鬼篇）适与生存竞争之公例相反。商韩及王充所陈：为"民勇者战胜，不勇者战败"，（商君书画策篇）为"上下一日百战"，（韩非子扬权篇）"为人有勇怯，故战有胜负"，（论衡物势篇）正与生存竞争之公例相符。墨言："兼相爱，交相利；（天志上）有力相营，有道相教，有财相分。"荀言："义以分则和，和则一，一则多力，多力则强而胜物；群无分则争，争则乱，乱则离，离则弱而不能胜物。"（王制篇）孟言："出入相友，守望相助，疾病相扶持。"（滕文公上）又言："得道者多助，失道者寡助，寡助之至，亲戚畔之，多助之至，天下顺之。"（公孙丑下）淮南言"以义爱，以党群，以群强，"（缪称训）又言："举事以为人者，众助之，举事以自为者，众去之；众之所助、虽弱必强，众之所去、虽大必亡。"（兵略训）斯则早揭人群协作互助之道德原理，为彼土进化伦理学家辄近所始发扬光大者已。

达尔文赫胥黎尼采之伦理进化论

自十九世纪以来，生物进化论风靡一世，科学哲学几无不受其影响，由生物进化推诸宇宙进化社会进化乃至道德进化，而伦理学亦为流波所及。"物竞天择，适者生存"，本生物学上之公例，持以衡人群道德，则亦浸浸乎为伦理学上之原则，于是快乐主义得一有力之声援，而进化功利说兴焉。① 顾以进化言伦理者，有所谓伦理之进化（the evolution of ethies），有所谓进化之伦理（the ethics of evolution）；分野厘然，未可淆混。伦理之进化者，言乎道德上之习俗、制度、理想，在人类生活中如何发达递嬗，即所谓道德变迁史也。进化之伦理者，言乎道德标准本于人类进化之事实，以定各种行为情感理想之价值，即进化功利说所自出也。② 博考乎伦理之进化者，则有若达尔文、赫胥黎、尼采，覃思于进化之伦理者，则有若斯宾塞、史蒂芬（Teslie Stephen 1832～1904），以伦理之进化为发端，以进化伦理为归宿者，则有若哈浦浩（L T. Hobhouse）、华勒士（A. R. Wallace）。伦理进化论始于达尔文，昌于赫胥黎，极于尼采；而其对于道德上天择之见解，各有不同。达尔文以为德性、体质、均当有以延机体之生命而益其康强，其以竞存是择也、应无二致。顾性质之可认为德者，往往不尽适于个人之生存，而或利于团体之竞争；如勇敢、远虑、自负诸德，诚为个人与个人争存之具；至同情、热心、忠爱、诚信、服从、互助、自牺诸德，则部落之众具此者昌，无之者亡，实于个人之生存无与；而同情在文明社会中尤为发达，则又适与汰弱留强之公例相违。于是乃为之说曰："第以蛮野民族言之，心身交弱者必灭，强有力者必存，固已。至若文明人，则有室以庇愚弱废疾，有律以恤贫，有医士百施其技以救病夫生命于奄奄一息之顷；凡所以助夫无告而情不容已者，皆同情偶然之结果，而出于人所固有之社会本能；虽有坚强理由急临乎前，犹不肯箝制同情以自隳其至贵之性分也。"③ 夫所谓坚强理由，正指天择而言；意谓若依天择，则当举文明人类所有庇护弱者之种种制度，一扫而空之；然此适以

---

① 进化功利说亦称进化快乐说（Evolutionary Hedonism）。

② 见上本剑桥大学教授萨莱《伦理学晚近之趋势》（*Recent Tendencies in Ethics*），36～38页。

③ 见《人类由来》（*Descent of Man*）部一，章五，页203～206。

隳吾人至贵之性分。同情虽非天择所利，实吾人至贵性分之一，则道德原理之与进化原理，殆有不尽合者焉。此其立言之大旨也：赫胥黎以为天演每经一级必有一新结果，而新结果恒得自生物无量之劫，此类生物乃因不适于环境而被汰以去者也；若言夫道德，则全不可与天行同日语焉。其言曰："伦理上所谓德，所谓善，在在反乎天演界利于竞存之事。本自营也，而矫之以自制，本相倾也，而易之以相助，影响所及，不在存其尤适者，而在使适于生存者多多益善；是殆离弃生存竞争之原理矣。是可知社会上伦理之进步，非依放乎天行，而实与之相搏战者也。"[1] 尼采以为凡反乎天演公例之道德，非惟不当奖励而已，直须屏诸人类生活之外，直须根本变革之。其言曰："道德无垄断也；道德之独自表现而不顾一切者，其摧残强力也过多，其为人类之代价过钜。人而徬徨焉，发明焉，创造焉，庶不再至于牺牲；徬徨于道德事理歧出之途，未足为耻也。盍祛良心之大魔，盍造实验之新机，诚悫穷理之士，必不河汉吾言矣。"[2] 盖赫胥黎之意，以为道德全反乎天行，其合于天择者实为恶。尼采之意，以为天择始终支配一切，道德须循进化之轨辙而变易。达尔文则以为天择仅于一定限度内为道德之衡，而道德至贵之部分，实超然于其外。要之皆执伦理之进化以为说，非所语于进化之伦理也。

斯宾塞之进化功利说

首从事于进化之伦理，创所谓道德之自然科学（a natural science of morals，按谷林氏实锡此名）以立进化功利说者，斯宾塞也。其论行为

①　见《进化与伦理》（*Evolution and Ethics*）页 81～83。
②　见 Nectzsche，Werke：iv. 161. 162，Dawn of Day §164 本萨莱教授所引。

之善恶曰：“伦理学者、以一般行为中进化最上乘之形式为题材者也。动作对于正鹄之顺应，是谓行为，凡可藉以达其预定之鹄，而顺应有成效者，谓之善，否则谓之恶。顾人之行为于己、于种、于群，恒同时有影响，其适于保己者，或不适于保种保群，其适于保群者，或不适于保种保己，善恶混淆难辨，职此之由。然析此三鹄各别观之，达其一即为相对之善，不达其一，即为相对之恶，若三者同时全达焉，则为绝对之至善，而进化之极轨也。行为之通鹄，生而已矣，生之保全而已矣，生之发达而已矣。行为而善也，必其有益于生者也。行为而恶也，必其有损于生者也；生可颂祷而不可诅咒也，然则虽欲不谓行为之善恶，视乎总果之苦乐，岂可得哉。”① 其论义务之起灭曰：“道德觉识之发端，在以情制情（The control of some feeling or feelings by some other feeling or feelings）耳。人为善自全生计，须以后起复合而间接表现之情，约束原始简单而直接表现之情；其约束于外者为政治、宗教、社会，其约束于内者为道德，前三种约束为进乎道德约束之预备。道德约束存于自然之结果而无关于外来之影响，亦正以有种种约束内外夹持，而义务情感乃起焉。义务之为情，抽象而强迫者也，复合而叠现者也，鹄在方来而不在当前者也。然行为进化不息，势必趋于脱此等约束而自主，以成所谓真道德，义务之念，不过存于一时，及道德增上，此念将立归渐灭。当其始也，动机固含有强迫之质；终则强迫之质亡而动作一出于自然，绝不复有被迫而为之之意想；于是向之认为义所当为者，变而为情所乐为矣。义务之念起于个人适应社会情境之不周；迨社会之状况改进，适应之方法周至，则道德觉识中为义字所表明之某质，将不复见，调和生活之高等动作与起自物欲之下等动作，将同属自然之事。斯时也，斯境也，德情之引导吾人，适如感觉之顺而宜焉。”② 其论群己之

---

① 以上见《伦理学原理》（*Principles of Ethics*）卷上，章一，页5，章二，页20，及章3，页21，页22，页26，页28。
② 见同书章七，页118～120，页124～126，页127～129。

调和曰："群己利益相冲突，固义务强迫之情所由起；第此冲突非绝对，非常然，终可互相调和。人自有生以来，利己恒依乎利他，利他恒依乎利己，两者之交相为用，因进化而弥切。故纯利己与纯利他均不合理，而人类理想习惯之进步，可徐徐焉立两者调和之基也。不见夫一一国民与一切国民之关系乎？其群己利益之调和，自古为昭，于今为甚，终将达乎两合为一之境；而应之之情亦全归一致焉。逮人世进化之极，凡社会利物之事皆安而行之，一如父母之保赤子；其从事于他人之福利也，直等寻常日用。浸假使现仅调和一部分之同情，随社会境况而进于完全矣。浸假使各种不适之境，不幸之因，损之又损，以至于无矣。浸假使同情之初因不适而多苦痛者，进而至于因应咸宜矣。盖自个人与社会之间，陶铸复陶铸，以至于彼此益相适；则以不适致苦者日损，以适致乐者日益，而同情遂有乐无苦。群己合一，福德合一；斯固进化之终鹄也。"① 综观斯宾塞所论，盖以社会之情境，道德之性质，快乐之价值，皆随时代而变易；今社会犹未完全进化，德之与福，善之与乐，尚不能纯然一致，故有强迫之义务，苦痛之同情；及理想社会之理想人出，则绝无所谓强迫苦痛，而德即为福，善即为乐，似较昔之快乐说为弥近理焉。昔之快乐说皆依过去经验判善恶苦乐，犹之旧天文学推步日月薄蚀之期，但征诸已往，验诸未来，尚无以究其原而穷其变。斯宾塞据物理、心理、生物、社会四种见地，立社会进化之原则，以籀绎道德理法，而推寻苦乐之始终本末；正如科学式之天文学，据引力为根本原理，以数理公式计算天体之运行，而预测日月蚀之暑刻，不差累黍。此斯宾塞所以名昔之说为经验快乐说（empirical hedonism），而自名其说为科学快乐说（scientific hedonism）也。

---

① 见同书章十二，页 215～216，章十四，页 243～245。

史蒂芬之社会健康说

史蒂芬以为欲立科学快乐说，须于群己关系具有更深之见解；因畅发所谓社会机体（social organism）之旨，以明群己之不可两离。昔之功利论派视社会不过为个人之集合，其所谓最大多数者，实仍以个人为单位，与其名之曰功利论，无宁名之曰个人论，史蒂芬则认社会为单位，而个人各为社会之一员；盖社会乃具有生命之机体，非徒个人机械式之集合（mechanical aggregate）也。其言曰："社会犹机体焉，个人犹细胞焉，细胞构成生物之体素，个人构成社会之体素，生物体素不能离各种官器而独存，社会体素（social tissue）不能离各种组织而独存。社会固自有其生命，要非机体之单具意识中枢者比，则亦不能离个人而存立。社会体素递变其方式，以构成适应特殊鹄的之官器，若工厂，若公司，若教会，若国家，皆有以完成社会机体之各种机能，正犹人有手、脑、肝、胃、为捍卫营养之具。所谓模范机体（typical organism）者，乃机体之最适于生存而具有最强之活力者也；所谓社会模范（social type）者、乃社会之用对于鹄，为效至宏者也；此进化之程也。夫生存竞争为进化所不能外，国家固种族争存之政治官器，（political organs）要不得认为最后之社会单位。与谓种族造成社会机体，宁谓种族造成社会体素；种以地殊，国以种别，形式虽似此疆彼界，实非支离破碎而有妨于连接；故异国之人，非尽相敌，而亦互有同情及亲和力焉。"① 又曰："家庭视他种结合为更密切，不啻为道德之良校，人之德性多由孩提时奠定，道德习自母氏之保抱提携，昆弟之晋接周旋，初非由典册而来。赤子之为大人也，亦第广其同情之范围，充类以应接事物，移其孩提所知所能之理，而施诸他种关系已耳。夫社会体素既由人类构成，而人类最韧固之维系为家庭；社会福利之情况，必与家庭福利

---

① 　以上见《伦理科学》（*The Science of Ethics*）章三，页111～112，页120～122。

之情况相符合，故家皆贤夫妇、贤父母、贤子女，斯社会达于平康之境。世或谓类推家庭情感而用之，每易引入利己一途，不知此特不善推其所为而已。设吾推家庭怀感于社会全体，则家庭情感固一切利物情感之根荄也。"① 又曰："良心者，种族公共精神之表现、谆谆命吾完成社会福利之条件者也。设身处地，（put yourself in his place）是谓同情；有情之物，各藉同情而为大组织之一分子，离社会而但知有己，等于四肢各私所有而不顾全身。欲得四肢动作之律令，非计及全身之关系不能也；欲定个人情感之规则，非通观社会之情况不可也。何也? 人为社会机体之分子，其情感不得不同于社会也。夫社会之本能未尝不与个人之本能吻合；蛮人为部落而战，即为己而战，离高等民族亦然。然充其推理之力，可以使群己合一之度益广以密；势且涵己于群，奉为科律，浸至以是为行为之第一要义焉。"② 又曰："昔功利论派以最多数之最大福为标准，今进化论派以社会机体之健康为标准，此其别也。然幸福健康，非真相违，终当趋于和合，特健康一义，较所谓幸福者为有科学之根据耳。最健康之人即最幸福之人，欲得身体之快乐，莫妙于使之健康；设官器之关系为同一，致苦致病，均谓之恶，则内外律殆欣合无间者也。'有利'（useful）一词，本涵给乐（pleasure-giving）、全生（life-preserving）两义，前义须符后义，为进化论派之根本思想。吾人当知苦乐乃官体逆顺行动相对峙之情状，情状若呈，觉感必现；苦与害相关，乐与利相关，其倾向于此可大见焉。顾官器恒内自变化，渐至以新机体代旧机体；新机体别具新感性，其量度幸福之方，不复与旧者同；新旧异体，苦乐异感，而一一机体均以顺乎健康之条件为良，斯则所谓通律；然通律不可求诸幸福，以其标准每随机体而变也。社会之道德本能，与社会之进化程度相应；社会之缔构弥坚，本能之结合弥固，而幸福之标准亦弥改弥善；倘社会进至最健康之阶位，则大福适与大德为比

---

① 见同书章八，页344～377。
② 见同书章六，章八，页230，页257，页258，页262，页351。

例矣。"① 凡斯蒂芬反覆所明，要不外社会健康一义；盖社会之组织全与生物同，个人不过机体中细胞之一，其苦乐均由社会之情况决定；舍社会而但图个人之福利，犹舍全体而但求一部细胞之发达，势必至于拥肿偏枯、麻木不仁，大有害于健康。道德由外律而达内律，由勉行而达安行，由行为之范进为品性之范；而所谓品范者、则在使个人适于为社会机体中强有力之分子。斯宾塞氏殆犹未推论及此也。

哈蒲浩华勒士之道德变革论

哈蒲浩以为天择存种姓而不存个体；动物保其生命，适至使幼者成立而止，甚或有产子而身死者；故保种视保己为尤要，而两鹄可并为一。② 华勒士以为群动固无所逃于天择之大法，人类则能以心灵超轶其范围而改易之；人身构造非如群动之随环境为变迁，而其智德之性亦几于固定不移者，正以能用心灵制天之故。③ 二氏之言天择，既均与前人殊，而其论道德之改进也，亦复各树特义。哈蒲浩曰："动物合群之性（gregarious tendencies）、慈幼之情（parental affection），同属本能；人类本能较浑漠，可以泛应曲当；及其发舒为品性，则智慧有以切磋乎习俗，而使行为与之合；习俗之初民，殆若神圣焉。顾思相非滞而不进者；人往往不安于众所盲从之遗俗，好据生活理想以图改造行为，而行为之标准遂移。然当代社会之组织，天然环境之情状，与夫一时一地关于义务之通见，虽在深思远虑之先觉，仍不能不于无意中受其影响；则习俗又未可轻视也。夫行为标准，乃善之概念；而同一行为、有初信以

---

① 见同书章二，页83，页88，章九，页366，页369，页370。
② 见《道德进化论》（Morals in Evolution）部一，章一，页5。
③ 详见《社会环境与道德进步》（Social Environment and Motal Progress）部一，章十四，页93～102。

为善，后乃验其非善者。例如巫觋之仪，始信其可以禳一身一家一群之灾，则公认为义务；逮信念既失，则不复以为义之所当为：是智识亦足以影响行为矣。个人行为可以不定自'善'之概念，而定自'律'之强制；律固基于善之概念，而善之概念亦为律所左右；要之善与律均随社会组织以俱变者也。"① 华勒士曰："道德者，正行（right conduct）之谓也；谓所行对亲族、国民、乃至举世之人类，而皆得其正也。道德基于所有明辨邪正之理想，吾侪行为即由此类理想决定焉；然邪正之标准，每因时代社会不同而变易，此时此地所谓正而宜者、彼时彼地则以为邪，或且以为罪戾之尤。盖人群之实际道德、泰半系环境所产，限于一地一时而非恒有以影响品性者也。顾自近世工业革命以来，群制日敝，环境日恶，道德益下衰；语其根本之因，救济之法，又得四说：人共钩心斗角以求生存，其为制也相竞，今当使之通力合作，一也。经济上对抗如寇仇，其为制也相敌，今当使经济上友助如兄弟，二也。少数人据有土地资本，其为制也垄断，今当使土地开放，资本公有，三也。少数人世袭遗产，其为制也不平，今当使国家本于全体人民之信托而有公共承继权，四也。诚能行此四者，庶可以更群制，改环境，为道德进步史开一新纪元矣。"② 盖哈蒲浩谓道德常顺环境而进，律俗之嬗变以渐。华勒士谓道德须逆环境而进，制度之改革宜急，而善恶标准，与时地相推移，则二氏所共承也。

诸家学说之批判

伦理进化论与进化伦理说，已述其颠末矣。彼达尔文赫胥黎尼采三

---

① 见《道德进化论》部一，章一，页6，页12，及页18～20。
② 见《社会环境与道德进步》部一，章一，页1～2，部二，章十七，页153～157，按斯宾塞曾于其所著《伦理学原理》卷下第十一章主张土地公有，而附载土地问题（The Land Question）一文，又谓私有制仍须于国权之下保存，不啻自改前说，故上未引及。

氏所斯斯者，天择也。夫天择之外，有人择焉；（intelligent or artificial selection）天之为择也专消极，择在外而无意；人之为择也兼积极，择在内而有意。人所不能择者、即天择所存，天所不及择者、即人择所至；天择有以限人择，而人择亦有以辅天择。世愈进，人愈智，则天择之范围愈削，人择之封域愈张；人择恐将代天择而用事，未可知也。广人择之义而言之，又谓之自择；（subjective selection）植物不能自择，全由外力择之；（包天择人择言）动物较植物为能自择，人类较动物为能自择，文明人尤较蛮人为能自择。人既能自择，又能择物，故人择与天择为对。道德之事，多属人择，人与人争存，（个人之争）则利己之德为适；群与群争存，（团体之争）则利物之德为适；其为择也，亦消极，亦积极，在内而非在外，有意而非无意；宁得复归诸天乎？道德固非全与天择离，亦非全与天择合；（如甲图）其合于天择之部分，则天择主之，其离于天择之部分，则人择主之。赫胥黎谬在专认离天择者为道德，尼采谬在专认合天择者为道德；达尔文知道德与天择有合有离，而不知明以其离者归诸人择，此其所以终疑同情不利于天择也。要之，天择非道德上唯一之标准，可断言也。华德教授（Prof. James Ward）曰："人生经验、非徒顺然陶铸于环境，亦且健然为自保自善之志愿所型成；天择所不及，斯有自择之可能。"① 萨莱教授曰："道德理想之见择也，属于人者多，属于天者少。"② 斯并足正赫尼二氏之谬，而补达氏之阙矣。复次：斯宾塞认"善恶之与苦乐，今虽差池，终归一致"，易言之，即道德循进化之序，渐与天择由局部相离而全体相合。（如乙图）说似圆到，而罅漏实多。夫生果为人类行为之通鹄乎。阿奎纳（Aquinas）曰："生有二义；若以含生赋性者之本身言、则生非鹄也，无人以己身为鹄故也；若以实现生活原理之动言，则生乃吾鹄也，穷神

① 见《心理学原理》（*Psychological Principles*），页 358。
② 见《伦理学晚近之趋势》，页 63。

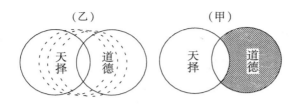

知化，德之至也。"① 盖生有属于物质者，有属于精神者；物质之生在乎量，精神之生在乎值；文明人类不为苟生而必有以善其生者，实以精神生活之最高价值为鹄，而非以物质生活之最大数量以为鹄也。藉曰精神物质之生皆鹄矣；则保己一鹄也，保种一鹄也，保群一鹄也；人有应此三鹄之本能，（马奢尔 R. Marshall 据是分本能为三大类）即有达此三鹄之行为；斯氏既徒以得生之极大量为鹄，则其所重者殆在种若群；种与己之矛盾尚少，群与己之矛盾实多，群己冲突、断难以进化理论调和之；进化进论所示者，不过将来有调和之希望而已。斯氏乃以群已调和远期诸渺不可知之理想社会、理想人类，谓尔时人无强迫之义务、苦痛之同情，而实无从取证。即所云理想社会、理想人类者，亦适为虚构悬拟之意象，殆莫由明定其内容。果使理想实现，一切圆满，则进化之事从此而息；是陷伦理于惝恍迷离之危境，而又自违进化论之宗也；其不慎与？

复次：史蒂芬弥缝斯氏之说，谓"鹄在社会之健康，不在个人之幸福"；则以群涵己，未免过重社会而轻个人。彼以为个人一切行动概由社会决定，形格势禁，绝无自动自主之意志存于其间；是个人直类承演循化之无机物，于道德可以不负责任，而一切诿诸有机之社会，适足为破坏道德者所藉口矣。庸弱者束于教，拘于俗，固一任社会之支配，而哲人杰士往往能改进德义，有左右社会之力；则社会进化未尝不赖超凡轶群之个人，个人亦何可轻视乎？夫个人固明明一独立之机体也；即令喻个人如细胞，而细胞亦一具体而微之有机质也。柏格森曰："凡生物

---

① 引见柯琅琳氏《伦理科学》卷上，页391。

体内各质，皆所以措全体于至善，此内鹄之说也。顾各质自为一机体，乃不可掩之事实；今谓小体依大体而生存，殆已易体内之鹄而为体外之鹄矣。试观构造极复杂极协合之生物，其一一体素，一一细胞，各能独立而自活；如卫斯曼所发见之生殖细胞，枚其尼哥敷所发见之饕餮细胞，乃例证之最著者。若依内鹄之说，是各质皆非有机，而机体一词独可被诸全体，岂不谬哉？"[1] 史氏认细胞为机体而生存，个人为社会而生存，殆与内鹄说陷于同一之迷妄；其极力主张社会为有机，遂不觉视个人若无机，谬在生物学者犹小，弊在伦理学者滋大也。使个人而似饕餮细胞，固非社会之福；使个人而似无机物质，亦岂社会之利。有健康之细胞，乃有健康之机体；有健康之个人，乃有健康之社会；设个人非机体，尚何健康之足云耶？且所谓健康者为身乎？为心乎？若第云身而已，则遗其超乎身以上者，而身之健康仍无异向来功利论派所谓身之快乐；未足为德鹄也。若云心焉。则心之健康，或谓之诚实公正，或谓之巧慧果毅，一属德，一属智；属德者固行为之鹄，属智者特行为之用，未可混而同之也。若云健康兼指足以完成最高机能之身心而言，则又自违进化论之宗，而折入亚里士多德氏之自我实现说矣。（详后）未能明定健康界义，以至于进退失据，此亦史氏之短也。

复次：哈蒲浩之说道德行为也，溯其原于反应动作，以次及于本能、意志、智慧、品性，是仍沿斯宾塞积分成全之遗法，而认是数者各为进化上之一段落。不知进化为不断之流转，活动为不绝之绵延；反应之终，即意志之始，本能固定，斯为品性，而智慧与本能相涵括；数种皆进化所产，浑然融贯为一，非可任意割裂而连缀也。柏格逊尝以此摭拨斯氏矣。[2] 哈氏宁不之见乎？至"天择存种性不存个体"一语，可以诠下等生物，不可以诠高等生物；则又转不如斯氏两鹄之说为愈也。然哈氏最近实持和协论，固非以进化说自封者已。华勒士以为"人有超乎

---

[1]　参阅《创化论》英文译本页 43～45，及中文译本页 41～42。

[2]　详见张译《创化论》页 386～388。

天择之心灵，其于环境也，不徒顺应之，且能改造之"；洵可谓能进一解者已。夫顺应环境，为进化论家之口头禅，而人类之环境实与生物有别。生物环境有定，唯限于物质之情况，其顺应也简而易；人类则兼有精神之环境，而物质情况亦靡常，往往依人之行动而变化，其顺应也繁而难。哲理、艺术、宗教，皆精神环境之重要部分，尤变化不可测，吾人不可不有以顺应之；而顺应之方，绝不可与生物同日语。以人类进化与生物进化并为一谈，乃斯氏以来之大误。华氏知人类之顺应环境与生物有异，而于精神环境仍忽焉；其所欲改造者，特物质方面之经济制度而已，未见其果能使道德大进也。

虽然，进化论非全无功于伦理焉。示人类在宇宙之地位，及其与生物之关系，一也；明善恶标准为相对，非绝不可移易，二也，于道德上习俗制度理想之递嬗，能穷其原而竟其委，三也。凡此三端，不得谓非进化论家对于伦理学之贡献也。特斯史诸氏不以是自足，乃欲援生物进化之原理，立人类道德之原理，依发展较低之行为，诠发展较高之行为，其根据甚弱，其志愿过奢，遂未免左支右绌，终致徒劳耳。夫人类之发展既与群动之发展殊涂，道德之进化亦与生物之进化异轨；若徒语夫生存，固宜以发展较低者诠发展较高者；若进而语夫生存之价值，则当以发展较高者诠发展较低者。吾闻低等行为须取法乎高等行为矣，未闻高等行为反取法乎低等行为也。

生物之鹄，在各保其生命族类，故优胜劣败而互竞，道德之鹄，在使生物同保其生命族类，故优不必胜，劣不必败，而彼此相安以共存。生物之必出于竞争者，以物质障之，而天择驱之耳；道德之得免乎竞争者，以精神通之，而人择济之耳；人择盛而天择息，其人类道德完满之时乎。斯氏徒以人类徇生物，道德徇天择，未见其可也。要之，进化论叙道德之历史则有余，立道德之原理则不足，与其侈谈进化之伦理，不若专述伦理之进化；而道德原理问题固宜别有他说起而代之也。

第十一章
理性与欲望

禁欲说与唯理说

主快乐说者，无论为进化论派，为非进化论派，要皆根据情欲以立论；极其弊，或不免使世人群趋于纵欲之一途。至尊性抑情，贱欲贵理，悬理性为道德之鹄，而持论与快乐说绝相反者，则有唯理说（rationalism）焉；禁欲说（asceticism）者，唯理说之一也。佘慈教授（Prof James Seth）分唯理说为极端、温和两种，温和唯理说（modrate rationalism）别名直觉说，（详下章）而禁欲说即极端唯理说（extreme rationalism）也。① 禁欲说之指要曰：人之所以异于群动者、理性耳，情欲则人与群动共焉者也。人类赖理性而生而存，而演进于无穷；情欲为万恶之府、百害之门，人而至于恣情肆欲，其去群动也几何。理欲不两立，此进则彼退；吾人贵能遵理性至高之命，以从事于克伐情欲之役；制欲而不制于欲，庶乎其为有德之人矣。是说古代以基尼克派（Cynics）斯多噶派（Stoics）为代表，中世以基督教为代表，近世以康德为代表，下姑分两节述之。

---

① 参照《伦理学原理甄微》篇一，章二，节二，节六。

基尼克派及斯多噶派之禁欲说

　　基尼克派之前有赫勒克利图（Heraclitus，about 530～470B. C.）者，谓"世人虽惑于感官，溺于物欲，实莫不有理性；以了悟之力率性而行，是为智。"其主存理遏欲也如此。① 盖赫勒克利图为基尼克派之前驱，犹德谟克利图为奚里奈派之先河也。基尼克派与奚里奈派同取苏格腊第福德一致之说，而各有所偏重；奚里奈派偏重福，以福为德；基尼克派偏重德，以德为福，以福为德，斯德在求乐矣；以德为福，斯福在制欲矣。基尼克派之初祖为安得臣（Antisthenes），此派以"率性而生"（life accco rding to nature）为口头禅，谓："智不在善于得乐，而在果于忘乐；智固福之所倚，乐则恶之所丛，遇乐辄靡，甚于狂易；贫苦无名，乃进德之要道。吾人当以德自足，无所求于外；且须刊落声华，遗外世俗，以复返于简易自然之生活。"其所坚信而实行者二事：一曰屏己之欲，二曰不顾世人之成见与积习；充其极，虽婚姻法律可废。② 殆主无欲而过之者。斯多噶派之初祖为崔诺（Zeno，about 342～270 B. C.）。此派据己性物性以求公共之理若法（a common reason and common law），予所谓"率性而生"以新义；其言曰："率性而生者，循理而生也，遵法而生也，情感之生活，非法非理之生活也；情感不惟宜节抑之，直须绝然解脱之而后可也。屏汝务，息汝虑，去汝之哀乐欲惧；无思无为，奚恶之遇。吾子诚能永忘一切，使心如槁木死灰；则物象之粉拏，情欲之戕伐，知力之疲苶，体魄之劳苦，皆将得免焉。"③是盖进而主无情矣。基尼克派专认主观之理性，务与世法相违；斯多噶派兼认客观之理性，期与世法相合；一重自律，一重他律，此亦两派不

---

① 详见薛几微《伦理学史大纲》，章二，节一，页14。
② 参阅《伦理学史大纲》章二，节四，页32～34，及《伦理学原理甄微》篇一，章二，节二，页155。
③ 引见《伦理学原理甄微》页156，页159。

同之点也。

基督教及康德之禁欲说

　　自斯多噶主义（Stoicism）起于希腊，盛于罗马，逮中世纪而基督教实受其影响。基督有言曰："倘子之右目犯汝，则抉之；与其以全身投地狱，不若失一目之为愈也。倘子之右手犯汝，则断之；与其以全身投地狱，不若失一手之为得也。"① 又有言曰："从我而不厌其父母妻子兄弟姊妹及一己之生命者，未能为吾徒也；从我而不荷十字架者，未能为吾徒也。"② 使此言信出乎基督之口，则其尊灵魂，贱体魄，重神道，轻天伦，殆不亚于释氏；而罪手尤目，更类释氏六贼之说；不亦少过乎。厥后教义广被，衍为净密二宗；（monastics and mystics）净宗边勒底特（Benedict，about 480～543 B. C.）立三规，（清、贫、顺）密宗逢纳文脱（Bonaventura，1221～1274）修六地（six stages）；僧侣居士，群习禁欲。③ 近世虽新教流行，而旧教宗风，今犹未泯焉。彼信仰至笃者，恍若有神呼之曰："魂之狱兮情之窟，非君家兮君莫宿，家在彼兮不在此，归与归与吾小子。"藉此提撕警觉，未始不可自拔于情欲之坑堑；然而梦想天国，或入迷妄，去希腊诸哲所谓理若智，奚啻万里哉。康德虽于道德上承认宗教之存立，而其禁欲主义实一基于理性，未尝假托神权。其言曰："凡物皆遵法则而行耳，秉彝者独能以意志遵法则之概念而行焉；（acts according to the conception of laws）行为之揫自法则也、必需理性，意志非他、特实践之理性而已。意志由理性决定而本于客观之因者，是为通于人人之原理，是之谓善；意志仅为感觉

① 见 *The New Testamennt*，Mathew ch. Ⅱ. §§ 29，20，
② 见 Luke Ch，Xlv，26，27。
③ 详见《伦理学史大纲》章三，节五，节十。

所影响而本于主观之因者，是为适于个人之癖性，是之谓乐。"又曰：
"欲望之主观基础、动机也，志愿之客观基础、法则也；主鹄依乎动
机，客鹄依乎法则，秉彝者皆有此主客之别焉。实践原理之删去一切
主鹄也，则为法式者；其取之以为行为之动机也，则为物质者。人而
以乐为鹄，以所行之功效为鹄，则其鹄属物质而为相对；以其价值仅
关于特别之欲望，不能贡普遍必然之原理，以合于人人之志愿，而成
实践之法则故也。"① 又曰："修养德性，须具两种心境；即使吾心当尽
义务时，勇而且悦是。德性与魔障战，当合全力以克之，而人生之乐，
有时必弃焉。夫抑情制欲，以从事于大雄无畏之道德练习者，岂有他道
哉？亦仍惟斯多噶所谓忍与禁（bear and forbear）而已矣。忍者、忍此
生一切痛苦也，禁者、禁此生一切娱乐也。降本能，伏嗜欲，值造次颠
沛之境，而仍有以自主；意志既以锻练而勇毅坚强，心亦以复得自由而
悦怡；此即所谓道德上之操练（ethical gymnastic）也。"② 盖康德外认
客观之法则，而不蔽于主观；内归自律于意志，而不缚于他律；实兼基
尼克、斯多噶两派之长，而为禁欲主义之正宗，时人虽或谬以净宗似
之，其说要自与基督教根本有异矣。斐希特所著伦理科学一书，附有专
论禁欲主义之文（ascetism of practicai moral culture），畅发其旨；学者
可参稽焉。

中土之无欲说

　　远西之禁欲主义，已略述如上；中土论欲者，则有无欲、寡欲、节

---

① 　以上见额巴特所译《伦理玄学之基理》章二，节三六，节三七，节五六，兹参照孙泊尔
　　（J. W. Semple）译本，更易两字。
② 　见孙泊尔所译《伦理玄学》篇四，部二，于康德原书，为节五四，额巴特译本无之。　·

欲、择欲、导欲等五说，而纵欲说不与焉。① 无欲说以为欲在性外，反道背德；性之有欲，如月生魄；魄死则月明；欲尽则性复；为道日损，损之又损，以至于无；盖以欲净理纯为最后之鹄也。老子曰："不见可欲，使民心不乱，常使民无知无欲，（三章）我无欲而民自朴。"（五十七章）又曰："常无欲可名小于。（三十四章）无名之朴，夫亦将无欲，不欲以静，天下将自定。"（三十七章）又曰："罪莫大于可欲，祸莫大于不知足，咎莫憯于欲得。"（十四章）又曰："五色令人目盲，五音令人耳聋，五味令人口爽，驰骋田猎令人心发狂，难得之货令人行妨。"（十二章）庄子曰："缮性于俗学，以求复其初，滑欲于俗思，以求致其明，谓之蔽蒙之民。"（缮性）又曰："悲乐者，德之邪，喜怒者，道之过，好恶者，德之失。"（刻意）又曰："贵富显严名利六者、勃志也，容动色理气意六者、谬心也，恶欲喜怒哀乐六者、累德也，去就取与知能六者、塞道也。"（庚桑楚）又曰："吾所谓无情者、言人之不以好恶内伤其身，常因自然而不益生也。"（德充符）又曰："同乎无欲，是谓素朴，素朴而民性得矣。"（马蹄）淮南子曰："圣人不以人滑天，不以欲乱情；（中略）嗜欲者、性之累也，嗜欲不载，虚之至也。"（原道训）又曰："夫鉴明者、尘垢弗能尘，神清者、嗜欲弗能乱，（中略）心有所至，而神喟然在之；反之于虚，则消铄灭息，此圣人之游也。"（俶真训）又曰："夫血气能专于五藏而不外越，则胸腹充而嗜欲省矣；胸腹充而嗜欲省，则耳目清、视听达矣。（中略）嗜欲者，使人之气越，而好憎者、使人之心劳，弗疾去，则志气日耗。"（精神训）凡此皆道家无

---

① 按《庄子·盗跖篇》云："目欲视色，耳欲听声，口欲察味，志气欲盈，声色滋味权势之于人，心不待学而乐之，体不待象而安之，欲恶避就，固不待师，此人之性也。"《列子·杨朱篇》云："恣耳之所欲听，恣目之所欲视，恣鼻之所欲闻，恣口之所欲言，恣体之所欲安，恣意之所欲行，夫耳之所欲闻者音声，而不得听，谓之阏聪。目之所欲见者美色，而不得视，谓之阏明。鼻之所欲向者椒兰，而不得嗅，谓之阏颤。口之所欲道者是非，而不得言，谓之阏智，体之所欲安者美厚而不得从，谓之阏适。意之所欲为者权逸，而不得行，谓之阏性。"凡此皆纵欲说也。

欲之说也。① 李习之曰："人之所以惑其性者、情也，喜怒哀惧爱恶欲七者，皆情之所为也。"（复性书上）又曰："心寂不动，邪思自息；惟性明照。邪何由生；如以情止情，是乃大情也；情互相止，其有已乎。"（复性书中）又曰："情者、妄也，邪也，邪与妄，则无所因矣；妄情灭息，本性清明，周流六虚，所以谓之能复其性。"（同上）周濂溪曰："无欲固静。"（太极图说注）又曰："一者、无欲也；无欲则静虚动直。"（通书二十）又曰："养心不止于寡焉而存尔；盖寡焉以至于无，无则诚立明通，诚立贤也，明通圣也。"（养心亭说）程伊川曰："人虽有意于为善，亦是非理，无人欲即皆天理。"又曰："先王制其本者，天理也；后人流于末者，人欲也。损之义，损人欲以复天理而已。"又曰："学莫贵于思，唯思为能窒欲；曾子之三省，窒欲之道也。"（语录）朱晦翁曰："人只有个天理人欲，此胜则彼退，彼胜则退，无中立不进退之理。"又曰："圣人千言万语，只是教人存天理，灭人欲。"（语类）又曰："本体实只一天理，更无人欲；故圣人只说克己复礼，教人实下工夫；去却人欲，便是天理。"（答吴斗南）王文成曰："圣人述六经，只是要存天理，去人欲。"（传习录徐爱记）又曰："此心无私欲之蔽，即是天理；天理人欲不并立，安有天理为主，人欲又从而听命者。"（同上）又曰："圣人之所以为圣，只是此心纯乎天理而无人欲之杂。"（薛侃记）钱绪山曰："古人以无欲言微，道心者、无欲之心也；研几之功、只一无欲，而真体自著。"（答罗念庵）王龙溪曰："古人立教，原为有欲设；销欲正所以复还无欲之体，非有所加也。"（抚洲拟岘台会语）李二曲曰："存理克欲，克而又克，以至于无欲之可克，以至于无理之可存；欲理两忘，纤念不起。"（二曲集学髓）凡此皆儒家无欲之说也。世或谓宋儒始主无欲，盖阴袭道家之言；其实李习之已主无情，殆与斯多噶派冥契；而儒家之无欲，自与道家之无欲有别。道家去欲以存神，儒家去欲以存理；所去同，所存不同，斯亦豪厘之辨已。

———

① 按《淮南子》固杂家，而其无欲之说，实道家言。

中土之寡欲说

此说以为欲难绝无，寡之而已；欲既生、则克之，欲将生、则窒之。恬以养性，其欲自少；偶遇物诱，止乎礼义。盖以多欲为戒者也。易曰："山下有泽损，君子以惩忿窒欲。"六韬曰："义胜欲则从，欲胜义则凶。"管子曰："日益之而患少者、惟忠，日损之而患多者、惟欲。"（枢言）孔子曰："富与贵、是人之所欲也，不以其道得之，不处也。"（论语里仁篇）又曰："克伐怨欲不行焉，可以为难矣。"（宪问）孟子曰："养心莫善于寡欲；其为人也寡欲，虽有不存焉者寡矣；其为人也多欲，虽有存焉者寡矣。"（尽心下）又曰："生亦我所欲，所欲有甚于生者，故不为苟得也。"（告子上）又曰："无为其所不为，无欲其所不欲，如此而已矣。"（尽心上）又曰："欲贵者，人之同心也，人人有贵于己者，弗思耳。诗云：既醉以酒，既饱以德，言饱乎仁义也，所以不愿人之膏粱之味也；令闻广誉施于身，所以不愿人之文绣也。"（告子上）宋子曰："人之情欲寡，而皆以己之情为欲多，是过也。"（引见荀子正论）凡此所论，皆主寡欲；而孟子之言，尤为深切著明。后儒或谓寡欲以工夫言，寡之又寡，以至于无，斯复其无欲之本体。或谓寡欲云者，明乎欲不可无，在善导之而已。一则强合无欲之说，一则牵附导欲之说，均非孟子本旨也。宋子之言，又微与孟子有别；欲寡者，谓所欲本寡也；寡欲对多欲言，患其多，乃寡之也；要之皆以寡为的耳。明梁汝元云："孔孟之言无欲，非濂溪之言无欲也。欲惟寡则心存，而心不能以无欲也。欲鱼、欲熊掌，欲也；舍鱼而取熊掌，欲之寡也。欲生、欲义，欲也；舍生而取义，欲之寡也。欲仁非欲乎？得仁而不贪，非寡欲乎？从心所欲非欲乎？欲不逾矩，非寡欲乎？此即释氏所谓妙有乎？"（引见黄梨洲泰州学案序录）斯则供寡欲之辞，拨无欲之说，实杂糅择欲节欲两义，以附会所谓妙有，徒逞诡辩，言尤淆乱矣。

中土之节欲说

此说以为欲无高下，过乃成恶；譬如食取疗饥，过饱则病；衣取御寒，过热则狂；但使度量适合，斯为善矣。盖绝之纵之，两非所取，而以节制为契于中道也。荀子曰："人生而有欲，欲而不得，则不能无求，求而无度量分界，则不能不争，争则乱，乱则穷。先王恶其乱也，故制礼义以分之，以养人之欲，给人之求；使欲必不穷乎物，物必不屈于欲，两者相持而长，是礼之所起也。"（礼论）又曰："欲过之而动不及，心止之也；心之所可中理，虽多奚伤于治。欲不及而动过之，心使之也；心之所可失理，则欲虽寡，奚止于乱。（中略）虽为守门，欲不可去；虽为天子，欲不可尽，欲虽不可尽，可以近尽也。欲虽不可去，求可节也。（中略）道者，进则近尽，退则节求，天下莫之若也。"（正名）吕览曰："天生人而使有贪，有欲，欲有情，情有节；圣人修节以止欲，故不过行其情也。故耳之欲五声，目之欲五色，口之欲五味，情也；此三者、贵贱愚智贤不肖欲之若一，（中略）圣人之所以异者、得其情也。"（情欲）又曰："凡生之长也、顺之也，使生不顺者欲也，故圣人必先适欲。"（高注适，犹节也，见重已篇）小戴礼乐记曰："人生而静，天之性也；感于物而动，性之欲也。物至知知，然后好恶形焉；好恶无节于内，知诱于外，不能反躬，天理灭矣。夫物之感人无穷，而人之好恶无节，则是物至而人化物也；人化物也者、灭天理而穷人欲者也。（中略）是故先王之制礼乐，人为之节。[1] 又曰："乐者、乐也，君子乐得其道，小人乐得其欲；以道制欲，则乐而不乱，以欲忘道，则惑而不乐。"（亦见荀子乐论）董生春秋繁露曰："故圣人之制民，使之有欲不得过节，使之敦朴不得无欲；无欲有欲各得以足，而君道得矣。"（保位权）桓范世要论曰："修身治国之要莫大于节欲，俭者节欲，奢者放情，放情者

---

[1] 按淮南子道应训亦有人生而静诸语。

危，节欲者安。”凡此皆主节欲，而荀子之言最著。陆象山疑乐记所云，非圣人之言；谓人亦有善有恶，天亦有善有恶；岂可以善皆归之天，恶皆归之人。（见全集卷三十五语录）罗整庵则辨之曰：“象山从而疑之、过矣，彼盖专以欲为恶也。夫人之有欲，固出于天，盖有必然而不容已，且有当然而不易者；而皆合乎当然之则，夫安往而非善乎？惟其纵情恣欲而不知反，斯为恶尔。先儒多以去人欲、遏人欲为言，盖所以防其流者不得不严，但语意似乎偏重。夫欲与喜怒哀乐，皆性之所有者，喜怒哀乐又可去乎？”（困知记卷下）又曰：“七情之中、欲较重；盖惟天生民有欲，得之则喜，逆之则怒，得之则乐，失之则哀；故乐记独以性之欲为言，欲未可谓之恶，其为善为恶，系于有节与无节尔。”（困知记卷上）然象山固自谓天理人欲各有善恶，正不肯专以恶归之欲；虽致疑于理欲之分，实未尝以节欲为非；而整庵所言，转若类乎荀子矣。孟子有言：“口之于味也，目之于色也，耳之于声也，鼻之于臭也，四肢之于安佚也，性也；有命焉。君子不谓性也。”（尽心下）戴氏震释之云：“命者、限制之名，言性之欲不可无节也。节而不过，则俾乎天理；非以天理为正，人欲为邪也。天理者、节其欲而不穷人欲也。是故欲不可穷，非不可有；有而节之，使无过情、无不及情，可谓之非天理乎？”（见孟子字义疏证）阮氏元亦说之云：“孟子所有命焉，君子不谓性也；即乐记反躬节人欲之说也。欲生于情，在性之内，不能言性内无欲。欲不是善恶之恶，天既生人以血气心知，则不能无欲；欲在有节，不可纵，不可穷。”（见性命古训）二氏均以为孟之寡欲，即荀之节欲，故其言如此，实则寡欲者不止于节，节欲者不至于寡，两说本难强同，乌可并为一谈乎？

中土之择欲说

此说以为欲有善有恶，斯有利有害，善者伸之，恶者抑之；利者取之，害者舍之；贵知择焉尔。盖择欲又与节欲不同也。墨子曰："为、穷知而懥于欲也。（经上）骚之利害未可知也，欲而骚，是不以所疑止所欲也，墙外之利害未可知也，趋之而得刀、则弗趋也，是以所疑止所欲也。"（经说上）又曰："无欲恶之为益损也，说在宜。（经下）若识廪与鱼之数，惟所利无欲恶；伤生损寿，说以少适，①是谁爱也，尝多粟或者欲有不能伤也，若酒之于人也。"（经说下）吕览曰："所谓全生者、六欲皆得其宜也，所谓亏生者、六欲分得其宜也，所谓迫生者、六欲莫得其宜也。"（见贵生篇）又曰："今有声于此，耳听之必慊，已听之则使人聋，必弗听；有色于此，目视之必慊，已视之则使人盲，必弗视；有味于此，口食之必慊，已食之则使人喑，必弗食；是故圣人之于声色滋味也，利于性则取之，害于性则舍之。"（本生）又曰："耳虽欲声，目虽欲色，鼻虽欲芬香，口虽欲滋味，害于生则止在四官，不欲利于生者则弗为；耳目口鼻不得擅行，必有所制。"（贵生）凡此皆谓欲有利有害，欲得其宜，则可以全性养生，欲不得其宜，则足以迫生损寿，盖择欲说之至明者矣。孟子尝言："可欲之谓善。"张横渠亦云："明善必明于未可欲之际。"程伊川亦云："乾、圣人之分也，可欲之善属焉。"有问张南轩者曰：刚仲尝谓孟子言可欲、非私欲之欲也，自性之动而有所之焉者耳。于可不可之间，甚难择；姑以近者言之，如饮食男女、人之所大欲，人孰不欲富贵，亦皆天理自然，循其可者而有所之。如饥而食，渴而饮，以礼则得妻，以其道而得富贵之类，则天理也；过是而恣行妄动，则非天理矣；孟子所谓善，岂指天理而言与。南轩答之云："先于敬用功之久，人欲浸除，则所谓可者益可得而存矣；若不养其源，徒欲于发见之际，辨择其可不可，则恐纷扰而无日新之功也。"（南轩答问）胡五峰曰："天理人欲，同体而异用，同行而异情；进修君子，宜深别焉。"（知言）方本庵曰："有欲中之理，有理中之欲，非致知者孰能识之。"（心学宗）吕心吾曰："有天欲，有人欲；

---

① 适本作达，依孙贻让墨子闲诂改。

吟风弄月，傍花随柳，此天欲也。天欲不可无，无则寂；人欲不可有，有则秽；天欲即好的人欲，人欲即不好的天欲。"（呻吟语）之数子者、皆谓欲有可不可，欲之可者即天理；然而择欲之鹄，在成德不在全生，而所以择之者、在善恶不在利害；斯则又与墨子及吕览之择欲说有别也。

中土之导欲说

此说以为欲出天性，与生俱来，本质原无善恶，视达之之术如何耳。达之得其道，虽多亦善；达之不得其道，虽寡亦恶；增进所欲，亦属本能；因势利导，自可渐入正轨；节抑奚为哉？斯盖极似进化论家之言已。荀子曰："凡语治而待去欲者，无以道欲而困于有欲者也；（道与导同）凡语治而待寡欲者，无以节欲而困于多欲者也。有欲无欲、异类也，生死也，非治乱也；欲之多寡，异类也，情之数也，非治乱也。欲不待可得，而求者从所可；欲不待可得，所受乎天也；求者从所可，受乎心也。"（正名）又曰："性者、天之就也，情者、性之质也，欲者、情之应也。以所欲为可得而求之，情之所必不免也；以为可而道之，知所必出也。"（同上）又曰："古之人为之不然，以人之情为欲多而不欲寡，故赏以富厚而罚以杀损也；是百王之所同也。故上贤禄天下，次贤禄一国，下贤禄田邑，愿悫之民完衣食；今子宋子以是之情为欲寡而不欲多也，然则先王以人之所不欲者赏，而以人之所欲者罚邪？乱莫大焉。"（正论）吕览曰："天子、至贵也，天下、至富也，彭祖、至寿也，诚无欲，则是三者不足以劝；与隶、至贱也，无立锥之地、至贫也，殇子、至夭也，诚无欲、则是三者不足以禁。故人之欲多者，其可得用亦多；人之欲少者，其可得用亦少；无欲者不可得用也。人之欲虽多，而上无以令之，人虽得其欲，犹不可用也；令人得欲之道，不可不审矣。"（为欲）又曰："蛮夷反舌殊俗异习之国，其衣服冠带宫室居处舟车器械声色滋味皆异，其为欲使一也。三王不能革，不能革而功成者，顺其天也；桀纣不能离，不能离而国亡者，逆其天也。（中略）故古之贤王、审顺其天而以行欲，则民无不令矣，功无不立矣。"（为欲）夫荀子原主节欲，吕览兼主择欲；而又各持导欲之说者，殆为凡民发耳。后儒畅发其旨者，为东原戴氏。其言曰："禹之行水也，使水由地中行；君子之于欲也，使一于道义。治水者徒恃防遏，将塞于东而逆行于西，其甚也决防四出，泛滥不可救。自治治人、徒恃遏御其欲亦然，能苟焉以求静，而欲之蔪抑窜绝，君子不取也。"（原善上）又曰："性譬则水也，欲则水之流也，节而不过，则为依乎天理，为相生养之道；譬则水由地中行也。穷人欲而至于有悖逆诈伪之心、有淫佚作乱之事，譬则洪水横流，泛滥于中国也。圣人教之反躬，以己之加于人，设人如是加于己，思躬受之情；譬则禹之行水，行其所无事，非恶泛滥而塞其流也。恶泛滥而塞其流，其立说之工者且直绝其源，是遏欲无欲之喻也。"（孟子字义疏证）观其辞，似主节欲；揆其意，实主导欲；以此治人固可，以此自治、则不流于纵欲者鲜矣。

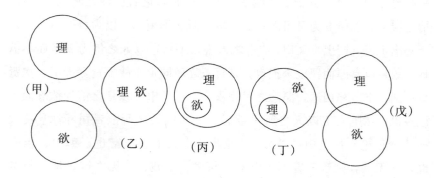

理欲之真谛

综观中土论欲诸说：无欲尚已，寡欲之制限颇严，节欲次之，择欲又次之，导欲则最宽，宽之极必漫无制限而流于纵欲；盖人之惰性使然耳。治人当以导欲为方，节欲为鹄，自治当以择欲为方，寡欲为鹄。无欲说陈义过高，势难期诸人人；然使化欲为理，其欲自无，譬犹冰释为水，斯有水无冰；非必无情无念，而后为无欲也。自来有主理欲两离者（如甲图），如程子言"人心即人欲，道心即天理"是已。[①] 有主理欲合一者（如乙图），如胡五峰言"天理人欲、同体而异用，同行而异情"是已。有主欲在理中者（如丙图），如朱晦翁言"天理人欲，分数有多少，人欲便也是天理里面做出来"是已。有主理在欲中者（如丁图），如王船山言"天理即在人欲之中，无人欲则天理亦无从发现"，（正蒙注）戴东原言"情之不爽失为理，理存乎欲"是已。有主理欲交相出入者（如戊图），如方本庵言"有欲中之理，有理中之欲"是已。[②] 五峰之说，吕东莱极以为然；同体异用，同行异情，殆即荀子所谓异状同所，二名一实。盖天理人欲、原无定名；天理而凝焉，即名为欲；人欲而化焉，即名为理。善乎刘蕺山之言曰："生机之自然而不容已者、欲也，欲而纵、过也，甚焉、恶也，而其无过不及者，理也。"（见全书卷七原心）天理人欲、同行而异情，故即欲可以还理。（见全书卷十学言上）"孰为有处，有水即为冰；孰为无处，无冰即为水。欲与天理虚直处，只是一个，从凝处看是欲，从化处看是理。"（文见黄梨洲通书笺注）同体异用之旨，得此益明矣。远西界欲字之义者，多谓欲为对于所想某事物之态度，某事物，即其鹄的，即其对象。而程伊川亦云："所欲不必沉溺，只有所向便是欲。"王心齐亦云："心所有向，便是欲。"

---

①　戴东原谓宋以来言理者，以为不出于理，则出于欲，不出于欲，则出于理，即属此种。

②　按既曰有欲中之理，则有欲外之理可知。既曰有理中之欲，则有理外之欲可知。

罗素则谓："欲为由不安蕲达于宁静之心状。"① 杜威则谓："欲为生物破障前进之活动。"② 芮蒙（G. L. Raymond）则谓："欲为对于活动之倾向，其活动乃人所固有而发自内。"③ 要之，欲也者，吾人生理上心理上对于事物之自然冲动，理则欲之流行有条理，藉思与智而合乎当然之法则者也。夫欲之类亦繁矣，自所欲之对象别之：则饮食、衣服、声色、货利，为物质之欲；知识、威权、功名、德业、及结交合群，为精神之欲。④ 自能欲之状态别之：则伴有可达所蕲之信心者、为有觉之欲，（conscious desire）非然者、为无觉之欲（unconscious desire）。⑤ 自发欲之原泉别之：则下等者、为身之欲（desire of the boody），高等者、为心之欲（desire of the mind）。⑥ 身欲正与物质之欲相当，心欲正与精神之欲相当，而身欲心欲亦各分有觉无觉。身欲不可纵，未始不可节也；心欲不可绝，未始不可导也。择之于先，寡之于后，欲化为理，终归于无，则诸说皆可通焉。杜威、芮蒙均认人类之欲含有思想，而芮氏谓：身欲以思想隶于体魄上之情感，心欲以情感隶于心理上之思想；身欲未尝无智慧，心欲未尝无感觉；身欲之可变为心欲，实藉思想之力。⑦ 凡所论列，颇足印证蕺山化欲为理之言；盖身欲固欲，心欲即理，二者异等而非异类（different in degree but not in kind）也。主张唯理说者，以为理纯属法式，全离欲而独立。（如康德是）反对唯理说者，以为理乃欲之仆，欲有鹄而后理始定达之之步骤。⑧ 杜威则两非之，以为"热烈浓厚之欲往往集中于唯一观念，而不广加考虑，理则予

---

① 见《心之分析》初版页75。
② 见1922年出版之《人性与行为》页249。（*Human Nature and Conduct*，p. 249.）
③ 见《伦理与自然律》初版页5（*Ethics and Natural Law*，Ist Ed，p. 5.）
④ 参阅杜威《伦理讲演纪略》页451。
⑤ 见《心之分析》初版76页。
⑥ 见芮蒙《伦理与自然律》初版页2，页38。
⑦ 见同书页7，页39。
⑧ 牛津大学有贾德（C. E. M. Joad）者，持是说最力，见1921年出版之《常识伦理学》（*Commonsense Ethics.*）。

吾人以冷静博大明通公溥之审察。"殆视理若欲之导师焉。① 其评禁欲说曰：禁欲主义特论理之结果，而德性之消极概念耳。一切积极之满足，自由之成就，悉除而去之；道德乃降而唯倾向罪恶之物诱是抗。顾徒恃"勿为"之禁令而反对"有所为"，适以增长凡所不为之事之势力，而减杀他种动机之影响；此心理所昭示。昔之僧侣及清教徒，谢绝一切积极大有造于人之正鹄；而其下等嗜欲之气焰反因以大张，而其跃跃欲试之怀抱反因以大奋；斯亦有史足征矣。② 夫不积极为善，而徒消极不为恶，诚禁欲之流弊；然人必有所不为，而后可以有为；人必有所不欲，而后可以有欲；若明乎化欲为理之义，尚何流弊之有哉。③

---

① 参阅杜威《伦理学》页 308～311，及《人性与行为》页 254～255。

② 见杜威《伦理学》页 366～367。

③ 佛洛特有所谓压抑作用，例如一种心理冲动本属觉识系统，但被抑而降入潜识系统；又如潜识之心理冲动临识阈之前，辄为检举作用所拒，乃不得阑入觉识系统；此禁欲节欲之一法也。有所谓移升作用；例如色欲冲动异常富于弹性，能变换其对象，放弃从前满足生殖欲之鹄的，采取一种社会性之鹄的，而社会性鹄的乃提升在色欲鹄之之上，此择欲导欲之一法也。又有所谓解析作用，亦谓之合理化作用，例如色欲本能始终以追求满足为鹄的，自我本能初亦如此，但因受实际需要之影响，立知以唯实原则代唯乐原则；自我受此种训练后，乃成为合理者。又如在觉识状态中用缜密思想分析所有之矛盾，加以省察，唤起潜识内沉埋之冲动，使与原有相反之思想融会调合，而内心矛盾爽然自失，县趋于合理化，斯则化欲为理之法矣。（参看高译《精神分析论》第三篇第二讲及 E. B. Holt, *The Freudian Wish and its Place in Ethics*. CH. Ⅲ）

第十二章
直觉与良知

直觉之同乎良知

直觉（intuition）一词，厥有数义，用之者各殊：一、直觉者，道德之直接知识，非由推理思议而得之者也，吕德（Reip，1710～1796）耿伯兰（Cumberland，1632～1718）用斯义焉。[1] 二、直觉者，道德之直接判断，而无待于推论者也，薛几微用斯义焉。[2] 三、直觉者，道德之先天知识，而非得自经验者也，佘慈用斯义焉。[3] 四、直觉者，知力所由直接及于对象，而以一切思惟之端为作用者也，康德用斯义焉。[4] 五、直觉者，同情也，本能也，自觉而超乎利害，映对象而能扩大无垠者也，柏格逊用斯义焉。[5] 六、直觉者，外乎知觉之形式，异乎智慧之对象，乃吾心直接对于实有之领会而适如其真者也，韦登迦用斯义焉。[6]

---

[1] 据柯琅琳《伦理科学》章一五，页 489 所述。
[2] 见《伦理学涂术》章八，节一，页 97。
[3] 见《伦理学原理甄微》章一，节七，页 20。
[4] 见海渥德（F. Haywood）所译《纯理批判》部一，页 21。
[5] 参照《创化论》英文译本 186 页，及中文译本 187 页，按张译以自觉（self concious）作内省，脱下半句。
[6] 见《变易哲学》（*The Philosophy of Change*）章二，页 21～22。

前三义属伦理学范围，后三义属玄学范围，说解虽若纷歧，而直接
（immediate or direct）一训，实多从同。就主观言，曰直觉，就客观言，
曰自明。（self-evident）然则伦理学上，所谓直觉者，亦对于道德上自
明之事实或原理，具有直接认识云尔。直觉，不学不虑，义与良知正
同，罗近溪云："良字训作易直。易也者，其感而遂通之轻妙处也，原
不出于思量。直也者，其发而即至之迅速处也，原难与以人力。所以良
知谓之不虑，良能谓之不学，却是虑与学到不得的去处也。"（盱坛直
诠）善哉斯言，固良知之确诂，亦直觉之真诠矣。[①]

直觉良知之异乎知觉内省

康德于纯理批判（critique of pure reason）中，分直觉为两种：藉
感觉以谛察对象者，曰"经验直觉"，（empirical intuition）属于感性之
纯粹形式，而为先天者，曰"纯粹直觉"。（pure intuition）于实理批判
（critique of practical reason）中，则以为直觉恒不外乎感性，纯理之分
析，固发端于直觉，实理之分析，初于直觉无与。[②] 柏克逊亦分直觉为
两种：其所谓"感官直觉"，（sensuous intuition）殆赅括康德之经验直
觉与纯粹直觉，其所谓"超智直觉"，（supra-intellectual intuition）则为
康德所不承。[③] 韦登迦力申柏氏超智直觉之说，以为直觉非知觉（per-

---

① 按良字训甚训善，均不若训易直为谛，良知即直觉，以知言，良能即本能，以行言，举
良知斯摄良能，举直觉斯摄本能，此知行之所以合一也。英国勒格博士（Dr. Games
Legge）于孟子译良知为 Intuitive Knowledge 近是矣。美国衡克教授（Prof. F. G. Henke）
于阳明传习录译良知为 the intuitive knowledge of good 增一善义，未免蛇足。
② 详见孙帕尔选译之《伦理玄学》一书篇二，章三，页130。
③ 按张译《创化论》380页有"但康德不承直觉有两种之别"句，予读而疑之，及检米辄
尔英文译本 381 页，乃知实作 But this duality of intuition Kant neither would nor could
admit 意谓康德不承直觉有此二种之对立耳，康德固自有所谓二种之别者在也。此字仍
不可省。

ception）亦非内省。（introspection）尝辨之云："知觉亦为直接对于物象之识认，似较推理为近于直觉矣。然知觉为时空所限，杂糅于概念而不纯，复合乎觉尘（the combined data of different senses）而非一，而直觉不尔也。① 内省为对于吾心动作之注意，似较知觉为更近于直觉矣。然内省析一己心境，为种种固定之对象，而加以观察，名内省而实外观，（external observation）而直觉适与之相反也。② 直觉之为用，可藉同情而投入生命之内，使我与之为一，因以识其流动之相，③ 其见夫实有也，简易不二，变动不居，未始凝为概念，未始域于时空，其昭示于吾人者，非已然，非将然，乃现在之适然。（the intuition shows us what is，not what was，not what will be.）盖分析法所得，皆过去者，未来者，直觉所得，则为现在之实有，而现在亦不过已往未来间一线之界耳。"④ 按直觉之用为现成，直觉之相为现得，不唯类乎良知，亦且近于现量，"感官直觉"犹中土所谓闻见之知，正与天竺所云前五识之现量相当，"超智直觉"犹中土所谓德性之知，正与天竺所云第八识中之现量相当。⑤ 王文成谓："德性之良知，非由于闻见，而见闻莫非良知之用"，⑥ 似犹不屏见闻于良知之外。欧阳德以知恻隐、知羞恶、知恭敬、知是非，为良知；知视、知听、知言、知动，为知觉；（见南野论学书）王龙溪以德性之知为求诸己，为良知；闻见之知为务于外，为知识；⑦ 于是所谓良知者，乃外乎见闻知觉而言。而刘蕺山谓："本觉之觉，无所起而自觉，要之不杂独位者近是。"⑧ 则以良知为吾心独

---

① 见《变易哲学》页22～24。

② 见同书页32～33。

③ 见同书页32。

④ 见同书页28。

⑤ 寻窥基因明论疏卷一小注云：现量有二类，一定位，二散心，定心澄湛，境皆明证，随缘何法，皆名现量，一切散心，若亲于境，寞得自体，亦皆现量。

⑥ 《阳明文集》卷三，答欧阳崇一书。

⑦ 见《龙溪全集》水西同志会籍，按此所谓知识，犹云智慧。

⑧ 《刘子全书》卷六证学杂解。

自体验之本觉，又与内省有别。龙溪尝云："先师提出良知二字，正指见在而言，① 见在则无将迎而一矣。"② 钱绪山亦云："格物之学，实良知见在功夫，先儒所谓过去未来，徒放心耳。"（与陈南湖书）盖良知不将过去，不迎未来，但体验现在，现在之良知，即现在之直觉，惟其为现在，斯其所以为直接也。然领会宇宙之实在，直觉固全超乎智慧，谛察道德之事象，直觉亦半存于感官，专就伦理言之，德性见闻似未可偏废，而伦理学上之直觉派，且有认良心为直接知觉之官能者，则亦乌可一概而论耶？

直觉说之派别

直觉或谓之良心作用。惟良心义有广狭，以广义言之，良心不过道德觉识之别名，直觉说所谓良心，则专指直接判断善恶之能力而言，与通常所谓良心大异，而此特别能力，或名道德官，或名理性，实即直觉耳。主直觉者之言曰："道德之事实，自明之事实也，其善恶可立断也；道德之原理，自明之原理也，其是非可立判也。善恶是非、即存于事实原理之中，无须求其故于外，例如诈欺之为恶，博爱之为善，世人见辄知之，至问其何以为善为恶，则转致瞀惑。盖诈欺之不当行，直以其诈欺故耳，博爱之当行，直以其博爱故耳，非博爱诈欺外别有当行不当行之理由存也。若犹不足于此而别求其故，则何以异于骑驴觅驴乎？"是说也，殆以直觉为吾人道德觉识中所具直接判断善恶之能力，不虑而知，不思而得，亦简易，亦直捷，盖直觉即至善之所在已。直觉说固有超乎理性以立言者，而泰半则所谓温和理性说也。粗别之第有二：谓直

① 全集东游会语。
② 语载《明儒学案》卷十二。

觉不独可知道德上自明之原理，且可判断——行为之善恶而不谬者，为特殊直觉说（particular intuitionalism），谓直觉但可施于道德上一般之原理，而不得用以判断——行为之善恶者，为普泛真觉说；（universal intuitionalism）细别之复有五：曰知悟直觉说，（perceptional intuitionalism）曰常识直觉说，（common sense intuitionalism）曰冲动直觉说，（intuitionalism of moral impulse）曰美感直觉说，（aesthetic intuitionalism）曰哲理直觉说。（philosophical intuitionalism）知悟、常识、哲理三说皆直觉说之正宗，而冲动、美感二说其别派也，爰次第述而论焉。

知悟直觉说

此说亦名极端直觉说，（Ultra-intuitionalism）以为特殊行为之正邪，恒可直接知之，良心乃道德判断之官能，其判断至可信赖，任何特殊事例当前，吾但恃吾良心以为判断，无庸藉通则而为推理，或竟反乎籀自通则之结论，亦所不顾。[①] 盖即上所谓特殊直觉说也。麦噶什（G. McCash，1811～1894）曰："孩提初无成熟之道德观念，而其嘿会一种行为也，辄能道其为善为恶，是嘿会——事象，固直觉之特性也。"[②] 又曰："良心类乎感官，其性具有识认之力，能举事物品质，以揭示吾前，而人己意态之善恶，亦靡不令吾知焉。"[③] 曼塞尔（H. L. Mansel，1871）曰："吾有一事于此，当行之之时，而自觉其非者，是良心直接所示之判断也；其他同类之事，无论出自何人何时，而皆不得不认为非者，是由推理而来之判断也。良心判断，不啻道德思想

---

① 据薛几微《伦理学涂术》篇一，章八，节二，页99～100。
② 见《心之直觉》（*Intuitions of the Mind*），页31～32。
③ 见同书页286。

所表现之条件，而具有先天性，在一事为然，在他事亦莫不然也。"①
又曰："道德上之直接知觉（intuitive perception），不得扩至吾一己之
行为以外，盖直接得识认义务之律令，与夫意愿之从违者，惟限于一己
而已。"② 之二子者：一以为良心并知他人行为之善恶，一以为良必徒
识自己行为之是非，范围似有广狭之殊，而其为知悟直觉说则同矣。虽
然，知觉果足以尽直觉邪？直觉果足以尽良心邪？道德上特殊行为之善
恶，果皆不待推证而自明邪？直觉对于特殊行为之判断，果能一一悉合
于理邪？信如极端直觉派所言，则吾人躬行实践，可以绝无疑虑，而研
治伦理，亦可以一扫科学程式而空之，宁非至易至快之事？而无如实际
不尽尔尔也。夫直觉非仅等于知觉，已如上述，而良心亦非徒直觉之
谓。通常所谓良心判断，如决狱讼，须先以事实求诸律例，然后可断其
合法与否，其间正有推理程序存焉。恒人平居已习闻道德通则于父母师
友，及其所属之社会，一遇某种行为，遂能据通则以断其善恶，先推而
后断，似顿而实渐，岂得谓此纯属直觉乎？且道德上特殊之行为，恒
应乎特殊之情境，事变万端，善恶繁然，直觉笼统，讵能无误？即令
行为同一情境，有吾以为善，彼以为恶者，即令判断同出一人，有昨
以为是，今以为非者，岂直觉本因人因时而异与？抑其对于行为之判
断，未免有所矛盾与？柏格逊有言："辨证法所以核直觉之诚妄，且
可析直觉为概念以晓他人，哲学家因是不得不暂舍直觉，而从事于概
念之推理。及一旦自觉失据，必复归于直觉，而立改曩之所为。辨证
法仅能使吾人之思想无矛盾，虽原理唯一，而各人所见，仍不免歧
异。若直觉能支持稍久者，则不唯哲学家一己之思想，不致自相矛
盾，即一切哲学家之说，皆可互相融会。"③ 然直觉现于一瞬，持久殊
难，道德上之通则原理，或可藉是而得一致之了悟，非所语于特殊之行

---

① 见《觉识哲学》页 164，（*Metaphyics or the Philosophy of Consciousness*，p. 164）。
② 见同书页 168。
③ 参照《创化论》英文译本页 251～252，及中文译本页 257～258。

为也，非极端直觉派所得藉口也。使徒有散著之特殊事实，而无通则原理为依据，则亦安所用其融会耶？

常识直觉说

是说亦名独断直觉说（dogmatic intuitionalism），以为：吾人能以至明极确之直觉，识认一定之通则（general rules），而此通则即伏于恒人之道德判断中。恒人之于通则也，亦粗能表而出之，举而措之，虽欲其言之准确，必须嘿会抽象之道德观念，行著习察而后可。故道德职在养成此种心习，使断案有系统可寻，且藉定义说解，以免混淆牴牾之弊焉。① 盖此为溥泛直觉说之一种，苏格兰派吕德斯蒂华辈为之中坚，而英格兰之卜莱斯（Richard Price，1723～1791）惠微尔（William Whewell，1791～1866）实始终之，乃反抗侯谟之经验主义而起者也。卜莱斯认"道德观念，原于真理之直觉，物性之顿悟，是非善恶，乃至简之观念，不能再加分析，正云，适云，宜云，义云，其观念皆欣合而同一，公正诚信之当行，但诉诸常识，而不必叩诸理智。"盖不啻常识学派之前驱矣。② 吕德列举常识所可直觉之原理凡五：（一）曰善宜舍小而取大，恶宜舍大而取小。（二）曰人宜顺自然之趋势而行（如男女之生同数当行一夫一妻制是）。（三）曰人非徒为一己而生，当存心于博爱。（四）曰是非不得因人因地而有异。（五）曰敬事神明，必诚必恪，尝谓："吾人当宁静无扰时，但听命于良心，便足辨行为之是非。"则其重常识，而轻科学法式，亦可见也。③ 斯蒂华判理性为二类：一曰省察之理性，一曰直觉之理性；以为："凡善恶、正不正、当为不当为云云，

---

① 据《伦理学涂术》篇一，章八，节三，页101。
② 本薛几徽《伦理学史大纲》章四，节二，页224～226。
③ 本同书章四，节一二，页230。

与夫一切道德之观念，皆此直觉之理性所造出。人之爱真实、好忠信、重然诺、喜诚悫、乐公正，皆出于本心之自然，未尝计及效果之如何。”盖所重在直觉，而不在省察也。① 惠微尔根据道德上最高之理性，立仁、公、礼、信、贞（benevolence，justice，order，truth and purity）五德，与生命、财产、政府、契约、婚姻，五事相应；以为：“履此五德而行，斯为义务，为义务而行义务，斯为道德。”盖以是五者，为直觉之原理也。② 要之常识派以为所可直觉者，乃道德上普通之原理，非道德上特殊之行为。行为之善恶，须视其合于原理与否以为断，其说自较知悟派为胜矣。然常识派所谓原理，不过为合于公共心理之数种通则，尚非根本唯一之原理，迨以其通则施诸事实，往往难得剀切详明之意义。今夫“人各得其所应有”，公之谓也。而物归先占，产遗长子，劳役之值，定于竞争，果公乎？今夫“不妄语”，诚之谓也，而法庭抗辨，神道设教，权变应敌，机密是守，果可以言而必信乎？常识派于此，不能有精确之界说，详审之推论，徒以通常觉识中之抽象名词，重为之训，而遽执二三通则，为最终之前题，其独断态度，亦适以滋人之惑而已。且道德通则，亦唯于个人主观上为直觉者耳。凡一民族、一社会之道德觉识，结晶于个人，个人类能于主观方面直觉之，若以客观方面言，道德觉识有变迁，道德通则亦有变迁，通则虽为个人所直觉，实由历代种族适应生活情境之经验而来。常识派徒执通则为武器，不几于授经验主义家以矛，而承之以盾邪？薛几微曰：“常识主义可以稍稍调和各种思想之冲突，不足以阐发明通公溥之大例，可以予恒人以日常实行之指导，不足以完成直觉伦理学之系统。”③ 非过论也。

---

① 参照杨译《伦理学史》篇四，章三，及薛氏《伦理学史大纲》章四，节一三，页233。

② 见《伦理学史大纲》页233～234。

③ 见《伦理学涂术》篇三，章一一，节九，页351。

美感直觉说

是说以为"道德判断、美术品评，同属直觉之事，行为之可认为善者，必其可认为美者也，行为之可认为恶者，必其可认为不美者也，美与善，皆和之谓也。善美合一，不可思议，审美而有思议，则美立逝，好善而有思议，则善立失，善美之观念，均得自思议未起以前，则直觉是已。"德之施勒（Schiller，1759～1805）海巴脱（Herbart，1776～1841）英之夏甫伯里（Shaftesbury，1671～1713）哈企苏（Hutcheson，1694～1747）皆此派之钜子也。施勒曰："感官之要求，与理性之要求，共调和于一定条件之下，故美之条件，亦即为德之条件。"海巴脱曰："鉴赏为吾人精神生活中不可少之本来事实，心官必须完全领会所有种种同质相剂相调之关系，而美刺是非之判断，即起于是焉。"① 夏甫伯里曰："凡美者，必和而匀，凡和而匀者，必真，凡立觉其美而真者，其结果必善可悦。② 美以外，殆无实在之善矣。"③ 哈企苏曰："良心根乎天性，为感官之最神圣者，凡吾情感言行之和美都雅与否，率由是而知之；良心所俞，乃谓之正，谓之美，谓之德，良心所咈，乃谓之邪，谓之陋，谓之恶。"④ 按夏哈二氏，均倾向功利主义，而同持道德感觉之论（moral sense theory），其直觉说，实近于知悟派。而海巴脱有所谓五大原理，为道德上判断之基础，曰自由，曰完全，曰善意，曰正义，曰平衡，则亦于常识派为近。所异者，特从美学上立论耳。虽然，美善果一致邪？审美果纯属直觉邪？物象之美，在其本质，（quality of the object）行为之善，在其外鹄。（extrinsic end）美之品评，发乎情感，善之判断，发乎意志。人或貌美而行恶，或貌陋而行高，或好德不

---

① 以上引见柯琅琳《伦理科学》页 499。
② 见《反省杂录》（*Miscellaneous Reflections*）篇三，页 183。
③ 见《道德家论》（*Moralists*）篇三，页 422。
④ 见《原性》（*On Humon Nature*）篇一，页 18。

如好色，或好美不如好善。然则美善之非完全一致明矣。审美者，必有一标准为之前题，姑无论其标准为主观，为客观，要必合于所谓标准者，始得断之曰美。顾标准非一，判断遂歧，同一画也，此以为美，彼乃以为不美，虽或由个人之好尚不同，或由宗派之家法有异，而好尚家法实亦原于一时一地之风气，以隐为鉴别平章之前题，有前题斯有推论，则审美之不纯属直觉明矣。美既非纯属直觉，更不足以证善之纯属直觉，主美感直觉说者不亦可以已乎？

冲动直觉说

是说以为：冲动发乎内而有差等，行为应乎外而有定型，一切冲动，高下互殊，视其位于何等，而道德之价值判焉。一种冲动之善恶，不在其本体，而在其对于他种冲动之关系，此高乎彼，则此为善，此下乎彼，则此为恶，善恶高下之辨，乃直觉所有事。① 马铁奴当功利学派极盛之后，见穆勒氏曾以快乐之高下，定行为之善恶，遂移其所谓高下者以衡冲动，而自护其动机论，于是始有冲动之直觉说。其言曰："决断之中，有取舍焉，取舍之中，有比较焉，比较之中，有同异焉。设非吾心立现两种不相容之冲动，迎其一而拒其一，则道德上之自觉，将无由起。行为而是也，乃适值下等冲动之并现，而从其高焉者也；行为而非也，乃适值高等冲动之并现，而从其下焉者也。② 凡所见高下之品，实非存于各单独事象，而存于两者之相为对偶，及其并合为一，则品且不存，高下更无从见矣。③ 道德价值起自两种冲动之同时并现，④ 其高

---

① 据柯琅琳《伦理科学》页503。
② 见《伦理学派别》卷二，篇一，章一，页43，页44，及章六页270。
③ 见同篇章一，页48。
④ 见同章页45。

下得由良心直接知之，良心为对于冲动等第之感性，为对于事理评判之知觉。① 理性则对于行为上动机之比较，而有自觉之领会者也。"② 观其所论，殆亦有近似知悟直觉说之点，惟推本冲动而第其高下，斯为不同耳。近人贾德新刊一书，曰常识伦理学，③ 其所谓常识，即经验之别名，取义盖别。书中摭拨道德感觉论派之旧直觉主义，而标榜穆诃博士之新直觉主义，④ 且盛引罗素氏冲动之说，以自张其军。其论直觉曰："价值之要素非一，要皆直觉所建立，直觉可以定值素之比例，示善鹄之程式，而无与于行为之是非。善（goodness）可欲、而别无所为，固得由直觉明之，是（righteousness）存乎结果、而有关于理智，则非直觉所能为役也。"⑤ 其论冲动曰："冲动者，无觉识之欲望也，欲望挽乎前，冲动推乎后。其实行为出于冲动者多，出于有觉识之欲望者寡，则行为之非尽有动机正鹄也明矣。"⑥ 其撮述罗素社会改造原理之言曰："'冲动有两种：创所未有者，谓之创造冲动，如美术之冲动是。据所已有者，谓之据有冲动，如财产之冲动是。创造之事物，得容无量数人共赏焉，据有之事物，仅容最少数人专享焉。创造可以相调和，吾所创，亦人之所得创；据有必至相冲突，吾所有，即人之所不得有。发展创造冲动，抑制据有冲动，此于社会制度上、个人生活上，均为至高之原理。'凡治实践伦理学者，皆不可不措意焉。"⑦ 按穆诃尝以穆勒之取舍判断为直觉判断，欲据以立快乐直觉说，⑧ 殆即贾氏所谓新直觉主义，而与马氏之说实相反。罗氏固反对直觉者，而其以创造冲动为高，据有冲动为下，则词意甚显，贾氏引其言，殆亦断章取义耳。今试取马贾两

① 见同章页 53。
② 见同章页 52。
③ 参阅《禁欲说》章注文。
④ 见《常识伦理学》章二，页 62。
⑤ 见同章页 64，页 63。
⑥ 见同书章五，页 108，页 111。
⑦ 罗氏说见其原书章八，页 234～237，《常识伦理学》章五，页 121，页 123 引之。
⑧ 见穆氏（Moore）《伦理学原理》（*Prinipria Ethics*）章三，页 79。

家之言而细核之，尤各有可议者；某种冲动，与某种行为相应，实际上至不易察，而冲动之等，亦势难遽辨，例如博爱正义两冲动，果孰能较其高下邪？况高下之分，标准无定，果使此属直觉，而判断以人殊，则又何也？至谓冲动善恶，视彼此之关系而定，似颇近于道德上之相对论，顾谎言为恶，徒以其破语言本能之律而已，岂真有关系于他种冲动乎？凡此皆马氏所不能自圆其说者也。夫冲动即本能之别名，其类甚繁，罗氏所谓创造据有二者，未足以括之。[①] 据有冲动诚下矣，然其本质，非必即恶，未始不可导之于善；设移吾据有财产之冲动、以据有道德知识，则吾之有，不害人之有，既以据此较人多，固善之至者。贾氏既知残忍冲动之用于解剖术，可以变为慈惠[②]，独不知据有冲动，亦可藉教育为转移邪？于彼则谓可变化，于此则谓当抑制，是自牾也。冲动说无哲学根据，未免予反对者以口实，贾氏亦自知之而自言之[③]，则姑舍是而述哲理直觉说可耳。

哲理直觉说

是说乃溥泛直觉说之陈义较高者，于大体上承认常识道德，而另为之求哲理之根据，立一二更属真实无妄、证明非诬之根本原理，以籀绎所有流行诸通则，或全容纳之，或微改正之，要为通则加以较深之诠释；盖原理衍而多焉，即通则，通则约而寡焉，即原理，常识派仅言其

---

① 按杜威谓："本然之活动兼具创造据有二性，以此分类，似便而实误。"盖正针对罗说，详见《人性及行为》部二，节五，页142～148。
② 见《常识伦理学》章五，页122。
③ 见同章页123。

当然，而此乃言其所以然也。① 哲理直觉说之起，实先于常识主义。治伦理学者多谓：是说发端于英格兰派喀德渥耿伯兰葛拉克之反抗霍布士，逮薛几微而几于大成。然意大利经院学派钜子阿奎纳已倡之于十三世纪，即法之辜异（Victor Cousin，1792～1867）亦尝微引其绪，而能发挥光大之者，则非今之柏格逊莫属矣。阿奎纳曰："人生自然律之信条，犹之科学证明上之最初原理，最初原理不待证而自明，故可以证他事；原理多而非一，故信条亦多而非一。"② 盖犹未约原理为至寡之数也。喀德渥曰："善恶之别，存乎客观，犹方之有南北，数之有正负，人得识之以理性，知之以直觉。其识知来自神之理，非来自神之意，故指导行为之道德命题，适如形学公理之恒久不变，神与人均不得任意移易之。"③ 其于原理之为多为寡，尚未明言焉。耿伯兰以博爱之原理，为至高无上之自然律，谓博爱可导吾人在一切行为上求全体之公善。葛拉克约对人之义务，为自明之两大原理：吾所施诸人，人所加诸我，一以理为断，是谓"平恕"。人各因其境地，视能力之所至以济众，是谓"博爱"。④ 其原理为已简矣。薛几微以为博爱、正义、审慎，乃公平之三种作用，遂约而为一，字曰公平之原理。（the principle of equality or impartiality）意谓正义之为公平，固弗待论，以审慎言之："不以今之小善，舍后之大善"，则视后犹今而不偏于今；以博爱言之，"不以己之小善，舍人之大善"，则视人犹己，而不私于己。其为公平而自明也，正犹数学公理，所谓等与等相加，其和必等也。⑤ 由是观之，其原理不尤简而赅邪？辜撰一方取谢林（Schelling）之理智说，一方取吕德之常识说，分精神作用为二：曰省察，曰直觉。以为理性惟于省察时为主

① 据《伦理学涂术》篇一，章八，页102。
② 引见柯琅琳《伦理科学》页482。
③ 引见《伦理学史大纲》章四，节三，页170～171。
④ 参看《伦理学史大纲》页174，《伦理学涂术》页384，及佘慈《伦理学原理甄微》页173。
⑤ 详见《伦理学涂术》篇三，章一三，页380～383。

观，当其自发也，则直摄绝对之体而与之合一，一切主观性即泯灭于此直接自发之活动中。无论属知属行，创造作用不在反省考察，而在神来之直觉。创造不仅可能，且为必至之事。[1] 此其立论，似已开柏格逊学说之先。柏氏在未刊布关于道德问题之专著以前，其言有散见于各处者。柏氏尝谓："人若已知其义务者，将益跃跃欲试为之。"[2] 美国柏纳随女士述《柏格逊哲学之伦理义蕴》引而申之，以为：人于善既有真切之直觉，自必努力遵其方向而行，直觉盖含有行为冲动之义。[3] 信如所云，则直觉即知即行，而义务亦即自明之原理焉。抑柏氏又有言曰："人格也、自由也、生命之原也，吾人在自然界之地位也，直觉之光皆达焉，光虽闪烁微弱乎，然足以烛照智慧所不及之昏冥矣。[4] 此虽寥寥数语，已为道德上之根本问题，辟一解决之途。予尝谓柏氏伦理学专著若出，必有以大畅超乎智慧之哲理直觉说，补前人所未逮。且将使直觉主义，蔚为伦理界之大国，不徒作唯理宗之附庸已焉。近见柏氏新著一书，颜曰："道德宗教之两原"（les deux sources de la morale et de la religion）。道德分为二种：一曰闭之道德（morale close），一曰豁之道德（morale ouverte）；闭焉者为过去之旧道德，原于已分之智慧及本能，而有对于家庭社会国家之义务与责任，人各为其家国社团所封，弊至褊狭残忍，以恶为善；豁焉者为将来之新道德，原于未分之直觉，而有对于全体人类之同情与博爱，其为觉也明通而恒动，其为爱也神妙而创造。宗教亦分为二种：一曰静之宗教（religion statique），一曰动之宗教（religion dynamique）；静教与闭德相当，动教与豁德相当，盖道德由闭而进于豁，宗教由静而进于动，固变化之涂辙也。惜其书论宗教者

---

[1] 参看俞伯维《哲学史》卷二，节一三五，页341～343，及杨译《西洋伦理学史》篇四，章一，页179～185。

[2] 语载1912年3月10日《纽约时报》。

[3] 见《柏格逊哲学之伦理义蕴》章三，节三，页162，按柏女士所述伦理义蕴，实杂杜威之见解，宜慎择焉。

[4] 参照《创化论》英文译本页282，中文译本页284，按张译，于此似有脱误。

多，论道德者少，犹未足以餍吾侪之望耳。① 夫约多数散著之原理，为少数总括之原理，暴之哲理直觉派诚优为之，至欲以其原理，施诸一切行为、一切通则，又似有未合者。公平原理之不足决定行为与通则，薛几微已自言之。② 而审慎之为自爱，博爱之为爱他，实际上不无矛盾，则佘慈教授亦指为薛氏千虑之一失矣。③ 盖总括之原理，须于至善之鹄求之，求而得焉，则至善自有原理暴诸外，而特殊行为之相当价值，亦可藉以发明。舍至善之鹄，而冥索所谓自明之根本原理，徒约省其数，以为属于直觉，其思想实未能离独断而趋于哲理也。至善即道德之理想，其界说尚有待于论定。补苴罅漏，张皇幽渺，安得不重有望于柏氏哉？

中土之良知学派

中土良知之学，始于孟子，绍述于陆象山，而大成于姚江王氏。孟子以孩提之爱亲敬长，为不虑而知，不学而能，谓之良知良能。（见孟子尽心上）象山亦云："良知之端，形于爱敬，扩而充之，圣哲之所以为圣哲也；先知者，知此而已，先觉者，觉此而已。"④ 曰爱，曰敬，理甚易简，殆近于哲理直觉说矣。姚江揭良知为宗，说益详备。上述五种直觉说，几无一不具，而要以哲理直觉说为定论。其言曰："夫良知之于节目事变，犹规矩尺度之于方圆长短也，节目事变之不可预定，犹方圆长短之不可胜穷也，（中略）良知诚致，则不可欺以节目事变，而

① 是书凡四章，首章论道德，章二，章三论宗教，末章为总论。
② 见《伦理学涂术》页380。
③ 见《伦理学原理甄微》页176。
④ 见《象山全集》卷十九，武陵县学记。

天下之节目事变，不可胜应矣。① 良知是尔自家底准则，尔意念着处，他是便知是，非便知非，更瞒他一些不得。这些子看得透彻，随他千言万语，是非诚伪，到前便明，合得的便是，合不得的便非，真是个试金石，指南针。"（传习录下陈九川记）此谓良知可以应节目事变，判诚伪是非，即知悟直觉说也。② 又曰："知是心之本体，心自然会知，见父，自然知孝，见兄，自然知弟，见孺子入井，自然知恻隐，此便是良知，不假外求。（传习录上徐爱记）大学所谓厚薄，是良知上自然的条理，便谓之义，顺这个条理，便谓之礼，知此条理，便谓之智，终始这条理，便谓之信。"（传习录下黄省会记）此谓良知可以识孝弟仁义礼智信诸通则，即常识直觉说也。③ 又曰："大学指个真知行与人看，说如好好色，如恶恶臭。见好色，属知，好好色，属行，只见那好色时已自好了，不是见了后，又立个心去好。闻恶臭，属知，恶恶臭，属行，只闻得那恶臭时，已自恶了，不是闻了后，别立个心去恶。（传习录上徐爱记）圣人致知之功，至诚无息，其良知之体，皦如明镜，略无纤翳，妍媸之来，随物见形，而明镜曾无留染，所谓情顺万事而无情也。"（传习录中答陆原静书）此谓良知之于美恶，犹明镜之于妍媸，好善如好色，恶恶如恶恶臭，知行合一，美善合一，即美感直觉说也。然徐曰仁尝难之曰："至善只求诸心，恐于天下事理有不能尽。（中略）如事父之孝，事君之忠，交友之信，治民之仁，其间有许多理在，恐亦不可不察，（中略）如事父一事，其间温清定省之类，有许多节目，不知亦须讲求

---

① 见《传习录》中答《顾东桥书》，按谢刻全书，事变作时变，今依《明儒学案》卷十所载语录校改。

② 按卢冠严云："事之在心，必有当然一定之则，于是以吾心本然之明觉而是正之，则何者为善而当为，何者为恶而当去，举不能外吾心之聪明，与吾身之践履矣。"刘蕺山云："道义总无定衡，全凭良知判断，良知安处便是义，不安处便是不义。"均与阳明此说同。

③ 按王龙溪广其师说云："吾心之良知，遇父自能知孝，遇兄自能知弟，遇君上自能知敬，遇孺子入井，自能知怵惕，遇堂下之牛，自能知觳觫，推之为五常，扩之为百行，万物之变，不可胜穷，无不有以应之，是万物之变，备于吾之良知也。"斯则由常识之溥泛直觉说，而转入知悟之特殊直觉说矣。

否。”盖不啻举知悟之特殊直觉说，常识之溥泛直觉说，而层层加以驳诘矣。于是姚江答之曰：“心即理也，此心无私欲之蔽，即是天理，不须外面添一分。以此纯乎天理之心，发之事父，便是孝，发之事君，便是忠，发之交友治民，便是信与仁。（中略）只是有个头脑，只是就此心去人欲，存天理上讲求。（中略）此心若无人欲，纯是天理，是个诚于孝亲的心，冬时自然思量父母的寒，便自要去求个温的道理，夏时自能思量父母的热，便自要去求个清的道理，这都是那诚孝的心发出来的条件。”（传习录上徐爱记）斯则约忠、孝、仁、信、诸德目而归诸天理，五常、百行、及一切溥泛之理、特殊之事，皆以天理为头脑而籀绎之。天理即自然之法则，自明之原理，自圣人以至愚夫愚妇，莫不与知与能。[①]“此心纯乎天理之极”，是谓至善，识此心天理之为至善，是谓良知，“天理无所偏倚”，是之谓中，善即理，理即心。其说之旁皇周浃，鞭辟近裹，殆远非薛几微等之认理在心外者所及，盖彼乃客观之哲理直觉说，而此乃主观之哲理直觉说也。不宁唯是，其答欧阳崇一曰：“良知是天理之昭明灵觉处，故良知即是天理。（中略）思之是非邪正，良知无有不自知者。”（传习录中）其答顾东桥曰：“吾心之良知，即所谓天理也，致吾心良知之天理于事事物物，则事事物物皆得其理矣。”（同上）其告黄以方曰：“圣人无所不知，只是知个天理，无所不能，只是能个天理，圣人本体明白，故事事知个天理所在，便去尽个天理，不是本体明后，却于天下事物，都便知得，便做得来也。”（传习录下）则其以哲理之溥泛直觉说为定论，不尤彰明较著邪。抑姚江又尝谓：“七情顺其自然之流行，皆是良知之用。”（传习录下黄省曾记）似微近于冲动直觉说，其徒遂有谓“良知本来无欲，直心以动，无不是道”者。[②]遂有谓“动处是觉，觉处亦昏昧”者。（徐波石语）厥后泰州一派，如

① 按柯琅琳《伦理科学》页485云：“凡自明之理必为人人所共知”，今中土乡里市井间，几无人不以天理为口头禅，则其沦浃于人之心也旧矣。

② 按王龙溪集中列此一说，未指明属谁氏，疑即王心斋辈所言。

颜山农何心隐方湛一李卓吾之流，专奉是说为圭臬，而变本加厉，任情使气，直道径行，言动未尝内俟高等神经中枢之省察，辄冥然发之于外，冲决藩篱，震骇庸俗，竟皆为文法吏所绳，次第僇辱以死，虽由尝世文纲过密，亦诸公不善用其冲动之咎也。然则冲动直觉说之流弊，亦与此可见矣。

第十三章
自我实现与物我一体

完全论与自我实现说

道德之原一而已；顾如前所述，何其说之纷纷耶？然辜较言之，实可括以两宗：直觉说、禁欲说、心法说、乃至偏重理性之自然法说，皆唯理宗也；进化说为快乐说之支与流裔，而国法神法二说，又为近代快乐之先河，则皆所谓唯情宗耳。唯理宗重法式、重义务，则动机说亦属焉；唯情宗重实际、重幸福，则效果说亦属焉；盖道德学说虽繁，要不外此两涂矣。夫理性、情感、人俱生而有之，其见于行而发于言也，不免各有所偏。见于行、斯成两类之人品，发于言、斯成两宗之学说，此人生所以有"理性生活"（the life of reason）与"情感生活"（the life of sensibility or feeling），而思想界所以有"理性伦理学"（the ethics of reason）与"情感伦理学"（the ethics of sensibity of feeling）也。伦理学之有唯理唯情二宗，犹知识论之有观念感觉二派矣。知识不能有观念而无感觉，亦不能有感觉而无观念；道德不能有理性而无情感，亦不能有情感而无理性。知识论既有调和观念感觉两派之说矣；伦理学亦有融通唯理唯情两宗而调和于其间者，则自我实现说（theory of self-realization）是已。自我实现说、或简称"自诚说"，或称"自成说"（theory of self-fulfillment）；在希腊时代谓之

"福德论"（eudaemonism），又谓之完全论，（theory of perfection）盖以是为道德之终鹄，情理固并行不悖也。夫无论何宗，莫不公认有我，所当实现者，果为何我耶？唯情宗必曰为"情感之我"（sentiment self）矣；唯理宗必曰为"理性之我"（rational self）矣。完全宗则必曰非情感、非理性、亦情感、亦理性，实为二者之全我（the total self）矣。唯情宗主情感而废理性，故以自快自慊（self-pleasing or self-gratification）为鹄；唯理宗主理性而废情感，故以自牺自克（self-sacrifice or selfdenia）为鹄；完全宗则情感理性不偏废，兼取二者而调和之，故以自存自达（self-preservation óf self-development）为鹄。自存自达即自诚之谓也。为自我实现之说者曰："吾侪欲诠释人生之最高正鹄，莫如用'自我实现'一词；而我之一字，须明定其界说。夫以本义言之，人施身自谓曰我；则试问人何以别于动物之我而构成人类之资格耶？人为知理之动物，又为好群之动物，其我之为我，不徒为'情我'，而兼为'理我'，不徒为'独我'，（individual self）而兼为'群我'，（social self）禽兽则但有情我独我而已。人以理我御情我，群我摄独我；一方自展本能，有以独善其身；一方自完本务，有以兼善其群；善身而不失其对人之同情，善群而不失其一已之个性。寄群我于个人而不为个人所间隔；入独我于社会而不为社会所沉薶；情理两得其平，群独各得其所。不幸至于二者不可得兼，乃克制情我以存理我，牺牲独我以保群我；是谓以自牺自克进自诚自成焉。"然则自诚者，全我实现也。自成者，全我完成也；岂唯理唯情两宗之偏执一端为我者所可同日语哉？凡自我实现说之指要类如是，则请进而稽考此说之历史。

希腊诸哲之完全论

完全论固自我实现说之先导也。希腊苏格腊第（大约纪元前 470～

399 年）主知德一致、福德一致，尝谓："乐事若无他果，单就乐言，即为善；苦事若无他果，单就苦言，即为恶。"① 盖乐与善一致，即福与德一致，亦即情与理一致也。顾苏氏答薛密亚（Simmias）之言曰："夫以此乐此苦易彼乐彼苦，以其大者易其小者，正犹货币然；非德之相易也。世不有可易一切事物之货币乎？一切真德，非皆依傍智慧而不计其伴有苦乐与否乎？智慧即为货币，凡所谓善，若离智慧而徒为彼此苦乐之相易，则所成者不过德之幻影而已。"② 又答欧雪德穆（Euthydemus）之言曰："倘使福存于善事之中而其善为不可争论者，则子所谓福为一种不可争论之善，诚是也。唯以福与美富强荣或其他类是之事相联，其事乃为可疑之善；盖以此等事与福相联，将致以人类所遇许多忧患之事与福相联；世之因美秀、富有、强力、荣势而召种种祸殃者，实繁有徒焉。"③ 然则求福乐于德与善之外，适得其反，亦苏氏所深戒也。苏氏尝正告安提孚（Antipho）曰："子似设想福在穷奢极欲中矣。然吾尝思之，无需求则类神，需求能最少则最近于神；神性得，完全也，最近于神性，斯最近于完全。"④ 此其说虽若入于神秘，而完全云者，殆即福德兼备于我之谓耳。

柏拉图（纪元前 427～347 年）据心理以建立其伦理学说，区人之心灵为三种原素：曰"理性"、曰"灵性"、曰"欲性"；欲性多种，而理性灵性均单一；灵性与欲性同为冲动性，而其对于理性之关系有殊。欲性往往叛理性而为敌；灵性则犹理性之警犬，主人遣其箝束叛徒，辄复召还而羁縻之。更以他事为喻，理性、御者也，灵性、驯马也，欲性、泛驾之马也；御之以其道，两马皆可以范我驰驱；缺其一，则行旅之事废。盖理性不能不藉情感以达其鹄，而心灵各元素贵有调和之妙用焉。调和有消极积极两方面：消极者，节制而自治（temperance of self-

---

① 参看《柏拉图对话集》卷二《蒲洛泰哥拉篇》英译本页 175，中译本页 280。
② 参看对话集卷二《斐独篇》（*Phaedo*）英译本页 208～209，中译本页 119。
③ 详见《克塞诺芬追忆录》（*Xenophon's Memorabilia*）篇四，章二，页 123。
④ 见同书篇一，章六，页 10。

control），积极者。公正而自诚（justice of self-realization），若理性之秩序宜守，则情感之纷扰者必抑之；若全体之公益宜保，则部分之抵触全体者必弃之；由情感之"多"以归于理性之"一"：斯所谓合和完满之生活也。① 顾柏氏又以狱喻躯体，窗喻感官，囚喻心灵，钉喻苦乐，其说有托诸苏氏之口而归于心灵解脱论者。对话集斐独中述苏氏答奚伯斯（Cebos）等之言曰："凡未曾研习哲学当去世时而非完全纯洁者，不许厕入诸神之列，唯爱智之士得入焉。彼真好哲理之人，远离一切体欲，反抗之，屏绝之，矫然自持而不使其近己者，职是故耳。非如世之贪财者，惧夫致贫倾家而始然也，非如世之好名好权者，惧夫失势蒙羞而始然也。是故善自保其心灵、不徒以体魄之同乎流俗为生活者，必辞别世人以去，不踯躅于群盲之途；迨哲学示以脱罪洁己之道，则觉不当拒绝之，且须受其启迪而为向背焉。"② 共和国述苏氏答葛罗康（Glau-con）之言曰："人向不义而免于觉察，恶且较前滋甚；若被发觉而处罚焉，其野性部分，或扑灭之，或驯伏之，其驯伏部分，则解放之。其全部心灵型成最高尚之气禀，其得夫节制、正义及智慧也，势且较强姣健康之身体所得者为尤贵；心灵较贵于体魄，实具准确之比例。故吾断言，穷理之士将引其毕生精力向此唯一标鹄而进，而健康强姣之获得，倘非使其有所调节，并不重视。盖保持身体上之均调，实以保持心灵上之谐和为常鹄也。"③ 其他脱离躯体、解放心灵之言尚多，而苏氏从容就义，正得力于此种解脱之人生观，则虽认为苏氏之说亦宜。然哲人既超入上界，仍当使之复返下界，降而伍众囚、保庶民，以善其身者善其群；斯又苏柏二氏救世之信念已。

亚里士多德（纪元前 384～312 年）认心灵有"理性"与"非理性"两种；理性有"纯粹理性"与"非纯粹理性"，非理性有"植物性"与

———————————

① 本佘慈教授《伦理学原理甄微》篇一，章三，节一四，页 212～215。
② 参看英译本卷二，页 226 及中译本页 148。
③ 见英译单行本篇九，页 332～333。

"动物性"；纯粹理性发为"智德"，植物性发为"体德"，动物性与非纯粹理性相糅，形成合理之情欲而发为"行德"；三德合和，乃为充实之心灵，而人生幸福即不外乎此。① 于是首明自然界道德界之发展互异，其潜能（pctentiality）亦各不同。自然之潜能必然而一，如孩提必为成人是；道德之潜能或然而两；如人可善可恶是。善恶均起于人生同一之活动，而人之德不德则视其活动之状态如何。德溥遍者也，以其恒循乎正理故；德亦特殊者也，以其为人之气质及境遇所形成故。德之所在，即"中"（mean）之所在，人各自择其相对之中，而不择夫绝对之中，德殆为特殊而溥遍。中犹权衡也，合焉，斯为善，过或不及焉，斯为恶。② 中位乎过与不及两极端之间，而情感行动之得中殊难，不得已而思其次，乃有人生实践之三原则：（一）背中较甚之一极端首当避去，（二）对于吾人自然之偏向，宜反其道而矫正之，（三）中绝不可得，则于两极端之恶取其小者。试合第一第三两原则证之，例如：畏葸之背于勇敢，较鲁莽为甚，则宁莽勿葸；鄙琐之背于慷慨，较粗豪为甚，则宁粗勿琐；放荡之背于节制，较枯寂为甚，则宁寂勿荡；暴烈之背于温和，较麻痹为甚，则宁痹勿暴等皆是。试就第二原则证之，例如太有野心者，矫之以无野心，太无野心者，矫之以有野心，则鲁莽粗豪之与畏葸鄙琐，亦可互相矫正是。凡勇敢、慷慨、节制、温和、友爱、公正等，皆适中之行德，③ 而智德又分穷理之德与实践之德，以行德言，固为"福德论"，以智德言，则为"理性论"。抑亚氏尝谓："幸福乃一种无阻碍之活动，而此无阻碍之活动即为快乐，无阻碍斯最可欲；故大多数之乐纵绝恶，而乐有若干种为至善。"④ 又谓："乐固可欲，但其来原若不道德，则不可欲；乐非即善，亦非凡乐皆可欲；乐有本自可欲者，

---

① 按瓦莱斯（Edwin Wallace）有一表，译见张东荪《道德哲学》章六，页457。
② 本《伦理学原理甄微》篇一，章三，节一四，页216。
③ 详见威尔登《尼珂马克伦理学》英译本篇二，章七至九，页46～57。
④ 详见前书英译本篇七，章一四，页239。

其种类、来原与彼不道德之乐均异"。① 盖苏氏门下歧福德为二，别为快乐、禁欲两派，亚氏乃复折衷于其间，仅以理性制情欲而自存自达，非以理性灭情欲而自克自牺也。然人为知理、好群、而又从事政治之动物，以友爱合群，以公正为政，以个人合理之行动建立社会合理之组织，必如是乃近于所谓"完人"，亚氏于此又未尝不深致意焉。特其认智德高于行德，穷理生活尤高于实践生活，终属偏重理性耳。

巴脱拉赫智尔之完全论

巴脱拉（Butler，1692～1752）采心理方法以求道德本质于人类天性（human nature）中，殆与柏亚二氏同。其论人性也，以为性有全有分，有高有下，异类而复异等，下者为"气性"（impulsive nature），嗜欲、本能等属之；高者为"理性"（rational nature），良心、博爱、自爱属之；析之则为分、合之则为全。"理性"居高临下，统驭"气性"，而导之以正轨；良心于理性中为最尊，博爱自爱皆承命焉。② 其论自爱曰："情欲胜自爱，则所行不合于性，自爱胜情欲，则所行合于性，自爱之在人性中，较高于情欲明矣。设吾侪依理性之节制而活动者，合理之自爱必有以约束之；人当利益与目前嗜欲冲突时，辄忽其现世之真福，而于有意无意间自作孽焉；彼特未有冷静合理之注念，足以自审其今生之大福何在而已。彼诚有以审乎此，将不依夫自爱为情欲所胜之结果而行；斯非尤大彰明较著者耶？"③ 其论博爱曰："人于群有博爱之性，于己有自爱之性。自爱使吾劳而有获，以给吾之求；博爱使吾劳而有获，以给人之求。人性乃躯体、精神、物欲、情感诸部分所组成，合

---

① 参看前书篇十，章二，英译本 321～322 及中译本 234～235。
② 本《伦理学原理甄微》篇一，章二，节十四，页 218～220。
③ 见《人性讲演》二，节十一、节十五，及《讲演》一，节十四。

理之自爱将令吾侪各予以适当之看待与供应。社会亦包有各部分，吾侪立于各部分之内，有种种方面与关系；公正之博爱将导吾侪各予以适当之眷顾，且分别依种种关系之所需，各如其分以从事。抑吾侪蕲达博爱之正鹄，而得最大之公善，尚须以理性为之导师也。"① 其论良心曰："人有反省之理性，藉以辨别其行为而俞咈焉。其心能察见自体之所经历，凡好、恶、喜、怒、哀、乐与夫后起之各种行为，皆其省察所及；有俞之者，有咈之者，有不俞不咈而等闲视之者；而此俞咈心情行为之理性即为良心。人以天性而自为一已之法则，对于法则之积极制裁，无所用其特别顾虑，凡吾情意之所感，理情之所信，为赏为罚，莫不属之。"② 盖自爱以一已之福利为对象，趋于利己；博爱以他人之福利为对象，趋于利他；一重个人之私益，一重社会之公益，均为合理之冲动。各种冲动之当否，皆取决于良心，良心俞之者、谓之善，咈之者、谓之恶，所行合于良心，即所行合于性之全体；自爱博爱均与良心一致，而吾之性于是乎始尽。良心之法则，乃理我之法则，乃全我之法则，尊吾法，正所以率吾性也。顾巴氏又谓："福以外无众生之果。"是实根据快乐主义之见地而言自爱博爱，不过位一良心于其上耳。③ 然则其于自我实现之义，不犹为未达一间耶？

赫智尔（Hegel，1770～1831）矫正康德之法式论（formalism），主张"感性权"（rights of sensibility）与"理性权"（rights of reason）相调和、主观性与客观性相融合。其于"主观精神"也，有所谓情感之灵魂，理性之觉知，而理性即溥遍自觉之客观性。其于"客观精神"也，以道德属个人良心之主观方面，人伦属社会习俗之客观方面，人伦有家庭、社会、国家三级，国家为人伦发展之最高阶段，又进而有世界历史。其论灵魂与觉识曰："所谓感情整体者，乃提其'我'以超乎自

① 见《人性讲演》十二，节十五，节二九。
② 见《人性讲演》一，节八，及《讲演》三，节四。
③ 参看《伦理学原理甄微》页220～231。

体而为同一实体之主观性，此即居于心内之觉识，己所固有而睿智合理者也。① 觉识似依对象之不同而为种种变易；我者、思也，觉识之主体也；变易对象之名理历程，即主体客体之彼此一致而绝对相倚也，所以使客体为主体所自有也。"② 其论理性与情感曰："概念之主观性与其客观性普遍性有单纯之一致，即为理性之所存；理性之普遍性云者，谓仅见于觉识或类似觉识中之对象，其自体本来普遍，且透我之裹而环其外也，谓'纯我'乃掩映对象而环其外之纯粹形式也。③ 人有时诉诸人权、道德及宗教之情感，而此情感确为人之所固有；易词言之，即诉诸各种情感所凝聚之主体也。此其为诉，含有两义：（一）此类观念内存于人所自有之'我'，（二）当情感反抗名理上之悟性，而非悟性之局部抽象时，情感可有其整全性；是诉也，盖有合法之义焉。然自他方面观之，情感亦可以偏宕虚浮而恶劣；当情之为思所摄也，情感存于理性之型内，乃为合理之情感，其内容与良善之实践情感无异；所异者特以其普遍性、必然性、客观性及真实性表现之耳。"④ 其论良心道德与社会伦理曰："在良心道德中，义务大率存乎自由主体之'我'，同时亦为吾人主观意志之权利。然在此个人道德范围内、有其分界，一方为止于向内之标鹄，即仅存乎我而徒为主观之义务；一方则为标鹄之实现，个人道德以是不恒久，不完全，而使之不适宜焉。若社会之伦理乎，虽权义彼此相酬，在必然状态下藉一定适应而连合之；而此两部分已达于真实及'绝对合一'。⑤ 觉识经否定而振其精神以达真实，而否定即净化，于伦理界切实完成之；良心由是而涤除主观之偏见焉，意志由是而脱离欲念之私利焉。"⑥ 盖自康德观之，情感生活乃非理之生活，良心道德

---

① 见华勒斯英译《精神哲学》（*Hegers Philosophy of Mind*，translated by William Wallace）节一，页 182。
② 见同书同页 197。
③ 见同书同节页 204。
④ 见同书同节页 241。
⑤ 见同书同节页 241～242。
⑥ 见同书同节页 281。

乃最高之道德。赫氏则以为特殊之情感与普遍之理性一致，主观之良心与客观之人伦一致，抽象之法式与具体之实质一致，而"纯我"始达于真实也。虽然赫氏思想，终畸于唯知，其言纠法式论固有余，立自诚说尚不足；而斯说之大成，不能不有待于后贤矣。

谷林蒲拉特莱之自我实现说

晚近英有谷林蒲拉特莱二氏，自我实现说之宗匠也。谷林之说，具见所著《伦理学绪论》，其书首论知识与性理，次乃及于自我实现；以为：人之有物欲官觉，与群动同，而理性灵性乃人性之特质。官觉而有知之原素，斯为知觉；物欲而有鹄之觉识，斯为欲望；物欲官觉恒为灵性理性所改变，而人实能自觉焉。善者、满足欲望之谓，有德者本之以得自足之道，是为"德善"（moral good）；有德者本之以得所止之鹄，是谓"真善"（true good）；有德者藉自觉以识认所欲之鹄，而入于自我实现之涂，是为"公善"（common good）。公善之扩展以渐，由家庭而社会、而国家、而人类；于是人有对于家庭、社会、国家、人类之义务，而自觉之人格即实现于其中。① 其言曰："绝对可欲之观念（即至善），起自吾人认'我'对己为鹄之觉识。吾人预定完成之我，非抽象空洞之我也；其为'我'也，在人生之元始形式，已为多种利益所影响，而他人利益自在其内。吾人能由认我对己为鹄之觉识，推及他人同类之觉识，他人觉识之表现正与己相符。吾人须切实了解他人之所谓我，犹吾之所谓我；倘认明己之苦乐依乎他人之苦乐，必能思及己之可以惬意者，包有他人之惬意，而他人之惬意，正对彼辈自身为鹄，非吾

① 详见《伦理学绪论》第四版，篇二，章二，节一二〇，页141，篇三，章一，节一七一，页202，及同篇章三，节一九九，页236，节二〇六，页245。

一己快乐之作用也。"① 又曰："价值之最高标准，厥唯人格之理想，其他一切价值皆于人之价值有关；言社会民族人类之进展而无与于人之较大价值，则其所用之语词羌无意义。今有言曰：'民族徒为个人之集合体'，诚属语悖。然其悖处要在著重一徒字，意谓个人可以不待生存于民族之中而已自有其道德精神之品质，民族精神不过此种品质集合之结果，是乃悖之所在。语其直谛，无论道德能力若何前定，唯有藉个人所由构成民族之习俗法度而实现耳。"② 又曰："世诚有人类历史之进步，必向一鹄而趋；其鹄为一种恒久不变之体相所包涵，其相则常见摄于宇宙精神之中，而其自体即常住不灭，非随时以为代谢。盖吾侪能力所由完成之鹄，基于吾侪自觉之人格，基于吾侪自身精神上绝对价值之观念，故吾侪不可谬信此鹄能力之真实完成，将归灭绝；更不可谬信任何有理性之人徒被视若作用，而非自身为一正鹄，以其在社会制度上显现之能力犹得真实完成也。"③ 要之，实现之我即群我，社会之善乃公善，公善者，人与己共之，而理性为之原者也。理性者、自处于客观之觉识，所以构成吾人寻求至善、察见公善之能力者也。自诚者、充吾能力，满吾欲望，实现群我于人类之中，以求达公善之鹄者也。④ 盖谷氏力阐康德"恒视人为正鹄"之格言，实使自诚一词倍增精彩，而自我实现说乃因以大备焉。

蒲拉特莱之说，具见所著《摄相归实论》（*Appearance and Reality*）及《伦理学甄微》二书，其认德行为绝对之一种现象，与谷氏同；唯不以自觉诠"绝对"而人之，斯则微异。尝谓："绝对者，宇宙全体之最高实在性也，统摄一切经验事象而超乎名言者也。自一方面言之，全体非善之所得诠也；善与恶对待，同为谓词，同为行相，绝对非即相，本无所谓善恶也。自他方面言之，绝对乃善也，通善恶诸级而自现

① 见前书篇三，章三，节二〇一，页238～239。
② 见前书篇三，章二，节一八四，页218。
③ 详见前书篇三，章二，节一八九，页225。
④ 详见前书篇三，章三，节二〇三，页240，页241。

者也，绝对不离相而现于相中，相以外固无处为实也。① 善者，满吾欲
者也，合吾意者也，吾有厌足之感而止焉者也。顾欲而曰满，词似自相
矛盾：欲既满，则非欲也，如其为欲，必有未满者存也；然此亦不过现
象上之矛盾而已。② 善有通义，有特义：以通义言，生活与理想符斯可
矣；美也，真也，乐也，感也，其事皆善也，无庸计其所自起也。以特
义言，则须理想自创事实；唯为理想所产生，所实现，而属于心灵之造
作者，乃谓之善；要之善必为实现之鹄，完成之志，厥义当郭以自诚而
已。③ 自诚之道有二：曰自尊，（self-assertion）曰自牺，人得自择是二
者以实现全我之理想。自尊所以完我之体系（system），自牺所以拓我
之幅员（width），用不同而善均。迨人德俱进于溥博渊泉之境，二者乃
欣合无间，而善亦亡焉。"④ 又谓："吾侪所欲实现之我，一全体耳，非
诸相之徒然集合也。全我现于诸相，遂为标鹄所在，是即自诚之涵义。
倘'我相'而为所欲者，试问所得我相、果为无物之状乎？将其相可视
若种种集合之物而于事有济乎？若不思其为一，得不思其为多乎？抑将
不认其为多中之一，一中之多乎？然则吾侪能不认我为一全体，非徒各
部之总和，亦非各部以外之特别物乎？吾侪得不谓我之实现，即全体之
实现. 道德问题在求真全，实现真全，正所以实现真我乎?⑤ 道德义
务、在处处实现理想之我，道德所及、即自诚所及，自诚云者，谓'理
想我'于吾侪实现之，并由吾侪实现之也。'理想我'之内容，或属于
群，或属于独；群焉者直接有关于他人，独焉者则否：前者实现理想于
社会之中，后者则不全于社会中实现之。社会中有吾侪之地位及义务、
而群我独我均当于此完成焉。"⑥ 观其论证、颇有类似赫智尔处，而于

———————————

① 见《摄相归实论》章二五，页 411，页 420。
② 见前书同章页 402，页 410。
③ 见前书页 410，页 412，页 413。
④ 见前书页 414，页 415，页 416，页 419。
⑤ 见《伦理学甄微》论二，页 63。
⑥ 见前书论六，页 197，页 198。

自我实现之义，是可谓推阐尽致矣。

翁德倭铿柯鲁佉向谛尔之自我实现说

德有翁德、倭铿，一主道德意志，一主情意生活，均反对赫智尔之唯知主义，而其言时深中自我实现说之窍要。翁氏之言曰："我之所以自别者、存于意志之内外活动；个人对于自己活动而有直接知觉，故发见其自为一独特人格。我既为别于其余觉识内容之意志，人格即此多种内容重行连合而上达自觉阶段之我也。夫由个人觉识转入社会觉识，由个人意志转入社会意志，其表征全为文化道德之要素，而文化道德乃表现社会之公共情感及思想者。凡语言、宗教、生活习惯、行为标准，皆为公共理智之所在，而超乎个人所能取得之范围焉。① '独我，无论属己属人，从不能为道德之终鹄；道德意志之真的有二：一曰公共福利，与个人之自我满足相应，一曰普遍进步，与个人之自我完成相应，即所谓'社会正鹄'是已。个人正鹄以社会正鹄为依归，社会正鹄以人类正鹄为依归，此最后之要求，须依次充而达之，世无更高之境界可以范围此种正鹄，特'人类正鹄'在伦理上之必须完成，当为其动机耳。人为普遍正鹄而自存，非为个人正鹄而自存；由行为之普遍正鹄而满足，非由个人正鹄而满足；其能力之发展与完成、亦所以从事普遍正鹄，非所以从事个人正鹄；故'行为者'属于自己之人格，从非道德上之真的也。"② 其偏重意志固与康德略同，其不以一己之人格为鹄，则与谷林大异矣。倭氏之言曰："今试问'自然我，（natural self）果足以代表生活之全体乎？凡所努力，果须限于自然我之保存乎？人若于精神生活中

---

① 见翁氏《伦理学》卷三，章一，节二，页 20，页 23。
② 见前书同卷，章二，节三，页 81，页 88，节二，页 78。

认取崭新特立之实在，将决然断言真我非包于‘自然我’，须藉精神活动而得之矣。人之发展精神生活也，能抱实在之全体以入乎生活中，能振刷其个性，能得满足与愉快。彼‘小我’（small self）之抑制牺牲，诚精神生活所必需，而征诸人类经验，则生命不以是衰颓，适以是再造而益韧焉。人当舍其小我以产新生命，新者之价值意义，自迥乎与旧者不侔。盖精神活动实以否定为基而达乎肯定，固不徒否定已耳。所谓道德者、非必压生活冲动而弱之也，殆将导之于正轨而高其价值也。吾人须由消极之否定以达积极之肯定，行为若讳匿否定，其生活即偏而不全，此道德任务之所由增重也。”① 其所谓小我、即自然我，其所谓真我、即精神我，否定小我，肯定真我，非实现自我于精神生活之中乎？意有柯鲁怯（B. Croce）向谛尔（G. Gentile）为现代新理想主义派之山斗，亦持自我实现之说。柯氏之言曰：“意志非情境也；但依境而起，与境俱变耳。意志不能凭空而起，故必然；意志非囿于事实之特定情况，亦非为其所束缚，故自由。……夫志愿一确定之鹄以为善，即志愿吾侪自我为一综合体中之原素而具有一特定之历史情境；自我之实现在是，亦罔不由是焉。易词言之，真实之鹄或善、即志愿自体，故不被知，亦未尝自知；唯当此志愿一度过去，吾侪强分意志可别而不可离之诸原素时，乃被知焉耳。诸原素即所志愿之善鹄，能志愿之主体，及为作工具之历史情境也。徒有功用之活动，未曾满足吾性全体，道德行为虽在快乐中有其具体根荄，若其快乐缺乏普遍性，则亦从而舍弃之。善者、察然溥利之意志也，著察普遍之志愿自体也，精神最完满之自我实现也。当吾侪志乎普遍时，我之为我，非此志愿者‘经验之独我’，而为‘精神之全我’，而为在特定情境中透过吾独体之志愿自体。意志之一一活动、或属经济，或属道德，势有不得不然者，于是志乎善，志乎真，志乎美，遂为实践行动之原则，其原则乃恒久不变，涵盖一切，不

---

① 见《现今伦理学对于精神生活之关系》章三，页59～61。

徒可以实现，且刻刻实现于每一意志活动之中者也。"① 向氏之言曰："我者，吾所最能确定之实在也。我若不存，则任何实在皆随之而逝；吾实现我于思，而思之者仍为我；是我之为我，自觉而已。觉非假定我为其客体，实确定我为其主体；确定之人格，但可以己力自创自造，而力实集于思。无主体，畴为能思，无客体，畴为所思。思须有人格而后可见。何以故？以思不徒为活动而且为自赖自定之活动，似具有人格故。思亦须有名相而后可见。何以故？以我为我之概念所实现，似即知之对象故。要之思之可见，在乎主客均可见耳。我之概念之合于理性，即我之法则，即我之义务；倘非以己之法合天下之法，岂别有所谓义务乎？倘非己与天下相睽隔，岂别有所谓自私自利乎？吾人造成道德觉识之新步骤，正在使生活之精神意义入于深邃，而大其本身实现之范围，其实现又若可以自知也。"② 细观二氏所言：一以志愿明"我"之实现，一以思惟明"我"之实现，均认精神活动亦自由，亦必然，莫非自诚焉。抑向氏又以为唯一自由之实在乃"超我"，（transcendental ego）而"超我"即"世界之自觉"，个人之真自由，须从丧其自我于家、国及大精神中得之；国之意志高于任何个人之意志，③ 则所见较柯氏为更彻底，骎骎乎复返于赫智尔矣。

中土先哲之物我一体观

中土善本训吉，福德一致之义，见于易、诗、书、左传、国语者颇

---

① 本喀勒斯培（Angels Grespi）《意大利现代思想》（*Contemporary Thought of Italy*）页127～130。
② 见韦登迦英译《心为纯粹活动论》（*Theory of Mind as Pure Act*，1922）页100，页101，页249，页246。
③ 详见《意大利现代思想》页194～197。

多，而皋陶谟洪范所言，尤有统类觖理。皋陶谟言九德，终之以"彰厥有常吉哉"。洪范言三德，又以五福与五事相应，九德三德皆防过与不及，一归于中。（德目引见前）思睿则致寿，听聪则致富，视明则致康宁，言从则致攸好德，貌恭则致考终命，而考终命与丑恶相反，乃"容俨形美而成性，以终其命"之谓。（郑玄依尚书大传释之如此）其说虽或近于泥滞，实与希腊时代雅典人之认德、智、健、美、富为善者相类。盖五福为人生之五大价值，[①] 非恭、从、明、聪、容不能致之，更非肃、义、哲、谋、圣不能得之，第尽其在我者而已。儒家承先民执中之训，蚤已进而持自诚之说；以为福非私诸己，德必及于人与物，福德有时不相应，已宁舍福而成德。论语言己立立人，己达达人；言克己复礼，天下归仁；言见危授命，杀身成仁。孟子言亲亲、仁民、爱物；言万物备于我，反身而诚；言守身为大；言舍生取义；言体有小大，无以小害大。易传言成性存存；言穷理尽性；言范围天地之化而不过，曲成万物而不遗。大学言明明德，亲民，止至善；言格物，致知，诚意，正心，修身，齐家，治国，平天下。中庸言明善，诚身；言致中和，天地位，万物育；言能尽其性，则能尽人之性，能尽物之性，可以赞天地之化育。凡自达、自存、自克、自牺、自尊、自慊、自觉、自创诸义，靡不毕具，而其所谓我，涵盖尤广。抑中庸又有言曰："诚者、自成也，而道自道也。诚者，非自成己而已也，所以成物也；成己、仁也，成物、智也，性之德也，合外内之道也。"真实无妄之谓诚；自导其性曰自道，自完其性曰自成；己立己达曰成己，立人达人曰成物；性之可能无限，诚之实现不息；成己成物而实现仁智兼全之人格则为诚身。斯固儒家自诚之精义也。彼释氏大悲大智，自度度人，且度众生；其究也无我而极于无生。老氏任自然，刍狗百姓万物，亦以无身明无我，而终不

---

① 艾弗勒惕氏《道德价值论》分人生价值为八种：（一）经济价值，（二）体格价值，（三）消闲价值，（四）联想价值，（五）品格价值，（六）美感价值，（七）智慧价值，（八）宗教价值，若删其三四两种，则所谓富、健、善、美、真、圣也。

脱夫自爱。墨氏兼爱，实包己于全体人类中而遍爱之；"周爱人"而未推及万物。庄周托子綦之丧我，证至人之无己，尝谓："天地与我并生，万物与我为一。"（齐物论）而又言"至仁无亲"。（天运）惠施乃云："泛爱万物，天地一体。"（引见庄子天下篇）要皆不若儒家亲亲仁民爱物之本末有序。顾昌览言："不仁于他物，独仁于人，犹若为仁。"（爱类）淮南子言："遍爱群生而不爱人类，不可谓仁。"（主术训）繁露既言："仁者所以爱人类。"（必仁且智篇）又言："仁之法在爱人不在爱我，义之法在正我不在正人。"（仁义法）仁遂限于爱人类，而我与万物似皆在所爱之外。晋向秀郭象注庄子，一曰："天地万物无时而不移，向者之我、非复今我。（大宗师向注）玄通合变之士冥然与造化为一，则无往而非我。"（养生主向注）一曰："天地之理、万物之情、以得我为是，失我为非；物无定极，我无常适。"（秋水郭注）均认我与天地万物皆变而无常，"以天下为、体者、无爱为于其间。"（大宗师注）离仁爱而高谈一体，所见仍属隔膜。有宋以后诸儒，多由家国天下推爱天地万物，始克深识物我一体之仁，而有以充其类、尽其量。宋儒张横渠论性，分为天地之性、气质之性，虽偶谓"德者、福之基，福者、德之致"；而所重在德不在福。故又云："天地合德，然后能无我。"（见正蒙至当篇）正蒙乾称篇曰："天地之塞、吾其体，天地之帅、吾其性，民吾同胞物吾与也。"大心篇曰："大其心、则能体天下之物，物有未体，则心为有外；圣人尽性，不以闻见梏其心，其视天下无一物非我。"盖无我者，无形气之小我，大其心，则成理性之大我也。程明道论性兼论气，以为"二之则不是"。（遗书卷六）其论仁曰："仁者浑然与物同体，天地之用，皆我之用。仁者以天地万物为一体，莫非己也；认得为己，何所不为；故博施济众，乃圣人之功用。"（遗物卷二上）盖仁者大己之实现，天地万物皆己也。陆象山致疑于道心人心之别，天理人欲之分，（见全集卷三十四卷三十五语录）以为心即是理，其论心曰："此心之体甚大，若能尽我之心，便与天同。为学只是理会此，诚者自成也，而道自道也。"（全集卷三十五语录）又曰："古之人自其身达之家国天下而

无愧焉者，不失其本心而已。"（全集卷十九，敬斋记）又曰："是极之
大，充塞宇宙，天地以此而位，万物以此而育。"（卷二十三皇极讲义）
又曰："宇宙即是吾心，吾心即是宇宙。（卷二十二杂说）人共生天地之
间，无非同气。"（卷三十四语录）盖自一身达之家国天下、乃至天地万
物，只是实现此心此理，所谓先立乎其大者也。杨慈湖主明本心而不起
意，归于"勿我"（见绝四记），其己易曰："夫所以为我者、毋曰血气
形貌而已也，天者、吾性中之象，地者、吾性中之形，皆我之所为也；
明乎我之说，举天地万物万化万理、皆一而已矣；不以天地万物万化万
理为己，而唯执耳目口鼻四肢为己，是剖吾之全体而裂取分寸之肤也；
是牿于血气而自私也，自小也，非吾躯止于六尺七尺而已也。坐井而观
天，不知天之大也；坐血气而观己，不知己之广也。"（慈湖遗书卷七）
盖谓血气之我小，理性之我大，绝小我，立大我，性包天地万物万化万
理，乃为全体之我也。

　　明儒湛甘泉、王阳明、王龙溪、赵大洲、罗近溪、刘蕺山皆言全
我，而阳明，近溪，蕺山之说尤详。① 阳明曰："人须有为己之心，方
能克己，能克己、方能成己。这心之本体原是个天理，原无非理，这个
便是汝之真己。这个真己、是躯壳的主宰，若无真己、便无躯壳。汝若
真为那个躯壳的己，必须用着这个真己，便须常常保守着这个真己的本
体。"（传习录上答萧惠问）又曰："夫人者、天地之心，天地万物、本
吾一体者也；生民之困苦荼毒，孰非疾痛之切于吾身者乎？（中略）世
之君子、唯务致其良知，则自能视人犹己，视国犹家，而以天地万物为
一体。古之人所以能视民饥溺犹己之饥溺，而一夫不获，若己推而纳诸
沟中者，非故为是而蕲天下之信己也；务致其良知，求其自慊而已矣。"
（答聂豹书）又曰："大人者、以天地万物为一体也，其视天下犹一家，

----

① 湛甘泉心性图说曰："心体天地万物而不遗。"王龙溪赠朱使君序曰："仁者以万物为一
　体，天下国家，莫非我也。"赵大洲克己铭曰："天地万物，本吾一体，大己不浃，小
　己揭揭，小己甚克，大己波波。"皆其义。

中国犹一人焉；若夫间形骸而分尔我者，小人矣。大人之能以天地万物为一体也，非意之也，其心之仁本若是其与天地万物而为一也。岂唯大人，虽小人之心亦莫不然，彼顾自小之耳。（中略）明明德者、立其天地万物一体之体也。亲民者、达其天地万物一体之用也。至善者、明德亲民之极则也。"（大学问）盖谓克躯壳物欲之小己，成本心天理之真己，为真己、即所以为小己，而家国人民天地万物莫非己也。近溪曰："仁者、人也，天地万物为一体者也，人以天地万物为一体则大矣。大学一书，联属家国天下以成其身，所以学乎其大者也。学大则道大，道大则身大，身大则通天下万世之命脉以为肝肠，通天下万世之休戚以为发肤，疾痛疴痒，更无人我，而浑然为一：斯之谓大人而已也。"（盱坛直诠）又曰："我与物，皆人也，皆人则皆仁也，皆仁则我可以为物，物可以为我，是通天下万世为一人者也。吾人此身，与天下万世是一个，其料理自身处，便是料理天下万世处。大学明德、亲民、止至善，许大的事，也只是立个身；盖丈夫之所谓身，联属国家天下而后成者也。"（同上）又曰："天地万物也，我也，莫非生也；莫非生、则莫非仁也。我能合天地万物之生以为生，尽天地万物之仁以为仁，斯其生也不息，而其仁无疆；此大人之所以通天地万物以成其身者也。"（同上）盖谓身不惟血气躯壳，实具心意知物；联家国天下、则身广大，合天地万物、则身高厚，通天下万世、则身悠久，广大高厚悠久之身、即广大高厚悠久之我，修身所以发展全我，诚身所以实现全我，此人格之所以伟大也。蕺山曰："身在天地万物之中，非有我之得私；心包天地万物之外，非一膜之能囿。（刘子全书卷十学言上）夫心非一膜之心，而宇宙皆足之心也；（全书卷十九答嘉善令书）合心意知物，乃见此心之全体，更合身与家国天下，乃见此心之全量。"（卷十一学言中）又曰："仁者以天地万物为一体，乃人以天地万物为一体，非仁者以天地万物为一体也；若人与天地万物本是二体，必借仁者以合之，蚤已成隔膜见矣。人合天地万物以为人，犹之心合耳目口鼻四肢以为心。（中略）学者于此信得及，见得破，我与天地万物本无间隔，不须推致，不烦比拟，自然亲亲而仁民，仁民而爱物。"（卷十九答秦履思书五）又曰：
"盈天地间，只是此理，我立而物备，物立而我备；任天地间一物为主，
我与天地万物皆备其中。西铭大意，就本身推到父母，又因父母以推到
兄弟，才见得同体气象，早已是肝胆楚越矣。"（答王右仲书二）盖以心
合身意知物家国天下天地万物，我与天地万物本是一体，视近溪之以身
为主者微异，而所见较张程为更进也。

　　自蕺山言："质气义理，只是一性"，（卷八中庸天命章说）其后王
船山颜习斋戴东原皆认性无义理气质之分，我合气质义理为一；而船山
之诠自诚最精。船山曰："盈天地间，人身以内，人身以外，无非气者，
亦无非理者；故质以涵气，而气以涵理。当其未涵时、则且是天地之理
气，盖未有人者是也。乃其既有质以居气，而气必有理，自人言之，则
一人之生，一人之性；而其为天地流行者，初不以人故阻隔而非复天之
有，是气质中之性，依一本然之性也。"（船山遗书读四书大全说卷七）
又曰："自成自字与己字不同；己对物之词，专乎吾身之事而言也，自
则摄物归己之谓也。故诚之为言、兼乎吾之理，而自成则专乎己之功。
诚者、己之所成，物之所成；而成之者、己固自我成之，物亦有自我成
之也。"（读四书大全说卷三）夫本然之性、为己与物所共具，成己所以
尽己之性，成物所以尽物之性，自成而摄物归己，则所以成其合内外、
合天地之大我矣。习斋曰："万物之性、此理之赋也，万物之气质、此
气之凝也；至于人、则尤为物之灵。所谓得天地之中以生者也。二气四
德者、未凝结之人也，人者、已凝结之二气四德也。天下有无理之气
乎？有无气之理乎？有二气四德外之理气乎？（存性编卷二）思天地一
我也，我一天地也；万物一我也，我一万物也。既分形而为我，为天地
万物之灵，则我为有作用之天地万物，非是天地万物外别有一我也。时
而乘气之高，我宜效灵于全体；时而乘气之卑，我亦运灵于近肢。分形
灵之丰啬，乘气机之高卑，皆任乎此理之自然，此气之不得不然；不特
我与万物不容强作于其间，亦非天地所能为也。"（言行录）夫效灵全
体，实现群我也，运灵近肢，实现独我也；我为有作用之天地万物，则

实现二气四德之全我矣。东原曰："试问以理为我乎？以气质为我乎？设以理为我，以气质为所寓于中，是外气质也；如庄周老聃释氏之专以神为我，形骸属假合是也。设以气质为我，以理为质所受，是外理也；如荀子以礼义属圣人之教是也。二者皆我，则不得谓纯善者一我，杂乎不善者又一我矣。况夫古今之君子小人，未有非以血气心知为我者也；小人徇我而悖理，君子重我而循理，悖理者亦自知其非也，是性无不善也。"（绪言）又曰："克己复礼之为仁，以己对天下言也。礼者，至当不易之则；凡意见稍偏，德性未纯，皆己与天下隔阻之端。能克己以还其至当不易之则，斯不隔于天下，故曰天下归仁焉。"（孟子字义疏证）夫血气之我即情我，心知之我即理我，以己对天下言，即以独我对群我言也。然王戴均于欲中见理。（引见前）习斋独主存理遏欲，界别理欲甚严；（见言行录）斯则又有不同焉。他如潘用征郭善邻辈，亦皆力阐"天地万物一体"之义，所论实无创见，姑从略。①

自我实现说之批判

自我实现之说，于近世最为流行，评之者亦众，而力持驳论者为戴纳教授（Prof. A. E. Taylor）。其专评自诚一文（self realization criticism）载国际伦理学杂志卷六（international journal of ethics, Vol. vi)，略谓："自诚可谓德鹄之完义乎？由一方言之，行为皆自诚也，由

---

① 唐鉴《学案小识》述郭善邻己说云："己与我皆对人而立名，义则各别。己自兼性分而言，我则形体也；故由己推之，天地万物皆一体，自我言之，隔膜之外判不相属矣。"此以己与我别言，殊无关宏旨。钱穆《中国近三百年学术史》所钞潘用微《求仁录》有云："仁者浑然天地万物一体，致其触物一体之知，在格通身家国天下本是一体之物，不知见在真心，则不知浑然天地万物一体，故虽言一体而实非浑然一体。"此亦不过近溪近山之绪余耳。晚清谭嗣同作仁学，亦言："通天地万物人我为一身。"其说似颇恢诡闳肆，然而杂矣。

他方言之，行为无自诚也；特别行为容有实现自己人格之注意，而通常道德行为之无此觉识决定者，则比比皆是也。自诚莫不以自克为代价，无纯乎实现之行为，亦无徒然克制之行为。譬之牺牲与自私、忠爱与叛逆，等是行为也，然实现其一于己，须克制其他以为代价。若行为不择善恶而一切实现之，似可以自免冲突，而已陷于大戾矣。夫善必有自诚，善必为常我，（permanent self）全我群我之实现，固也。顾人是否生而本善，未可臆断；行为之善者，往往不在自诚而在自牺，非压抑我之一部不能实现他部，而善之要素，亦非必全在为群；福也、知也、德出、皆善之要素也，善又不以合是数者遂而尽也。善或谓之自诚，或谓之自牺，未始不各得真理之半，而结果终归於妄。若置自牺而专言自诚，则除自我状态外、究无可以为伦理之鹄者。当我之欲一物也，其欲之者、我也，及得我所欲之鹄，我斯实现焉。自诚说之可认为真理者，如是而已。要之是说误点甚多，因其人而异，约举之有三：伦理之鹄在我，而所谓我者、恒为自身之我，一也。所有振奋之状态、恒为自感满足之状态？二也。其实现之我、于自觉中徒为主体与客体之貌合，三也。"[1] 观戴氏所论，盖以自诚恒与自牺相矛盾，离自牺而从事自诚，则所实现者不得皆谓之善；自诚而不免于自牺，则所实现者，终非全我；此自诚说之罅漏所在也。抑戴氏之评自诚，似混同"自见"（self-expression）而并訾之；自见者，自我表现也。自诚则公溥而无妄，自见则私蔽而不明；二者固自有别，而自诚与自牺亦非全相矛盾。麦肯最亚丹士（J. Adams）两教授盖尝辩之矣。麦肯最曰："自诚特实现真我之谓耳。真我者、理我也，群我也；单纯之独我非真我，吾必否定之；唯有以实现群鹄（social ends）者实现真我，以牺牲独我者实现群我。真我之实现愈圆满，全体之观点愈接近；视人之善犹己之善，视己之善犹人之善，是正为全体而自诚也。吾牺牲私我之一切愿望以求自达，而

① 按戴氏于所著《行为问题》（*The Problem of Conduct*）一书亦尝论及自诚，词旨与此略同。

自达之精神及正鹄均与所以达人者同。吾所求非独己之善，亦非独人之善；人己均为全体之一员，吾必兼善焉。迨吾以此种精神为生活时，利己利他之见不复对立，而矛盾自泯；故由此观点言之，与其谓人生终鹄为自我实现，不若谓为理性世界之实现也。"亚丹士曰："吾人皆知人生之最高理想为自诚矣。论者以为自牺乃自诚之否定，实则二者彼此相需而成一可以理解之全体；吾人在实现中牺牲，在牺牲中实现最高之我。自见说认我为己成，只须有表现之所；自诚说视我为一业可能性，若欲达于圆满实现之境，则尚待致力。单纯之自见使吾人复返于各为一己而竞争之自然状态；自诚之理想基于社会有机体观；视我之实现自身，非反群以实现之，乃在群内服从约束以实现之。盖认自我须与他我共存，不得囿于自营己生之通常语义，而自我对他我且有相当之屈伏也。"①两家所言，殆本乎楷尔德（Caird）"由自牺而得自诚"之警语，而与倭铿由否定以达肯定之旨亦合。信如是，则自诚不过自牺之异名，岂遂足以塞难者邪？于是佘慈教授又为之说曰："自诚之理想，究竟界（Kingdom of End）之理想也，善群也，非为利己也；所以使人人实现也，非徒实现一己而已也。真我之别于伪我，以其充周而统一也，真我即社会之群我，伪我即私小之独我。所谓善者，乃善群而无竞者也。在实际未臻完善之社会中，自牺认为道德要素，固非善群者所能免；若在理想之社会，则独善与群善之完全实现将两无抵触，而自牺即渐非必要。盖理想社会之善，人类全体自诚之公善也，一己自诚即全体自诚之阶梯也。及吾人于自诚时，吾必不知其为自诚焉，吾且忘我于社会之中焉，则自诚适所以自忘（Self-forgetfulness）也。"② 盖谓自诚在实际社会中、有时不免自牺，社会愈进步，道德上之抵触愈少，及进而达于理想社会，则抵触全无牺牲全免；其言洵足为自诚之说解纷。然已由基督"伪我必

① 麦氏说详见《伦理学袖珍》篇三，章一，节五，页291～295，亚氏说详见《教育理论之演进》（*The Evolution of Educational Theory*）章五，页130～148。（参看余译《教育哲学史》同章，页149～169）
② 见《道德哲学》讲稿节十五。

死、真我永存"之教义，转入进化功利说之藩篱矣。总之，自我实现说固调和唯理唯情两宗而执其中者也，其间仍有偏倚抵牾者在也。或言自存自达而稍毗于情，或言自克自牺而稍毗于理，纯乎执两用中者殊罕，而自诚又未可与自见混为一谈也。麦氏既辩正戴纳之驳论，近又疑自诚之概念过于主观，仅认自我实现为最高价值实现之必需条件，不愿复以终鹄目之，[①] 有以哉。

---

① 见《现代英国哲学》第一集所载麦氏《建设性哲学》（*Constructive Philosophy*）论文页243～244。

第十四章
突创和协之人生

竞争互助及和协

世之治伦理者，皆自以为有得于至善矣。夫至善果何在耶？或曰在理性、在德义，或曰在情感、在乐利，或曰在最多数之最大福，或曰在社会之进化，或曰在良心之直觉，或曰在自我之实现；观此诸说，似最后一说几于得至善之大全矣。然犹未也；无我相，无人相，无众生相；尽己性以尽人性，尽人性以尽物性，尽物性以赞天地之化育；人人皆善其生而不相犯，物物皆遂其生而不相害；无一夫之不获，无一物之失所；天下一家，万物一体，各部辅翼协合，以创全体之大美；举世谐和，群生突进；"至善"有在于是者，吾闻其风而悦之，僭树一义，字曰"突创和协"（emergent harmony）；其或较自我实现说为更进乎？昔赫勒克利图以为万物起于争斗，终于和平。毕达噶腊以为和谐基于宇宙，成于人类。[1] 霍布士以为民之初生，唯争与杀。卢骚以为天之所赋，唯爱与和。耿伯兰以为和本原人自然状态，战起于和平之后。赫智尔以为世界史不外优国并吞劣国之迹，战争可抗阻民族退化之趋势。莱伯尼以为世界有预定之调和，而吾人

---

[1]　参照俞伯维《哲学史》卷一，节一五，节一六，页38～47，及薛几微《伦理学史大纲》章二，节一，页13～15。

身心自一致。叔本华以为万物有竞争之意志，而人与人争为最烈。若而人者、大率认不争即和，不和即争，不知其间有助之一事也。达尔文（Darwin）物种原始言生存竞争，本有广狭二义，广者为异类之争，狭者为同种之争。赫胥黎（Huxley）专取狭义，昌言霍氏所谓"人各与一切战"（war of each against all）为初民生存之公例。尼采（Nietzsche）变本加厉，肆言"但战斗，不必工作，但制胜，不必和平"。均借优胜劣败之理，扬弱肉强食之波。马克思（K. Marx）与达氏同时、而倡唯物史观，自以为堪与进化论媲美；侈言社会进化史即阶级斗争史。柯茨基（K. Kautsky）祖述其说以治伦理，至谓"民族间之敌对可克伏，而阶级斗争未能避免"。阶级斗争特生存竞争之狭而又狭者耳。达氏于其人类由来一书，尝谓最适之群，助而不争。斯宾塞（Spencer）于其伦理学张本（the data of ethics）附录中尝广为"孰为适者"之讨论。俄国格斯勒教授（Prof. Kessler）有一讲演，则于"互竞"外证明"互助"之尤为重要。而艾斯彼奈（Espinas）拉来桑（L. L. llanesian）毕希勒（Buchner）德鲁蒙（H. Drummrond）苏则伦（Sutherland）诸氏咸有关于互助之著述。克鲁泡金（P. V. Kropotkin）于是集其大成，自著互助论；（Mutual Aid, 1902）以为：达氏争存一语、宜唯广义是从，动物人类之与天然奋斗、均大得力于互助；种无论强弱，多助者昌，寡助者亡。所谓适者，非强非狡，实善于互助以利其群焉。又以为互助原理特别在伦理界完全显其重要；人类互助起于部落生活，由部族而宗族，而族联，而民族，而全人类，其观念益广以纯。互助中可觅得道德概念之根原；而引导伦理进步者，乃互助而非互竞，可以断言。[①] 克氏别有伦理学之起源于发展一

---

① 以上参照《互助论》导言结论，及章一，页12～14，章三，页63～64，艾氏书为《动物社会》（Les Societes Animales，1877），拉氏书为《竞存与合竞》（La Lutte Poull, Existence et Liassociation Pour Ia Lutte，a Lecture in April 1881），毕氏书为《动物界爱情及爱之生活》（Lieve und Lieves-Loven in der Thierwelt. 1882），德氏书为《人类由来讲演》（The Lowell Lectures on the Ascent of Man，1849），苏氏书引见前。按孟子公孙丑下云："得道者多助，失道者寡助，寡助之至，亲戚畔之，多助之至，天下顺之，以天下之所顺，攻亲戚之所畔，故君子有不战，战必胜矣。"义与此略同。

书，即据此立说。然克氏既谓互助与竞争交相为用，又认"犯而不校、与多于取"之道德原理较高于平等或公道，似自违其道德与自然一致之主张。[①] 至释团结（solidarity）一词，言其在道德界表现为同情互助及"休戚与共"，团结与平等构成社会公道之必要条件，亦不过认团结与自由平等相调和，[②] 犹未明揭和谐为人生之最高理想也。第一次欧战后，人人想望和谐之人生；华尔登著和协主义与觉识进化，哈蒲浩著原善[③]，（the rational good）芮蒙著伦理与自然律，杜里舒（H. Driesch）著理论与实践之伦理原则（ethical principles in theory and practice），拉斯基（N. O. Lossky）著世界之有机全体观（the world as an organic whole），麦道葛著伦理与近今世界问题（ethics and modern world problems），麦肯最著人生之根本问题（fundamental problems of life），赫尔迪（A. Heard）著人道之升进（the ascent of humanity）。于此各有所见，而华氏哈氏最能阐明和协之义。（principle of harmony）华氏云："和协但有关于生活，无关于数理，故和协非固定不变者也。"[④] 此以进化诠和协，与毕达噶腊大异。哈氏云："和协者、互助之形式（A Form of Mntual Support）也，全体中各部分以彼此之关系而互相保持，互相促进者也。"[⑤] 此以互助诠和协，与克鲁泡金略同。盖哈氏所用和协一词，包涵调和、互助、协作诸义，有内界之和协，（internal harmony）

---

① 亦见《互助论》结论。

② 见《伦理学之起源与发展》英译本导言所述。

③ 按哈氏序文自谓 1911 年受纽约某伦理讲师之启发，乃作是书，而未著其名氏。华氏书 1922 年出版，芮氏书 1920 年出版，麦氏书凡六章，除小注及附录外，皆其在西北大学特别讲演之原稿，1924 年在英国出版。罗氏书原为俄文，达廷顿（N. A. Duddington）英译本 1928 年由牛津大学出版，杜氏书原为德文，1927 年在莱比锡出版，壮斯顿（W. H. Johnston）英译本 1930 在英国出版。麦肯最此书于 1928 年出版，赫氏此书于 1929 年出版。此外华尔登氏（Sir Charlcs walston）所著《和协主义与觉识进化》（*Harmonism and Conscious Evolution*）一书，于 1922 年出版，亦有一章言及伦理，然非伦理专著也。

④ 见《和协主义与觉识进化》章四，页 278。

⑤ 见《原善》章五，页 69。

有普遍之和协，（universal harmony）而普遍之和协、颇近于中土所谓
"太和"；惜仅限于人类，未推及宇宙万物。最近韦斯氏（P. Weiss）有
所谓"宇宙伦理"（cosmic ethics），似略窥万物一体之旨，而于普遍和
协之理、抑又忽焉。①

　　中土先民秉中和之性，垂中和之教；自黄帝迄于成周，由来旧
矣。② 春秋以降、百家争鸣。老子一面言："天地圣人不仁，以万物百
姓为刍狗。"一面言："万物负阴抱阳，冲气以为和；赤子号而不嗄，和
之至。"既谓："慈故能勇，战胜守固；抗兵相加，哀者胜矣。"又谓：
"善战者不怒，善胜敌者不与；佳兵不祥，知和曰常。"终以废兵不争为
理想。孔子作春秋，非诈战不非偏战，尤不非义战（详繁露竹林篇）。
虽自言未学军旅，其理想在太平大同；而又谓："善人教民七年，可以
即戎；君子无所争，必也射乎。"至谓："君子和而不同，小人同而不
和。"（以上见论语）则与老子之和光同尘异撰。孟子以为恻隐羞恶辞让
是非之心、人皆有之。虽尝言："春秋无义战（尽心下），善战者服上刑
（离娄上）。"且以好勇斗很为不孝（离娄下）。然论兵重人和，贵多助，
断言："君子有不战，战必胜。"（公孙丑下）其称曾子之大勇，则曰：
"自反而缩，虽千万人吾往矣。"（公孙丑上）荀子以为争起于人之有欲
求，（详礼论）和起于群之有分义，（见王制篇）虽尝以斗为忘其身、忘
其亲、忘其己，（见荣辱篇）而于宋子见侮不辱之说、则力驳之。又谓：
"兵所以禁暴除害，非争夺也。"墨子以为民始生未有刑政之时，内者父
子兄弟作怨恶离散，不能相和合；天下之百姓皆以水火毒药相亏害。于
是力主尚同兼爱而非攻，并言"君子无斗"。（耕柱篇）然又谓："学成、

① 韦斯氏有《趋向宇宙论之伦理学》一文（Towards a Cosmological Ethics），载 1938 年
　11 月《哲学杂志》三十五卷二十四号。
② 黄帝始作制度，得其中和（白虎通）。唐虞之世，慎和五典（史记五帝本纪），合和五
　教（国语郑语）；九族亲睦，同寅和衷；万邦协和，黎民时雍；八音克谐，神人以和。
　成周以乐德教国子而首中和，以五礼防万民之伪而教之中，以六乐防万民之情而教之
　和。中和之教、由来久矣。

战而死，犹欲枭而仇"（鲁问）则非私斗不非公战。又谓："彼非所谓攻也，谓诛也"（非攻下）则非攻不非义战。又谓："大国之攻小国也，同救之"（非攻下）则非攻不非守。独商鞅韩非持侵略主义，极端倡攻战；宋钘尹文持无抵抗主义，极端非斗争[①]。儒墨道三家同非侵夺不义之战斗，实不非守御合理之战斗；而建立太和之宇宙观、中和之人生观者，厥唯儒家之易传中庸两书。易传由宇宙推及人生曰："乾道变化，各正性命；保合太和，乃利贞。"中庸由人生推及宇宙曰："致中和，天地位焉，万物育焉。"则太和非不变，中和非无为也。汉兴，淮南子一方言争，一方言助（详兵略训）；且本太和以言中和[②]。始元时、议盐铁，大夫主备边讨胡，贤良主贵德贱兵[③]。王充论衡、宣汉恢国两篇盛称廓土，物势篇有物竞生存、优胜劣败之论；而治期篇祖述韩非，颇类生计决定道德之唯物史观[④]晋鲍敬言以为古无君臣，不竞不营，不相兼并攻伐；葛洪以为上世人争萌于衣食之情，贼杀兼并、起于自然（详抱朴子诘鲍篇）。唐孔颖达序易疏书，颇得和协真谛[⑤]。杜甫赋前出塞，白居

---

① 《商君书》画策曰："能壹民于战者民勇，不能壹民于战者民不勇。"韩非子八说曰："脩孝寡欲如曾史，曾史不战攻，则国何利焉。"宋钘明见侮不辱，救民之斗；禁攻寝兵，救世之战；见庄子天下篇。尹文亦言："虽见侮而不斗，未失其所以为士。"详吕览先识览正名。

② 《淮南子》道应训曰："阴阳不及和，和不及道；通于太和者，惛若醇醉酣卧以游其中，而不知其所由。"傲真训曰："至德之世、提挈天地，而委万物；是故圣人呼吸阴阳之气，而群生莫不颙颙然仰其德以和顺。"氾论训曰："天地之气、莫大于和，阴阳调、日夜分而生物；春分而生，秋分而成；生之与成，必得和之精。圣人之道、宽而栗，严而温，柔而直，猛而仁；太刚则折，太柔则卷；圣人正在刚柔之间，乃得道之本。"

③ 大夫谓："往者财用不足，战士或不得禄；赖均输之蓄，仓廪之积，战士以奉。"文学谓："善克者不战，善战者不师，善师者不陈，修之于庙堂而折冲还师。"详见盐铁论本议力耕两篇。

④ 《韩非子·五蠹篇》有"饥岁幼弟不饟，穰岁疏客必食"之语。论衡治期篇云："让生于有余，争起于不足；饥岁不食亲戚，穰岁召及四邻。"

⑤ 《周易正义》序云："圣人……象天地而育群品，效四时以生万物；……顺则两仪序而百物和，逆则六位倾而五行乱。故王者动必则天地之道，不使一物失其性；行必协阴阳之宜，不使一物受其害；故能弥纶宇宙酬酢神明。"尚书正义疏释洪范"相协厥居"云："群气流形，各有性灵心识，相，助也，协，和也，助合其居者、言民有其心、天佑助之，令其谐合其生。

易歌折臂翁，均戒开边黩武。韩愈论蛮夷云："至纷不可治，草薙而禽
弥之。"（赠郑尚书序）柳宗元论封建云："群之分、其争必大、大而后
有兵。"宋苏轼乃以封建为争乱之原曰："凡有血气必争，争必以利。"
（志林）张横渠少喜谈兵，见责于范文正；受中庸，治易传，以作正蒙，
而太和篇冠首；其言曰："太和所谓道，中涵浮沉升降动静相感之性，
是生絪缊相荡胜负屈伸之始；不如野马絪缊，不足谓之太和。"又曰：
"天本参和而不偏，养其气、反之本而不偏，则尽性而天矣。"（诚明篇）
明胡敬斋唐鹤征蒋道林高忠宪辈皆喜言太和，而王船山最得横渠之旨。
船山正蒙注云："太和、和之至也，道者、天地人物之通理，所谓太极
也；阴与阳和，气与神和，是谓太和。"又云："人物同受太和之气以
生，本一也，而资生于父母根荄，则草木鸟兽之与人，其生别矣；于
其同而见万物一体之仁，于其异而见亲亲仁民爱物之义。"盖太和固
阴阳会合冲和之气化，实人物生活协和之理境；"九族睦，百姓昭，
黎民雍，鸟兽草木咸若，必依我之绥以为来，动以为和。"（船山语）
似渐进而实突创也。孙中山先生论物质、物种、人类三期之进化曰：
"物种以竞争为原则，人类则以互助为原则；人类今日犹未能尽守此
原则者，则以人类本从物种而来，其入于第三期之进化、为时尚浅，
而一切物种遗传之性尚未能悉行化除也。然而人类自入文明之后，则
天性所趋、已向于互助之原则，以求达人类进化之目的矣。人类进化
之目的为何？即孔子所谓大道之行也、天下为公。"（孙文学说第四
章）旨哉言乎！窃以为竞争互助乃天演所经历之两种途径，突创和协
乃人生所蕲向之一种终鹄。争起于生活关系之有对而相抗，助起于生
活关系之有待而相倚；助与争相反相成相续相代，以归于和协。统观
人物进化之程，始或争多于助，继或助多于争，终或几乎有助无争，
骎骎趋于太和。人类若已达大同，或将曳物种以共趋于互助，更进而
求达太和之鹄，亦未可知。太和者，谓人物生活关系之和协，层层创
进不已，造乎其极而又无极也，和协由内而达外，由人而及物；有个
人心身关系之和协，有社会关系之和协，有国家民族之和协，有世界

人类之和协，有宇宙万物之和协，太和盖至善之所在也。下请分别述之：

个人心身关系之和协

吾人生命之存续曰生存，生命之活动曰生活；身为生命基层之物质结构，心为生命高级之精神活动。身者、心之质，心者、身之式；心身各自成一系统，各自为一关系，均不含有隐秘之实体。[①] 心宰身而突现，身倚心而完成；彼此间之关系无所谓因果，既非交感，亦非平行，特依倚而涵括，形成有机全体发展之层级耳。人身生命活动之无意者、发于躯干中之自动神经系，其有意者、发于脑脊神经系。无意之生命活动进而为有意之精神活动，且达于智慧支配之一级，则不复谓之神经作用而谓之心灵作用，以其具有新性质、新法则、而为突创品也。然自动神经系之无意动作，如食饮、如消化，必有欲望发展，而与脑脊神经节相接触；否则其所消化者甚微，而其活动亦不得觉。高等情绪之表现，或悚慄、或沮丧、或大笑、或啜泣，往往为生理上之律动，而可归因于自动神经系之动作；故节制行动，即能间接节制情感；[②] 则两系神经之联系，两种活动之交流，亦足证明身心之不能两离矣。顾身内有白血球能歼害菌，肝脾及淋巴腺内有一种细胞能毁赤血球；心内有道心与人心战，有天理与人欲战；心身之间、又有所谓心灵之律令与肢体之律令交战，有所谓精神方面之理性与肉体方面之动物性交战。子夏曰："吾入见先王之义则荣之，出见富贵之乐又荣之，两者战于胸中，未知胜负，故臞；今先王之义胜，故肥。"程伊川曰："有人胸中常若有两人焉，欲

---

① 说本马文（Marvin），参照柏屈克（Patrick）《哲学概论》章十八，页318～322。
② 参看柏屈克《哲学概论》页323，芮蒙《伦理与自然律》页13～14，及唐译詹美士《论人生理想》第一讲，页2。

为善、而有恶以为之间，欲为不善、又若有羞恶之心者；本无二人，此正交战之验也。持其志、使气不乱，此大可验；要之圣贤必不害心疾，其他疾却未可知。"（遗书语录）义乐存于心，肥腯形于身；义胜固佳，而乐念久抑思逼，或至人格分裂。他疾盖指身疾言，心疾殆即佛洛特所谓"情结"作祟，圣贤善用克治薰化之功，故无是疾也。晦翁言理欲无中立，阳明言理欲不并立。（引见前）真西山独谓："使道心常为一身之主，而人心每听命焉；"阳明盖尝非之。曾涤生以身被私意私欲缠扰，立志痛与血战一番；（见癸卯求阙斋日记）非亦深慨心中之贼难除乎？倭铿曾大呼为精神生活之独立而与感觉界自然界宣战矣。其弟子林兑（F. Linde）以为：欲保持理性而向善，须剿灭肉体方面之强敌；所谓品性与德行，即此战胜者之徽号。然猛兽尚可训养为家畜，肉体之动物性，未尝不可驯养而为理性之忠仆；倘自然之冲动欲望与理性义务融和，使肉体与精神之战争停止，则此和平生活未始不可期诸壮年，而青年犹当奋斗。① 其实壮年正为奋斗时代，何期望和平生活之急邪？芮蒙罗素均论及欲望之冲突与和谐，其结论大致不殊。芮蒙曰："人之禁为恶，强为善，其机能悉包含于身欲心欲相冲突之觉识中；身欲必唯求一己餍足，两人所食饮、不能恰为同物；心欲必求同时能满足他人，凡属精神性质者、虽来自耳目之官，亦不尽为一人所独有；景色、乐音、诗歌、辩论及真理之属，吾与人皆能完全共享焉。身欲趋于非理性动物性而利己，心欲趋于理性人类性而不利己；二者本身不必为德、为不德，均使之满足、乃人类生命之存续所需，而各欲同时满足、偶或不可能，即与道德问题相关联；于是二者之冲突起，而此事实遂为人之良心所觉。良心机能在人之本性内、引导思想于不安不调之境，至于辨识身欲使之与心欲和合而后已。"② 罗素曰："依内心之说，大概行动为爱之情绪所鼓舞者，善也；为憎之情绪所鼓舞者，恶也；此观点当由更属根本

————————————

① 参看李石岑《现代哲学小引》及钱鹤《人格教育学概说》。
② 见芮蒙前书序文 43～45 页。

之事物演绎而出。吾今思之，善恶盖出自欲望矣。然吾非直谓善即所欲也，以众人之欲相冲突，而善之于吾心、大要为指定由此冲突以求出路之社会概念故也。虽然、冲突不唯存于众人之欲望间，且存于一人而异时之矛盾欲望间；即在同时而孤立者、亦往往有之。设鲁滨荪倦与饥冲突，一时觉倦之难堪，他时料饥之将至；既倦犹黾勉从事，以备他时所需之食，则具有道德上之努力与自制。彼有欲望多种，每种在一时较他时为强；其在一瞬间为最强者，恒实行之；其在长时间为次强者、可战胜；于是乎含有智慧。而或以为智慧前进，斯有和谐生活之欲望滋长；和谐生活者，行动为始终一贯、近似永恒之欲望所支配者也。"①盖芮氏认身心之欲呈于觉识，有良心为之指导；罗氏认爱憎之情基于欲望，有智慧为之抉择；其主张欲望由冲突达于和谐，一也。哈蒲浩尝论冲突之和协矣，其言曰："设吾心同时有两种相反之冲动，其结局不外三例：第一例、甲冲动全为乙冲动所压制，和于行不和于情；若甲冲动根深蒂固，其不和将终乎一生。第二例、两冲动并驾齐驱，心不能定取舍，势将无和协之可能。第三例、甲冲动化而裁之，不过其则，自与乙冲动并行不悖，其为道也节而非绝；——冲动、归于和协，即亚里士多德所谓中。之三例者，吾人当知所择焉。"②夫有觉之冲动即欲望，无觉之欲望即冲动；冲动乃本能驱策之生命活动，而本能与情绪相随属。人有喜怒忧惧四大情绪系统，实原于两种基本冲动，或谓之欲恶，或谓之爱憎。③ 大学言及忿懥、恐惧、好乐、忧患，统之以好恶；中庸则云："喜怒哀乐之未发、谓之中，发而皆中节、谓之和。"喜乐属好，哀怒属恶；未发为性，已发为情；其未发也，不作好，不作恶，是谓性之中；其发而中节也，好恶得其正，是谓情之和。彼雅氏所谓中、哈氏所谓和、均就已发之情言，中和同义、似与此相违，殆亦析言有别，浑言

① 见罗素《哲学大纲》(*An Outline of Philosophy*) 章二十二，页 229～232。
② 见《原善》章六，页 98～99。
③ 参照霍布士、噶勒格 (W. Graig) 麦道葛及单德 (Shand) 诸氏之说。

不别欤！荀悦有言曰："养性秉中和，守之以生而已；故喜怒哀乐思虑必得其中，所以养性也。气宜宣、而遏之，体宜调、而矫之，神宜平、而抑之，必有失和者矣。夫善养性者无常术，得其和而已矣。"（申鉴俗嫌）又曰："……有人于此、好利好义，义胜则义取焉，利胜则利取焉；此二者相与争，胜者行矣；非情欲得利、性欲得义也。而可兼者、则兼取之，其不可兼者、则只取重焉；若苟只好而已，虽可兼、只取矣。（原注：有阙文，今增只字，）若二好均平，无分轻重，则一俯一仰，乍进乍退。"（杂言下）夫养性必须养情，得和可以得中；二欲起争，只好则争免，兼取得和，只取则和以胜致；视哈氏之贵兼取不贵只取，已胜一筹。而宣气、调体、平神，更足上儗亚里士多德之合和三德，柏拉图之调和三性矣。三性者，理性、灵性、欲性也；欲性叛理性、则灵性与之斗，理性制欲性、则灵性为之助；叛徒就范、则向为忠仆者又与之互助以事其主，而心灵调和之用显。三德者，智德、体德、行德也；智德所以穷理，体德所以摄生，行德所以御欲；而志行薄弱者心中有冲突之两原理时，往往徇物欲而违理性。饮食得中则合生理，运动得中则属体育，好恶悲喜得中则资艺术，理性情欲得中则成德行。[1] 身体之和谐曰健康，心灵之和谐曰正善，健康固德之始基也。唯柏氏主解脱，心和贵于身；雅氏尚玄想，智德高于行德；（详见前）斯则终非身心圆满协和之生活，而个人修养工夫、亦概乎未尝有闻焉。善乎晦翁之言曰："持养之久则气渐和，气和则温裕婉顺，望之者意消忿解、而无招哂取怒之患矣。体察之久则理渐明，理明则讽导详款，听之者心喻虑移、而无起争见却之患矣。更须参观物理，深察人情，体之以身，揆之以时，则无偏蔽之失也。"（见晦翁学案语要）敬义夹持，内外兼修，学者当体会而自得之。

---

[1]　参照柏拉图《共和国》及《尼珂玛克伦理学》二书。

社会关系之和协

人生有内部之心身关系，有外部之社会关系；社会关系者，人与人、群与群之关系也，亦人对于群、群对于人之关系也。人多同欲而异能；其同也有得有不得，不得则起争；其异也有能有不能，不能则求助；助渐易争，乃可以善群。人在每一群型中、因各种关系而具不同之身分，处各种地位而负不同之义务；个性为里，群性为表，遂突现一自觉之人格，而由个人觉识转入社会觉识。既觉有个人与同群各员之关系，复觉有个人与本群全体之关系，又觉有此群与其他各群之关系；大群涵小群，群体涵个体，社会觉识即随社会关系之推演而扩展。已欲衣欲食乎？人实助而衣之食之；已欲立欲达乎？人实助而立之达之；已欲善其身乎？群实大助而特善之；而人与群亦有需己之助之者，则竭己所能、以衣人食人，立人达人，且兼善其群，社会关系即随社会觉识发展而增进。人各善其身而兼善他身，善其群而兼善他群；天下皆善、是之谓和，岂复有所谓争乎？顾人类冲动、本有用以互竞者，如愤怒、嫉妒、嫌恶、争斗、猎取及自尊是；本有用以互助者，如群聚、团结、唆示、模仿、同情及自抑是；饮食男女之欲、均为竞与助之媒，而爱憎之情，又与温柔、怀念、拒斥、争斗、自卑、自炫及喜怒忧惧诸冲动交相连结。有爱斯有憎，有助斯有争，此心理上社会上相对之事实也。[1] 罗素即主张发展创造冲动、抑制据有冲动、以改造社会，而又致慨于众人欲望之外界冲突、较一人欲望之内界冲突为更难解决，于是为之说曰："社会全体所欲之事物、乃谓之善，各种个人欲望和协之世界、较善于彼此冲突之世界、其事甚明，故'行动须引出和协而非不谐之欲望'，

---

[1]　格斯勒教授谓："群动自营而趋于互竞，衍种而趋于互助。"克氏颇不以此点为然。按自营，故有饮食之本能，饮食之事固多争，亦可以相助，衍种故有男女之本能，男女之事固相助，亦足以起争，未可一概论也。麦道葛单德均认爱憎两情操为诸情绪所连结造成之系统。

当为最高道德律。此律将适用于一人影响所及之处，身也、家也、市也、国也、皆是也；若彼能影响全世界、则亦如之。达此标鹄之要术有二：第一，建立群制，使各种个人各种团体之利益、在其下尽量减少冲突；第二，教育个人，使其本身之欲望能彼此相调和，并能与邻人之欲望相调和。若和谐之欲望为吾人所应求，则爱较善于憎；两人彼此相爱，均能满足；两人彼此相憎，不过一人能达其所欲之的。求知之欲当励之，以知之得非夺诸人故；好权之欲当抑之，以其为冲突有力之原故；而权力加诸物不加诸人，亦可因势利导之。要之，善之生活、特鼓之以爱而导之以知者耳。① 夫教育制度乃社会制度之一种，群制与教育，实非截然二事。社会之最小单位为家庭，其关系最密切、最韧固，基于夫妇亲子昆弟之爱，本乎天性而非纯由人为；若追其朔，群动已具雏型，以鸟类为尤著；进至人类、组织乃渐完密。其职能在使父母长期保育其子女，使子女成立后奉养其年老之父母，使夫妇昆弟互助协作，各尽其应尽之义务，有家宅，有家产，有家政，有家风，其道则造端乎夫妇，其制则始于婚姻。西俗虽厚夫妇子女，薄父母昆弟，实亦力求备具生物文化经济法律各方面之生活价值。② 夫妇本以爱合，爱极而憎，或亦易离，惟须相谅相让而济之以敬。男职外、女职内、今虽不为定程，而男女在生理上心理上不无相当之差异；分工分职、各顺特性，彼此正可取长补短、互相调剂。平等非必同一，差异乃有和谐；夫和、妻柔、父义、母慈、兄友、弟恭、子孝，家庭全体生活之和协、实自夫妇关系始；斯诚道德之良校也。家族范围较大，关系较复，自是宗法社会之遗制；中俗亲亲尊祖，敬宗睦族，民德归厚，意亦可取。唯厚父族、厚母族、厚妻族、皆宜有限度，未可以私害公。其或厚同姓，陵异姓，勇于私斗，怯于公战，更为现代社会所不容。然合家族为宗族，改良其

---

① 见《哲学大纲》章二十二，页234～235。
② 克鲁泡金以为人类社会生活起于种落氏族，非起于家庭，自指独立之小型家庭而言；今取麦肯最之说，朔原于动物；参看《互助论》，章三，页64～81，及《人生之根本问题》页163～165、页357～366。

组织，再联成国族，视彼以个人为单位者联合较易，中山先生则早言之矣。（民族主义第五讲）。自老子言"六亲不和有孝慈"，（十八章）庄子更以无夫妇之别为至德，（杂篇盗跖）无父子之亲为至仁。（外篇天运）近人康有为氏遂认男无分、女无归、人不亲其亲、子其子为大同，主张太平世去天伦，废家族，公育、公教、公养、公恤，以达于天下为公。（详大同书戊己两部）而希腊柏拉图及近代社会主义家以家庭为私产所属，亦有类似之主张。然使人不独亲其亲而亦亲人之亲，不独子其子而亦子人之子，不独爱其家而亦爱人之家；更扩而充之，爱所谓父母之邦，爱所谓兄弟之邦，爱所谓宗国祖国，以天下为一家、以中国为一人、以民为同胞、以物为与，家纵不去，大同何遽无望？罗近溪有言曰："孝、弟、慈、原人人不虑而自知，人人不学而自能，亦天下万世不约而自同者也。老吾老、及人之老，长吾长、及人之长，幼吾幼、及人之幼；家家户户、共相敬爱，共相慈和，虽百岁老翁、皆嬉嬉如赤子一般；便唤做雍熙太和、而为大顺之治。"（盱坛直诠）此虽不为高论，实切中事理；试验诸世界人类、语言万不同，而呼父母之音皆同，则真大同之基也。若竟拔本塞原，无别无亲，民知母不知父，甚至母亦不知；则人类将返于夷狄禽兽，尚复成何世晃？自矜理想至高，而适坠于至卑，是亦不可以已乎？至若乡里、学校、教会、职业等关系，亦适用家庭关系之原则；信睦任恤以待友，亲爱精诚以固群；爱吾乡不憎人之乡，爱吾校不憎人之校，爱吾教不憎人之教，爱吾业不憎人之业；人人若是，争端自泯。而职业分工、不涉固定，主佣订约，勿使失平，庶免埋没天才，激成阶级斗争；斯则群制之亟宜改革者已。

群制者，所以发展本能而维持生活者也。夫群制果以发展"个性"为宜邪？抑以发展"群性"为宜邪？世有为之说者曰："群制之设，须依乎吾人生活之现状。吾人生于是，长于是，各有以养其欲，给其求，社会乃得维持于不敝。群制而不合于吾人之所需，固不如听其毁裂而别以新者易之；然亦须实有以愈于旧而后可。徒事破坏，未见其得。利不什，不易器；害不百，不变法。要之群制须适于吾人当时此地之情形而无所凿枘，乃为善耳。"斯说也，哈氏字曰"哲理上之保守主义"。(philosophic conservatism) 又有为之说者曰："群制当建设于'相类原则'（principle of similars）之上；相类者，平等之徽识也。自有社会组织以来，群制往往利于特殊之个人、特殊之阶级、特殊之种族，而不利于其他。损下益上，剜肉补疮，一部分之善，适为他部分之恶，不平莫甚焉。相类之群制则不然。苟非有实质之异，利于甲者必利于乙。盖均乃为善也。谓私产制度为表现人格之具邪？则试问无产者之地位宜如何？有产者之义务果安在？凡事之利于寡而害于众，得于此而失于彼者，岂惟不平，抑亦至不和矣。"是说也，哈氏字曰："哲理上之社会主义。"(philosophic socialism) 又有为之说曰："冲动乎？人格乎？其为现行群制所压迫摧抑者，诚不知凡几也。冲动固不可无节制，但当使之不与生命全体之活动相冲突而止，束缚驰骤无取焉。群制依旧施行，而辅以自由之新质，解除一切拘挛，俾生活充实和协，进乎合理之规律。此解放之道也。今有两制于此，均为本能留发展之余地，而一广一狭，宁不弃狭而取广邪？"是说也，哈氏字曰："哲理上之自由主义。"(philosophic liberalism) 保守主义迷信小己之权利而偏重"个性"，弊至摧残社会以求其所谓适；社会主义崇拜社会之权威而偏重"群性"，弊至销灭个性以求其所谓平；自由主义一方重"个性"，一方重"群性"，调停于二者之间，以求其所谓和。于是哈氏乃为之结论曰："世无绝对之权利，亦无绝对之义务。权云义云，均为构成和协之部分。无论何权，以不侵及他权为限，是即义之所在。权而破义，是谓不和。社会者，特大于小己之一种结构耳，非必丧失小己于其中也。社会，全也；小己，分也。积分而后成全，宁有成全在于损分者乎？自人世多不幸，小己有时须牺牲，而全体之善，终非在其部分之牺牲不已也。社会藉各种势力之互为作用，以生以长，而冲动乃其唯一之原质。质有和，有不和，取其和者而同化之，斯为群制之基。夫如是，即不可狃于独而遗其群，亦不可骛于全而忽其分。改之必可行也，行之必可成也。其行其成，且有以解放官能，利便协作，而扩张其所及之范围焉。"① 盖哈氏之意，以为自由主义，即和协主义也。窃谓自由主义可以语"妥协"（compromise）不足以言"和协"（harmony）。保守主义中之资本主义实行豪强兼并，社会主义中之共产主义实行阶级斗争，其非和协、自不待论；自由主义不揣其本，徒齐其末，弥缝罅隙，粉饰太平，亦岂和协之谓与？豪强兼并正自由竞争之结果，阶级斗争即生存竞争之加厉；被压迫之无产阶级颠覆统治之有产阶级而代之，以暴易暴，阶级终难消灭。马克思以道德为社会心意形态之一，决定于社会生产关系，恩格斯（Engels）则谓："道德恒为阶级之道德，或用以保证统治阶级之支配力，而巩固其利益；或反映被压迫阶级对于此种支配力之义愤，而为其将来之利益代作主张。"柯茨基亦认道德有无产阶级之道德与有产阶级之道德，即谓："一种新道德理想不能仅从阶级仇恨发生"，而又谓："唯阶级斗争之动力能使道德理想产生效果。"② 不知无产有产两阶级尚未形成之社会，斗争无所用之；而道德亦可决定经济也。中山先生曰："社会之所以有进化，由于社会上多数经济利益相调和，非由于社会上大多数经济利益相冲突。"（民生主义第一讲）彼马克思袭用物种竞争之原则，以憎之心理鼓动世界之阶级斗争；中山先生改用人类互助之原则，以爱之心理预防中国之阶级斗争；经济利益因互助而调和，非决定于道德乎？夫人类冲动之属于"互竞"者，似为"个性"之表现；冲动之属于"互助"者，似为"群性"之表现。个性惟恐其发展太过，不过，则相反相成，亦适为互助之资；群性惟恐其发展不及，不及，则有偏有党，亦适为互争之渐。个性平均发展而不至于争，未始无补于社会；群性尽量发展而不外乎助，未始无益于小己。群制有能使吾人"助而免争"者，是则可谓之和协也已。

---

① 恩氏说引见平格微支《苏俄新教育》（Pinkevitch, *the new education in the S. R.*）部一，章一，页 27。柯氏说见《伦理学与唯物史观》（*Ethics and the Materialist Conception of History*）章五，节五，页 193，页 198。
② 以上详见《原善》章七，页 132～136。

国家民族之和协

　　国家民族从家庭家族演进而来，固非社会关系之最后型式；但由今观之，国家实最高之政治集体，民族实最大之文化集团，均为人群最上之精神突创品。在世界人类全体之关系未达集合程度时，国家民族仍居首位，家庭家族学校教会阶级及其他一切团体皆屈于其下；个人在国家觉识、民族觉识中、突现一国民之资格，而人格为之增高、义务为之加重；个性沉浸于国性或民族性之内，而群性亦非泛滥无归宿。民族包含种族，国家范围民族；世有无国家之民族，无无民族之国家；合国家民族为一，是谓"国族"或"族国。"（即所谓民族的国家）若文化乎？就广义言之、政治亦文化之一端；文化为民族与国家间联系之绳约，所谓"民族国"必为"文化国"，不徒以维持民族安全保护公民权利为职志，而对于人民之全部文化生活、且负有保持发展扩充之责任。文化乃民族之精神资本，国家为其所有主；文化乃民族之灵魂，国家为其躯体；文化乃民族有机体之心脏，国家为保护文化之胸壳；人犹植物，民族犹其植根之土壤，国家所以支持植物，有赖文化之空气使植物得开花于其中。无民族即无文化，无国家即无文明；人无国家、殆为野蛮人，唯有国家始能踏进文明之途。当踏进民族文化生活，人之精神于此而觉醒、而发达；结合于国家组织之中，生活于国家威权之下，服从国家之法令，为国家之理想而牺牲；凡此皆个人理智意志品性发展之作用，亦即文明之作用。故爱国家必爱民族，爱民族必爱文化。中华民族居中国之休地，受天地之中，因寒暑之和；同化东南西北精侥信朴劲刚肥戾之各族，一之虖中和。中华民国以共和代专制，拥四万万五千万之人民，保一千数百万方公里之领土；行三民之义，立五权之法；血战七载，跻于四强。①

---

① 参看《小戴记·王制篇》，《大戴记·千乘篇》，《汉书·地理志》及《中国之命运》第一章。

中华文化具有五千年之悠久历史，所有政教、礼乐、兵刑、赋税、学术、风俗、语文、书画、宫室、舆服、饮食、器用及其他物质上之发明制作，靡不容异统同，以中和为准则，（和有考证）并先后吸收印度希腊及近代欧美之哲理、宗教、政法、科学、工艺、美术，日进于广大精微博厚高明而道中庸。凡属中华国民、安得不深爱其民族国家及文化，而各尽其一己之义务邪？国家民族今既高于一切，个人对于国家民族之义务即高于一切；而对于家庭家族之义务、自在其次。昔商君列孝弟于六虱，以为不利于战；韩非作五蠹，假托鲁人有老父而三战三北之故事，以为仲尼失赏；更谓："公民少而私人众，私行立而公利灭。"盖当周秦宗法社会军国社会递嬗之际，家庭伦理与国家伦理有矛盾，私人道德与公民道德有冲突；法家非儒，不觉言之过激。而大小戴记均言："战陈无勇非孝"，（曾子大孝篇祭义篇）吕览孝行篇亦言："士民孝则守战固、不罢北"，则两方之矛盾冲突可以调和。戴记以孝统摄仁义礼信忠勇庄敬及其他一切德行，涵义尤趋于赅遍；移孝作忠，语本孝经；今则孝民族，忠国家，忠孝更属一致。处常则孝两亲与孝民族无择焉，忠一人与忠国家无择焉；处变则双方莫能兼顾，唯有权衡义务之重轻大小而为先后取舍焉。拉朗德实践道德述要云："吾人对于国家之义务如不能互相调和之困难时、则将关于国家物质繁荣之义务置诸关于公道及完善道德之义务之后。"（节吴译本一百三十一条）然则对于国家之各种义务、亦分轻重后先矣。斐希特之倡民族主义也，以为：精神之生命乃神圣之生命，永存之生命，个人以其为民族之一员而参与此生命。民族之于人、不独产生文化之生命、精神之生命，且超拔人以入于不灭之生命；民族不灭，而人之本身非不灭；然以人之属于民族、且为民族而生活也，则人即遗存于民族之中、而享有其不灭之性。故人之所以真为人者、在为其民族之肖子而已，在为其国家之公民而已。[1] 赫智尔之倡国家主义也，以为：国家乃最高之社会体制，先于个人、家族、社团、民

———————————

① 详见《告德意志国民书》第 8 讲。

族及教会，实绝对而万能者。国家所有唯权利，公民所有唯义务；本国对于他国、无义务之可言。国家非人类技术所造作，唯理性能产生之；国家之在自体、对自体、靡不合理，其实质统一性即其自体绝对之鹄的。个人之最高权利属于国家，其第一义务即在为国家之成员；国家乃绝对之实在，个人本身唯有以其国家一员之资格，而具有客观之存在、真实及道德。① 之二子者、对于民族至上、国家至上之义，可谓推阐尽致；唯自以为日耳曼族高于一切民族，德意志国高于一切国家，均失之夸诞。其实任何国家民族、应对内为至上，非对外为最高；而国家对内不容个人有自由余地，则又赫氏偏宕之过也。顾十七八世纪之个人主义派以为：国家社会不过各分子之总和，无非为其所由组成之个人而存在，其鹄的均由个人之利益而决定；国家仅为一种促进个人幸福之工具；而个人生活之理想，乃绝对自由而非牺牲与义务。赫氏务反其说，以国家为鹄的，个人为工具；矫枉过正，自非无故。杜威近年有个人主义之旧与新一书，略谓：科学技术发明前之个人观念与机器工业发达后之协作情境不相合，此种观念、造成新个性之障碍。个性凝合于自体以内，在社会中而有解放之机能；新个人主义唯有以控制方式利用科学技术之资产，方能达焉。② 其所谓新个人主义、殆有新民治主义之倾向；个性既不能离社会而得解放，个人即不能离国家而得自由。不自由之国家民族、决无自由之个人、为国家民族争自由而牺牲一己之自由与生命，即为个人对于国家民族之光荣义务。然使个人平时绝无自由，则牺牲无价值，义务无意义；得自由而以他人之自由为界，争自由而以国族之自由为先，人己群独之自由、庶可调和于法理秩序之中矣。中国民族、自求解放，境内各族、一律平等，种族可以此而和协。人民有权，政府有能；权能画分，政力平衡：政治可以此而和协。平均地权，节制

---

① 见德贺夫（De Hovre）《哲学与教育》部三，章二，页 273，及杜威《德国政治哲学》110 以下诸页。

② 见《政治哲学史发微》（*Studies in the History of Political Philosophy*）卷二，页 320。

资本；国家均产，阶级弭争：社会可以此而和协。教育机会、一律均等，全国文化、平衡发展：教育可以此而和协。中央与省采均权制度，不偏于集权或分权：中央地方之权限可以此而和协。国家对人民、满足四大需要而保障其法定自由；人民对国家、行使四大政权而履行其法定义务：国家人民之权义可以此而和协。唯在完全和协之先、内外魔障重重，必须革命抗战、乃能跃进而突创。暴敌当前，更须内部团结凝固，外与盟邦互助协作；乃能决全胜于最后，创永久和平之局。此次战争、为和平民族与侵略民族之战争，为民主国家与极权国家之战争，为正义与暴力之战争，为善与恶之战争；即工人侨民亦各为其祖国与正义而战，所有阶级观念、地域观念，乃至一切局部狭隘之观念，皆消融于民族觉识、国家觉识及道德觉识之下。上次世界大战、道德力战胜物质力（柏格逊说），互助论战胜强权论（蔡元培先生说），此次当非例外，而中国之责任綦重；威尔斯（H. G. Wells）所谓终止战争之战争，华尔登所谓终止战争之和平，固上次大战所未实现者，或将于此役验之乎？

世界人类之和协

人群之有国家、肇始于种落，种落合而为"市邦"、市邦合而为"族国"；霸者以力征经营天下，又强立所谓"帝国"。大并小，强吞弱，战争相寻，愈演愈烈而靡有已；则是人群以国为极限之过也。彼菲希特赫智尔及毕士麦（Bismarck）辈视国若神性，若理型，已以为国之利害高于良心之是非，国境即良心之疆界，强权即最高之正义矣。尼采嘲国为偶像、为怪物，而讴歌战争；陶尔斯泰（Tolstoy）诅咒战争，而主张无抵抗、无政府；其对于战争之态度固异，其对于国家之态度则同。佛格亨（Vaughan）教授述马志尼（Mazzini）之言曰："国民精神之自由发展，须对人类之真实生活而为至要，其从事于此鹄也、自无不善，

其纵而逆此鹄也、乃成非常之恶。"然则战争正国民精神之表现，或善
或恶，亦视其是否从事于人类真实生活之鹄耳。人即不能无家，终亦不
能无国；侵略之战争可非，而义战不可非，霸道之国可非，而族国不可
非。中山先生不云乎？"社会国家者、互助之体，道德仁义者、互助之
用。"（学说第四章）向使国为互助而立，不为互竞而设；非徒免争于国
之外、且免争于国之内，非徒为助于国之内、且为助于国之外；则国与
国互助合作，其关系自趋于和协，尚何大战之有哉？上次大战以后，国
际联盟粗具规模，先后加盟者达六十余国，不可谓非有史以来世界群型
之第一突创品。惜首倡联盟之美国不与其事，仅英法两国隐为盟主；盟
约等于废纸，裁军徒托空言；坐视日本之侵辽东、（1932 年）意大利之
灭阿比西利亚、（1935）德国之武装莱茵，（1936）无力制裁，托词绥
靖；及日本大举入寇中国本部，德义继起以扰全欧，第二次世界大战遂
复爆发，而国联亦因之解体。斯固由各国仍封于互竞之成见，不肯竭诚
互助，抑亦所谓绥靖主义有以误之也。伦理学书向罕论国际问题，哈蒲
浩氏倡普遍和协之说、犹未纵谈及此；唯曾谓："就伦理真谛而言，世
唯有一包括人类之最高社会，惜此社会从未见组织之显现。"① 盖亦慨
乎言之矣。麦道葛分一切道德之原理原则为两大系：曰"世界伦理"
（universal ethics），曰"国家伦理"（national ethics），殆为伦理学开一
新生面。"世界伦理"者、其原理原则系诸宗教，无论何国何族、人人
可以遵行，旨在挈全世界人类而使之一道同风，如耶、佛、回三教之伦
理是。"国家伦理"者、其原理原则限于一国一族，而他国他族则外之；
不惟约束人对于人之行为、且规定人对于国之关系，个人福利不能不受
国家福利之限制，如犹太教、婆罗门教、及日本中国之伦理是。彼乃从
而论之曰："两系固久相僢驰而未尝合和，实均为文明之基，阙一不可。
国家伦理而不受世界伦理之调节，战祸终必不免；世界伦理而不受国家
伦理之矫正，文明必致停滞而衰颓；会通两系而使之当于理、切于用，

---

① 见《社会公道原论》（*The Elements of Social Justice*）页 199。

殆当今之急务也。会通之法、须一方提倡‘真国际主义’（A true inter-nationlism），纠合强健稳固之民族为一社会、为一家庭，使各以道德机体（moral organism）自居，互同休戚，不相漠视：一方使各民族自为政治组织，有以完其对于全体人类应尽之职分；其组织半为平民式、半为贵族式，期于世界伦理国家伦理之格言，两不相背。若举世皆无政府（universal anarchy），若全球合为大同统一国，（A single cosmopolitan world-embracing state）诚为世界伦理之极致。惟皆不能实现之玄想耳。”① 予二十年前读其书、得其说，尝为之批判曰：“麦氏所谓世界伦理、实指宗教，所谓国家伦理，实指政治；易言之、特即宗教伦理、政治伦理而已。佛教普度有情无情，实超世界伦理而过之；耶回殆远不及，且向为战争之媒。穆罕默德及其信徒以武力传回教，耶教徒亦认卫国而杀人、为教义所许，（见陶尔斯泰耶教师徒对话）十字军之役、至久且烈。昔之犹太婆罗门，今之日本，皆囿于国家主义；中国则世传天下一家之训，大同理想至今益发抒恢弸，正世界伦理之楷模也。其分系良是，其举例则非矣。窃以为今当会通两系而别立一系，谓之‘国际伦理’。国际伦理者、不徒为人对于人之伦理而己，且为国对于国之伦理焉；不徒为人对于国之伦理而己，且为国对于人之伦理焉；不徒为同国人对人之伦理而已，且为异国人对人之伦理焉。行旧有之‘世界伦理’而归于‘互助’，存旧有之‘国家伦理’而防其‘互竞’；俾一切强弱文野民族各自领其地，自治其事。更以平等形式组织一世界联邦共和国，设立法、司法、行政诸机关以总其成，以平其争。权可集者集之，权当分者分之；事可同者同之，事当异者异之。各邦自不能无法制，不必强各邦政府同行一法制，各邦自不能无宗教，不必强各邦人民同奉一宗教。既有以发展人类之通性，而群性即在人类性之中；亦不致消灭民族之特性，而个性非在民族性之外。助而不争，和而不同，此或亦‘国际和协’之一道乎？麦氏独狭人种差别之见，不信人类平等之说，以为世

---

① 　以上见《伦理与近今世界问题》序文，页12～13，章一，页4，章二，页53～54。

界民族优当制劣；至谓不列颠帝国境内之父性专制，（paternal autocracy）实较平民政治（democracy）为智、为仁、为公正，① 盖隐然以盎格鲁撒克逊人为第一优秀民族，而所谓世界国家两系伦理之会通，实不过帝国主义之变相而已；'真国际主义'云乎哉?"近见施夫哥德博士（Dr. P. V. Schilfgoarde）有"世界统一之途径"一文曰："国际主义有两种：其一置国际精神于前面，面此精神即所谓全人类普遍集合之性质，是为二十世纪初之国际主义；其二以民族特性为起点，而国际主义视若各种民族特性之总业，是为将来具体之国际主义。吾人今后之任务、在使此具体国际主义成为实在，易言之、即在以一切民族有机结合之形式创造世界之统一。西方民族须放弃其统治者之资格，变其方针，择其行径，以诚心与东方民族合作，斯则将来达于世界统一坦途也。"②斯言也，可谓深切著明矣。

十余年前，麦肯最刊行人生之根本问题一书；既质疑于国家伦理世界伦理之截然画分，又承认国际主义与大同主义（cosmopolitanism）有别，而自揭"协作创造"（cooperative creation）之义。彼称引麦道葛关于国际和平之实际主张、约有两事：（一）各国在国际集团中之重要性，不依武力分等，而以教育经费之多寡为序；（二）世界航空权全限于国际权力机关之代表，使有不可抵抗之力量，负责推行国际法律。其从而补正之者：（一）各国等第以教育之效能及成绩为衡，体育乃其一端；（二）培养国际心理，多设国际法庭及各种委员会。而全书指要不外三点：一曰协作创造精神之发扬。创造而协作、则各个人各民族非孤立不相联合，适如元子论者之所臆断；协作而创造、则人群非受制于机器而不自由，适如机械论者之所悬揣。人固非生而自由，人实生而有力创自由、保自由，道在与其他一切人协作。二曰人类生活在政治、经济、文化三方面之发展。文化为人生之鹄，经济为人生之具，政治则合和二者

---

① 见麦氏前书序文第 1 页。
② 文载 *The Hibbert Journal*，Vol. XXXVIII 'No. 2，January 1940。

而实现人生之理想；三者之别在职能，不在人与人之间而分阶级；人人
纵各专攻一方面，实皆与全部生活有关。社会组织须有三种评议会各尽
画分之职能，须有一权力机关代表统一之全体。三曰世界共和国（a
world commonwealth）之建立。今有两种组织于此：一为合意之组织，
以相当权力支持之；一为强迫之组织，纯以权力为主，选择于二者之
间、似为两害相权取其轻，而协作创造可以救其弊。吾侪诚欲亟见一世
界大同之都会，而此都会将为人类文化经济政治各部生活大放光明之中
心；各国仍有处理其内政之自由，其足以引起严重冲突之事件、则须俯
受约束。英语民族所组织之统一体、有可为模范者。于是彼复为之说
曰："协作创造含有突创进化之义，生活不在盲目争存、而在追求高尚
价值之有觉努力。人人在其一定之生活阶段中、应先参与经济方面比较
机械式之活动，然后自由从事于纯属文化政治之活动；人人对于政府设
施、应有发言权，人人对于科学、艺术、哲理及道德宗教问题，应有理
解赏鉴之相当程度。凡博识洞见之学者理想、趋事赴功之职工理想、冒
险犯难之骑士理想、绝对宗仰至善之圣徒理想，皆连合为一，在所必
需。为善良之父子、先于为善良之邻人，为善良之邻人、先于为善良之
公民，为善良之公民、先于为忠爱之国士；故能为一善良之国士、然后
能为一善良之欧洲人，能为一善良之欧洲人、然后能希望为一善良之世
界公民。斯诚逐渐实现人生一切最高价值之途径也。"[1]夫各部分各成
员皆为统一全体之公鹄而彼此同等协作，统一全体亦顺各部分各分子之
特性而容其自由创造，其说诚较麦道葛为进，抑亦未免有民族自尊之偏
见存焉。近年有史脱勒惕（Stroit）者、袭白里安（A. Briand）之故智，
倡欧美联邦之说，以为现代世界病根在国家主权之未能超越，今当以超
越国家之主权代国家主权，即建立一各自由国家之公共联合政府，为超
越国家之权力机关；其广大基础不在国家或社会之代表而在个人代表。
并列举联邦所应实行者十三事，其中如各国军备之速减、战争物资之

---

[1]　见《人生之根本问题》页332，页343，页369，页371。

专管、联邦中央银行之创设、关税护照等限制之废除、联合航空力量之扩大、联邦公民资格之确定，皆最关重要。唯联邦仅限于欧美十五国，所见殊甚狭隘。① 自三年前美英当局宣布八项和平原则后，世界人士关于国际和平之建议曷可胜数？而主张最公正远大者、为威尔斯罗素拉斯基诸氏，其方案不遑具述。威尔斯早已摘发国联之弱点，力主实行较国际主义更为彻底之大同主义，则颇向慕中国固有之理想矣。

中国大同学说、以儒家为正宗。大同者，同人我，同外内，民无贵贱贫富之别，国无文野夷夏之殊，同情盛而争心泯，道德进化之最上乘也。易传谓之太和，春秋谓之太平，老庄书谓之大顺，小戴记礼运乃谓之大同，而太和视大同为更进焉，小戴礼中为子游门人所记者约九篇，礼运特自称言偃，全篇殆子游所记；（据邵懿辰礼经通论）自"大道之行"至"是谓小康"一段，盖即孔子晚年之微言，其下则子游所广述。子游、吴人，年最少，"深知礼意而不滞于迹"，（本黄以周儆居文钞）故独传大同之说。太平大同之名、亦见庄子，（见在宥天道）而礼运所谓大同，实与老庄有别。生而不有，为而不恃，长而不宰，衣养万物而不为主。（老子十章及五十一、三十四两章）小国寡民、使有什伯之器而不用，使民重死而不远徙；虽有舟舆、无所乘之，虽有甲兵、无所陈之，使人复结绳而用之；甘其食，美其服，安其居，乐其俗，邻国相望，鸡犬之声相闻，民至老死不相往来。（老子八十章）此老子之大同理想也。礼运大同之说、与老子同者少，异者多；"货恶其弃于地也、不必藏于己"，似"生而不有"；"力恶其不出于身也、不必为己"，似"为而不恃"；"天下为公"，似"长而不宰"；此略同于老子者也。"选贤与能"，则与绝圣弃智而不尚贤反；"讲信修睦"，则与不交邻国反；"外户而不闭"，则与不出户而闭关自守反；"谋闭而不兴"，则与绵然善谋

---

① 张宁-皮雅士（M. Chaning-Pearce）有一文述其说载 *The Hibbert Journal*. Vol. XXXVIII，No. I. October 1939.

反；此大异于老子者也。"人不独亲其亲，不独子其子，使老有所终，壮有所用，幼有所长，矜寡孤独废疾者皆有所养；男有分，女有归。"此则较老子甘食美服安居乐俗之言为明哲有条理，似同而实异者也。更征诸中庸，"车同轨"、则不弃舟车矣，"书同文"、则不废书契矣，"行同伦"、则不绝礼义矣。盖孔子欲整理文物制度而归于同，非若老子之欲破坏一切而归于同也。老子虽绝仁义，犹未弃孝慈，（见十九章）庄子则高谈神农至德之世，以为孝弟仁义忠信贞廉不足多，梦想建德之国、畏垒之乡，以为其民不知义，不知礼，不知所如往；至谓："举贤任智则民相轧相盗，大乱之本必生于尧舜之间。"其言皆视老子为尤激，不徒反乎孔子而已。要之老庄托羲农以语皇道，重人人自由，近无治主义；孔子托尧舜以语帝道，重人人平等，近均治主义。老庄舍小康而专言大同，意在反至乱为至治；孔子言大同而不废小康；意在由升平以达太平；一主急进，一主渐进；而欲速不达，适得其反也。厥后墨翟尚同、而其道已觳，许行并耕、而其术已疏，孟轲明仁义陈王道、而其旨已削，逮荀卿隆礼贵别、专主小康，而大同之义遂晦。郑康成以老子注礼运，王介甫以礼运释老子，徒淆乱孔老两家之言，无关宏旨。自董生治公羊春秋，张三世，异外内；（见繁露楚庄王及王道林竹诸篇）何休申其义，乃与礼运互有所明。其说云："于所传闻之世、见治起于衰乱之中，内其国而外诸夏；于所闻之世、见治升平，内诸夏而外夷狄；至所见之世、著治太平，夷狄进至于爵，天下远近小大若一。"据乱世诸夏各为其国，升平世夷夏犹有差别，太平世则一切民族平等；据乱升平为小康之级次，太平乃入大同。康有为氏比附释氏所谓过去现在未来，演为九世；于大同亦分三世。各国平等联盟，立公议会，为大同始基之据乱世；各联邦自理内治，而大政统一于公政府，为大同渐行之升平世，削除邦国号域，各建自主州郡，而统一于公政府，为大同成就之太平世。附表更条分件系，钜细靡遗，洵详且密矣。（见大同书乙部三四两章）然大同理想之完全实现，固将远期诸百世，其条目断非一人一时所能预定，故礼运但泛举大义，以俟后人之随时创制。孔子未尝为汉制法，更未尝为百世制法；康氏乃预立大同三世之制，其如时移事易，不合情境何？若云后世进化情境可以逆测，殊昧于创造进化之原理；而未来世界之舟车、文字、律、度、量、衡乃至法制教义等事，一切皆预期其齐一混合，以归于同，则又陷于机械观点之迷误。大同中自有差异，并非全同；倘未能容异，即未能免争，讵非同而不和？处今世而语大同，亦第略言原则可耳。夫国无小大，族无强弱，其制度文化各因地理民性而有殊异，可以相资相剂而不可以强同；凡为世界之所需而有贡献于人类者、皆有保存发扬之价值。积各国民族之制度文化，以为世界人类之制度文化；分而成全，同而容异，是之谓和。譬之甘苦咸淡辛酸以口异，合之则味调；清浊抗坠疾徐以耳异，合之则音谐；所谓大同者，岂必破国界，灭民性，一切强之使同哉？（见拙撰中波文化协会缘起一文今易数字）柏格逊曰：“设若机械主义掌握全人类，设若一般人不自跻于更丰富更和谐之差异性，如人之所能为，而堕于物之齐一性；其将成为何种世界乎？”[①] 斯言也，发于上次大战之初期，迄今犹足发人深省。此次大战、轴心国必败，彼辈所谓机械式齐一性之欧亚两种新制度、自均归泡幻，同盟国全胜后，世界新秩序将如何创造？实为最大问题。人类受无量惨痛，突创新制，犹母之生子然；国联既等夭折，而国际新群体正在大战中孕育，必冀其生而岐嶷；是在吾人之奋斗猛进而已。

宇宙万物之和协

国际和协犹未足云至，进而求之，又有宇宙万物之和协，是谓“物际和协”焉。生物学家分生存竞争为内外两方面，外与天然逆境及异类

---

① 柏氏有一文（Life and Matter at War）载 *The Hibbert Journal*，April 1915。

之生物战，曰"外争"，(exterior war) 内与同类之生物战。曰"内争"
(inner war)；甚且谓初民暴如狮虎，残杀相寻，同类之争，至为酷烈。
此殆王仲壬所谓语增也。夫猛兽好搏噬，亦有所迫而然耳。罗马古有斗
兽场，狮饿数日，遇人辄趋食之；伦敦今有动物园，狮虎皆食有定时，
时至辄大吼，浸与园丁相狎。民之初生、宁忍害物，迫于饥渴、始求饮
食；农事未作，取给群动，茹毛饮血，良非得已。粒食既兴、犹虞不
足，佐以肉食、久乃成习；其始食浮于人，何得有争，继而人浮于食，
杀机遂起。至若凶年糈罄，围城粮绝，罗掘既穷，人至相食；斯则事属
希有，当为例外。虽澳洲之北坤兰土人、兴安岭之索伦秘国，均相传今
尚有食人风俗；[1] 而本族繁衍、罕闻自相啖噬，其掠食异种、亦惟于饥
馑时为然。盖争起于不足，其争而至于相残者、势也，非性也。人无文
野、皆有本然之良，见孺子之入井、而必有怵惕恻隐之心，见鸟兽之哀
鸣觳觫、而必有不忍之心，见草木之摧折、而必有恤悯之心，见坏石之
毁瓦、而必有顾惜之心；(本阳明大学问) 此心理之发于自然者也。禽
兽与草木、皆所爱矣，以草木养禽兽、心又忍焉；人与禽兽、皆所爱
矣，以禽兽养人、心又忍焉；至亲与路人，皆所爱矣，如箪食豆羹，得
则生，不得则死，不能两全，宁救至亲，不救路人，心又忍焉；(本传
习录下) 此心理之出于不得已者也。若夫人之相攻战、相残杀、相啖
食，则心理之变态耳。且人类心理纵当剧变时期，而天良犹多未泯，触
处仍可见其常态。古之战也，不重伤，不擒二毛；今之战也，十字军扶
伤医创。前此欧洲大战、可谓至酷矣；俄国农妇见德奥俘虏过基辅之
市，竟以食品铜币纳其手中，而千万男女看护伤兵，不问为敌、为友、
为卒、为将，皆一律待遇。法国乡村翁媪、皆为身在沙场者代耕其地，
而通力合作之公厨、殆遍于法境。(见互助论序文) 呜呼，斯非人类绵
绵不绝之良心种子乎？抑不徒人类为然也，动物亦有之。鹭鹤警卫弱

---

[1]　前者见 1888 年《法国人类学会报告》(*Bulletin De La Societi D. Anthropologie* 1888)，
后者见 1925 年日文《安东新报》记载。

鸟，鸥鹄罕斗同群；雌鹅之慈者、环孤雏五六十，而养之如己出；睢鸠之痴者、（Dottereis）老幼依恋，令猎夫不忍伤其牝。柯埃斯博士（Dr. Coues）尝于美之柯罗拉多州（Colorado）见平原鹰（Prairie Falcon）巢乎土塔之巅，岩燕栖乎其下而不恐，久且习而玩之，使自去。葛德（Goethe）之友爱克曼（Eckermann）尝失鶲鶒之雏二，次日得之于知庚鸟（Robin Redbreats）之巢中，则见其不私己鷇而并哺之。① 凡克氏互助论所举类此之例、殆不可胜数。至若鸟翼姜嫄之子，（诗大雅）虎乳斗氏之儿；（左氏传）鵌鼵同穴而相安（本尚书禹贡尔雅释鸟），猫生子而相乳；② 鸟燠爪掌，鸳鹊纵之使去"（柳宗元有鹊说）蛇噬鹰子，义鹘助之复仇（杜甫有咏义鹘诗）；鲽比目，不比不行，鹣比翼，不比不飞（见尔雅释地）；蟨与蛩蛩距驴比肩，为蛩蛩距驴啮甘草，噉有难，蛩蛩距驴必负而走③；凡吾故书杂记、亦多载此类动物兼相爱、交相利之互助事实，虽或矜为奇闻，要不得视同虚构。然则得不谓恻隐之心、动物皆有之乎？人类充其恻隐之心，可以息国际之战争；群动充其恻隐之心，可以息物际之战争；倡导在人，物自化焉。人类一切本能、皆应相当之刺激而起作用，其作用之大小，又与刺激之强弱成正比例；若某种刺激不起，斯某种本能无应用之机会。例如争斗之本能发展过度，遂好杀好战；然使无物焉诱之，无敌焉临之，斯争斗之心不起，复何有于杀与战？即使争斗不能全销，亦可导而趋于较为平稳之途及较有价值之事，蹴鞠、决射、竞舟、走马、逞技、角力、驰说、骋辞，举凡游艺之事，皆足纳争斗于轨范，使之有所发舒而不太过。若犹有战志乎？则移以战胜天然，战胜物欲，战胜愚顽，战胜罪恶，而罕用于人与人，国与国之间，更节之以礼，陶之以乐，淑之以美术，导之以理性：则争斗本

① 以上本《互助论》章二，页33～34，及其导言，页4。
② 韩愈"猫相乳说"云：司徒北平王家，猫有生子同日者，其一，母死焉，有二子，饮于死母，母且死，其鸣咿咿，其一方乳其子，若闻之，起而若听之，走之若救之，衔其一，置于其栖，又往，如之，反而乳之，若其子然。按此与葛德所记鶲鶒事正相类。
③ 见《尔雅·释地》，《淮南子·道应训》，及《吕览·说苑》。

296

能自薰化于无形，而互助事业之发达正不可限量。凡此皆教育所有事也。且杀起于相争，争起于相敌；至强遇至弱、争反化为恻隐。项王鸣叱咤、千人俱废，见人有疾病，则为之涕泣和药。大侠遇盗于途，角力者杀之，乞命者、即矜而活之。狮子喜食象，见人匍伏其前，则经过不搏。麒麟力能杀狮子，而不履生虫，不践生草。（本国故论衡辨性上）此老子所以言含德比赤子，猛兽攫鸟不搏；而淮南子亦言欲害之心亡于中，则饥虎可尾也。（原道训）然而非所语于物竞方烈之世矣。夫爱与憎相倚伏，助与竞相消长。人初与兽争，固各自为战，继亦同类相助；迨人与天争，则同患之人相爱互助以抗天灾；家族与家族争，则同家之人相爱互助以抗异家；国族与国族争，则同国之人相爱互助以抗异国；阶级与阶级争，则被压阶级相爱互助以抗统治阶级；和平国家与侵略国家争，则同爱和平之各国联合互助以抗侵略国家。倘大地人类一旦与其他星球之人类相遇而争，则同居大地之全体人类自将亲爱互助以抗来侵之其他人类；而一切人类与天然界之争终无已时，斯人类与人类之互助终无穷期。始也人不与人争，继也人不与群动争，终也人不与一切生物争，而众生同类异类之争亦泯。于是万有相吸引，相感召，相亲爱，相辅翼协合，而"太和"可成矣。哈蒲浩氏有言："全宇宙一体素（tis-sue）也，普遍原理既可通于大地之人类，当亦可通于其他星球之人类；此理非他，'心'（a spiritual principle）而已，'爱'（the principle of love）而已，在混沌时代，即为物质之引力。"[1] 虽然，唯引故爱，唯爱故助，唯助故和；是理也，岂唯可通于一切星球之人类，实可通于一切星球之万物；所谓物际之和协者，此也。

难者曰：子所谓"物际和协"、陈义良高矣。然马尔达（Malthus）不云乎？人口以等比级数增加，食物以等差级数增加，生愈蕃，食愈乏，人类既尔，动物亦然；以无量之口，逐有限之食，其不得不争且战者势也；而又何和协之可望邪？况人类不能皆为蚓，群动不能皆为麟，

① 见《原善》章八，页156～158。

"国际和协"，实现已难，而又何"物际和协"之言邪？应之曰：马尔达之说，近已有人证其不确；物竞固起于生之蕃、食之乏，实非绝不可免也。免之之道、有出于"天择"者，有出于"自择"者。气候之变、疫疠之行、天地灾异之递嬗，皆足以致瘝瘝、促夭札、增死亡，使生齿为之锐减；是之谓"天然制限"(natral checks)。亚美利加每值暴雨巨浸，毁羽族之巢以亿万计，损毂卵无算。船培喀利亚平原（stoppes of tras-baikalia）每当冬春之交，草为冰雪所覆，牛马冻馁羸瘠，耗亡殆尽。俄罗斯东南部某地诸村落，人口凡六万，历八十年如故，生未及六月而死者、三之一，死于四岁以内者、二之一，其达丁年（二十岁）者、才百分之十七。[①] 日本向患人口溢量，1923 年则东京横滨地震，死伤者数十万，流亡者数百万。英国夙重畜牧，1924 年则牛羊之损于脚口瘟(foot and mouth disease) 者为额至巨。凡此皆"天择"为之也，然已酷矣。"自择"之事、恒随智力以进，动物能择居，与植物之生有定所者不同；故物竞于植为烈，于动则否。蚁之免竞也，国于坻垤之间，峙粮以畜其蚳。鸟之免竞也，冬多南徙，或列阵而长征。鼹鼠之免竞也，或入蛰以避争，或储刍以御冬。驯鹿之免竞也，陆地苔枯，则向海移徙。獭之免竞也，分其族为两部，老者沿河而下，幼者逆流而上。凫之免竞也，跨大陆而觅食。山雀之免竞也，啄新食以救荒。盖离徙、入蛰、储粮、更食，为群动适应新境，养成新习之无上法门也。[②] 至于人、则其所以预防竞争者、间亦有类于是，而又有法以自灭其生齿；彼溺婴堕胎之恶俗、链精化气之玄谈，概无论矣。昔苏则伦氏尝主张两事；曰独身、曰迟婚，[③] 近人又有制育新说；然不婚而独身、是否恒人所能？婚而制育、是否合于人道？似均不无疑问；唯迟婚为欧美各国所通行，东方民族宜取法焉。夫动物愈进于高等，其生殖之率愈低；鱼类

① 以上诸例，详见《互助论》章二，页 57～59。
② 以上见《互助论》章二，页 55，页 61，页 62。
③ 详见《道德本能之原始及发展》卷一，章六，页 146～150。案马尔达《人口论》亦曾主张戒早婚并普及预防制限。

多遗卵以亿万计，独有巢鱼者，（stickleback）卵仅由二十达九十，鸟类之卵又较少，而哺乳类之生殖平均数、则啮齿兽年得一一强、为最多；人且年不及一，[1] 其智识弥增者、子息又弥减。据缪哈尔（Mulhall）所调查，英格兰贫者每百家平均生子女 370，富者每百家平均生子女 313；[2] 贫者多属劳动阶级，富者多属智识阶级。揆诸进化之理，卵生动物既可进而减少其卵，胎生动物当可进而减少其精？人若优生淑种极端发展智力，其生殖力将达最低限度，则精不待化而自化，育不待制而自制，何必强为哉？[3] 凡有机之物、既不能无生，斯不能无食，而食未始不可变更。彼鸟兽或能更新食，人亦奚独不然，或鲜食、或粒食、或素食、或肉食，应时而进，唯境所适。素食多者性仁柔，肉食多者性强暴，东西民族性质之异、殆亦由饮食致之。然欧洲今亦有人提倡茹素，反对杀生，倘科学更进步，或能于矿质中发见多量之滋养原素，制为化学食品。[4] 人若进而全食矿质，群动将进而全食植物，而一切蝗

---

[1] 参照苏氏前书章二至章五，及附录《脊柱动物生殖比较表》。

[2] 1926 年伦敦金土学院生物系主任哈斯教授反对制育之言曰："以不自然方法限制生育之事，概宜屏除，现今最切近之问题，即社会各级之生殖率不相等是也。据统计结果，上级社会每百家生 120 儿童，而下级社会每百家生 337 儿童，但百年前无此差异。大约自 1870 年后，因有制育之法发生，遂生此种现象，然差异尚未大。近年以来，情形又一变，如不急起直追，使上下级社会之生殖率平衡，文化必受影响。"（见《晨报》伦敦通讯）按哈氏似以制育为上级社会减少生殖率之唯一原因，其实上级社会即不制育，生殖率亦较下级社会为小也。

[3] 斯宾塞《生学天演》第 13 节论人类究竟曰：吾是书前篇于生物进则种贵而孳乳用稀之理，已反覆辨证之矣。盖种贵其取精也，所以为当躬之用者日奢，以为嗣育之用者日啬。……用奢于此则必啬于彼，而郅治之世，用脑之奢又无疑也。吾前书证脑进者成丁迟，又证男女情欲当极炽时，则思力必逊，而当思力大耗，如初学人攻苦思索算学难题之类，则生育能事往往抑沮不行，统此观之，则可知群治进极，宇内人满之秋，过庶不为患，而斯人孳生迟速与其国治化浅深常有反比例也。（引见严译《天演论》案语）近见斯氏此说，先得我心，爰亟录之。

[4] 伦敦《太晤士报》近称美国著名化学家罗汝伊教授（Prof. J. E. Norris）曾发表一预言，略谓：现今空气中废弃之"二氧化炭气"（Carbendioxide）可以藉阳光变为滋养料，其开始则可以藉紫外线（Ultra-violet）之作用造成糖质。有机化学进步，将产出无量数之新物品以应特殊之需要，自然界富源当无消耗之虞，而人类生活亦可望日趋简易云云。（其言转载 16 年 3 月 24 日《北京导报》第三版）按罗氏所言，大可补充吾说，惜未逮全译也。

飞蠕动、趺行、唅息之属，且将益有以减其生殖、善其种类；斯物际之竞争不起、而物际之和协可期矣。韦斯倡所谓趋向宇宙论之伦理，以为：宇宙在一种意义中为人之部分，而人又为宇宙之部分；人之义务、在努力与世界之其余部分成为同一，或形式上得自知识，或实质上与包涵一切实在之宇宙成为有机性之合一。人有与动植物及无生物共同之性质，在相当程度内、能以其所自求者为彼等求之；群动有人所应尊重之权利，蹴一犬，残一蚁，无论其动作有何影响，总为邪恶而已。于是论食之一事曰："食非无善恶记别之行动，彻始彻终、皆有关于道德；非徒谓其影响食者之福利也，抑且谓被食者实受迫而供人以善值，若被食者之所贡献较大于其自身之利益，若其善值必需被食者为之存续，则其行动在伦理上得认为是焉。虽然，食总不能成为无限制之善行，以其常使被食者丧失其存在与价值故；吾人仅能减至此活动必需上所限定之邪恶程度耳。"（注见前）夫食非绝不能解决之问题，已如上述；而韦氏所谓宇宙伦理、以此为万物一体之最大难关，终乞灵于神；不知人有理性而动物无之，人有心灵而植物无之，人有生命而无机物无之：自其异者视之，人固首出庶物；动物与人同有心灵，植物与人同有生命，人又与无机物同有物质：自其同者视之，万物本与人为一。奚必待神为之助而后能作"万物一体观"乎？万物一体观即宇宙和协观，物际和协之极，无疫疠夭札、无天灾地变；即或有之，而人得以智力防之；无一人不和，无一物不和，斯谓之"太和"。试观春风至，甘雨降，羽者妪伏，毛者孕育？草木荣华，鸟兽卵胎；（本淮南原道训）凡亚欧美三洲北部之山林、海峡、及大小湖沼，群鸟皆自南而至，雍雍喈喈，相友相助，万汇生存，咸归于和。① 足征太和之缩影、不难一年一见，安知宇宙进化期中、竟无实现物际和协之黄金时代邪？亦在人类之努力向前而已。古者孟春之月，禁止伐木，毋覆巢，毋杀孩虫、胎、夭、飞鸟、毋麛、毋卵，文见于月令。山木槎药，泽不伐夭，鱼禁鲲鲕，兽长麑麌，鸟翼

————————

① 见《互助论》章二，页32。

鷇卵，虫舍蚳蝝，文见于国语。草木荣华滋硕之时、则斧不入山林，鼋鼍鱼鳖鳅鳣孕别之时、罔罟毒药不入泽；不夭其生，不绝其长，文见于荀子王制。今远西文明国家对于鸟兽森林、亦各有保护专律，皆所以蕃庶物而被天和也。设由是而更进焉，则庶乎其去太和不远耳。昔淮南子尝言之："泰古二皇，得道之柄，立于中央。无为为之而合于道，无为言之而通乎德，恬愉无矜而得于和，有万不同而便于性。其德优天地而合阴阳，节四时而调五行，呴谕覆育，万物群生，润于草木，浸于金石。禽兽硕大，毫毛润泽，羽翼奋也，觡骼生也，兽胎不贕，鸟卵不毈，父无丧子之忧，兄无哭弟之哀，童子不孤，妇人不孀，虹霓不出，贼星不行，含德之所致也。"（原道训）斯盖托义晨二皇（据高诱注），以写太和之景象，原始无治社会未必真有此境，而未来之太和、或更有异乎是；要亦由人奋斗有以致之，非运会之偶然也。人生之可贵，不徒在遂其生、乐其生，而更在美其生、善其生；永久不变、非吾所谓和美，恬静无为、非吾所谓和善。和非死之谓、非息之谓、非断念之谓、非任运之谓，时时向上而奋进，乃人之性也。康有为氏以求乐免苦为进化之原，以极乐无苦为大同之至；凡舟车、饮食、衣服、器用、净香、沐浴及炼形游仙之乐，皆竭智殚虑以求至乎其极；（见大同书癸部）视美国某医师所言将来人类不用齿胃筋肉之安闲生活，詹美士在沙托夸湖所见满足一切高下欲望之温柔生活，实有过之无不及；而犹以为未足，卒归于所谓久生不死之仙、不生不灭之佛，殆由晚年思想退化，堕入佛洛特所谓唯乐原则，遂尽暴其生平所蕴之"情绪"而无遗；尚不足与斯宾塞之进化快乐说相提并论，而又何大同太和之足云邪？吾所谓和者，非有同而无异，非有常而无变，非有静而无动，非有消极而无积极。有杂多，有统一，于是乎有复合；有类比，有对映，于是乎有完成；有主脑，有从属，于是乎有均衡；有往复，有参差，于是乎有更迭；有量之渐变，有质之突变，于是乎有进展、有创造。艺术合于此原则、斯为声音形色之美，道德合于此原则、斯为品性行为之善，万有合于此原则、斯为宇宙万物之和。吾于是请结以数语曰：人生之鹄、和协也，助与争、和之正反两面也；各部互助而协作、全体之和也。其和者、善也，其不和者、恶也，"太和"即最近乎绝对之"至善"也。① 倘道德原理复有加于此者乎？则非吾今之所知已。

---

① 希腊毕达哥拉有言："吾人精神结合于一大和协之下，始能有真活动，破此和协，则不得不认为恶。"其说盖甚古。然毕氏以数言和，似和已前定，无所谓进化。今人华尔登氏云："行为与良心和协，乃为正，否则为邪，顾和但有关于生活，无关于数理，故和非固定不变者也。吾人所薪向之至善，昭然在前，赫然在上，须藉觉识之进化，使实际与至善相和协。"（见 *Harmonism and Conscious Evolution*，ch. IV. p. 278，p. 324）芮蒙氏云："伦理上之和，自个人内界觉识之和始。其为和也，起于'心欲'之平衡'身欲'，时或有以节利之，无所用其压抑，凡外界关系之存于人与人国与国之间，而可谓之和者，必于此内界经验迹之。"（见 *Ethics & Natural Law Preface*）二氏之言，予均有取焉。

比较伦理学中西文术语对照表

Absolute idea	绝对观念
Action	动作
Advenience	到达
Aesthetic intuitionalism	美感直觉说
Affirmation	肯定
Agnosticism	不可知论
Altruism	利他主义
Amoeba	变形虫
Antithesis	反
Asceticism	禁欲说
Attraction and repulsion	摄拒
Autonomy	自律
Bear and forbear	忍与禁
Becoming	变化
Befitting	合宜
Behavior	行动
Being	有
Benevolence, justice, order, truth and purity	仁公礼信贞（五德）
Blind feeling	无名之情感

Bodily action	身体动作
Categorical imperative	断言律令
Censorship	监察
Certainty or uncertainty	确否
Character or disposition	品性与气禀
Cleavage	劈理
Cognition	觉识
Cognitive reference	认知引据
Colloid	胶质体
Common good	公善
Common sense intuitionalism	常识直觉说
Comparative ethics	比较伦理学
Comparative method	比较法
Compromise	妥协
Conduct	行为
Configurational phenomena	全象
Conscious desire	有觉之欲
Consequetism	效果说
Content and form	形质
Cooperative creation	协作创造
Cosmic ethics	宇宙伦理
Cosmopolitanism	大同主义
Creative synthesis	创合
Critique of practical reason	实理批判
Critique of pure reason	纯理批判
Customary morality	习俗道德
Cynics	基尼克派
Cyrenaics	奚里奈派

Deed，not creed	实行，不信仰
Definite hypotheses	一定设想
Democracy	平民政治
Denotative method	指示法
Desirable	可欲
Desire of the body	为身之欲
Desire of the mind	为心之欲
Destrutive analysis	破析
Dialectical method	辩证法
Different in degree but not in Kind	异等而非异类
Dogmatic intuitionalism	独断直觉说
Duration	久暂（时间）
Duty is to be done for duty's sake.	为义行义
Effluent event	流出之事
Egoism	利己主义
Emergent harmony	突创和协
Empirical hedonism	经验快乐说
Empirical intuition	经验直觉
Empirical knowledge	经验之知
Empirical method	徵验法
Ends in itself	本自为鹄
Energy quantum	能量子
Essence	义蕴
Eternal law	恒住法
Ethical conduct	伦理行为
Ethical gymnastic	道德上之操练
Ethical movement	伦理运动
Ethics	伦理学

Ethics of evolution	进化之伦理
Ethics of reason	理性伦理学
Ethics of sensibility of feeling	情感伦理学
Eudaemonism	福德论
Everything is relative to everything else	事事物物与其他——事物相对
Evolutionary hedonism	进化快乐说
Evolution of ethics	伦理之进化
Exemplar or platform of good	明善
Explicative sciences	诠释科学
Explicit behavior	显现行动
Extent	广狭
Exterior war	外争
External observation	外观
Extrahuman relations	人类外之关系
Extreme rationalism	极端唯理说
Extrinsic	外附
Extrinsic end	外鹄
Face to face	当面
Fecundity	缘生
Figure and ground	形与基
Formalism	法式论
Form of mutual support	互助之形式
Four dimensional space-time continuum	四量时空连续体
Fundamentum relationis	伦基
General rules	通则
Genetic method	溯演法
Good in itself	本自为善

Goodness	善
Good will	善意
Gregarious tendencies	合群之性
Gross self-interest	粗疏之自利
Group morality	群体道德
Habit or custom	习惯与风俗
Harmony	和协
Hedonism	快乐说
Heteronomy	他律
Human law	人类法
Human nature	人类天性
Hypothetical imperative	设言律令
Idealization	悬想
Immediate or direct	直接
Immoral conduct	不道德行为
Implicit behavior	隐伏行动
Impulse without thought	无思之冲动
Impulsive nature	气性
Individual hedonism	独乐主义
Individualization	个别
Individual self	独裁
Induction	感应作用
Influent event	流入之事
Inner war	内争
Intellegent or artificial selection	人择
Intensity	强弱
Interhuman relations	人类间之关系
Internal harmony	内界之和协

Internal sanction	内律
Intervenience	介入
Intrinsic	内存
Introspection	内省
Intuitionalism	直觉主义
Intuitionalism of moral impulse	冲动直觉说
Intuitive perception	直接知觉
Intuitus（拉），Intuition	直觉
Isolation	睽离
Joy	悦
Judgment of fact	事实之判断
Judgment upon fact	加于事实之判断
Judicial judgment	法理判断
Justice or self-realization	公正而自诚
Kingdom of end	究竟界
Law	律
Law in my members	肢体之律令
Law of conscience	良心之法则
Law of God	神法
Law of heart	心法
Law of my mind	心灵之律令
Law of nature	自然法
Law of non-contradiction	毋相反律
Law of public opinion	舆论法
Law of state	国法
Law of negation	否定之一级
Life	生命
Life according to nature	率性而生

Life in general	大生
Life of reason	理性生活
Life of sensibility of feeling	情感生活
Life-preserving	全生
Logical judgment	名理判断
Many-one relation	多一关系
Mean	中
Mechanical aggregate	机械式之集合
Meliorism	淑世主义
Mental behavior	心灵行动
Method of comparative study	比较研究法
Method of extensive abstraction	引微法
Method of intensive concretion	涵著法
Method of intuition	直觉法
Minded	心所
Minding	心能
Moderate rationalism	温和唯理说
Moment	刹那
Monastics	净宗
Moral conduct	道德行为
Morale close（法）	闭之道德
Morale ouverte（法）	豁之道德
Moral faculty	道德职能
Moral organism	道德机体
Moral philosophy	道德哲学
Moral sciences	道德科学
Moral sense	道德官觉
Moral sense theory	道德感觉论

Mores（拉）	道德
Motion	运动
Motivism	动机说
Music of the spheres	天球之乐
Mystics	密宗
Nascent act	潜萌动作
National ethics	国家伦理
Natural checks	天然限制
Natural science of morals	道德之自然科学
Natural self	自然我
Negation or denial of will	破意志
Non-being	非有
Non-cognitive reference	非认知引据
Non-moral conduct	非道德行为（非伦理行为）
Normative sciences	规范科学
Notion	概念
One-many relation	一多关系
One-one relation	一一关系
Our own selves	自我
Optimism	乐观主义
Other selves	他我
Parental affection	慈幼之情
Particular intuitionalism	特殊直觉说
Paternal autocracy	父性专制
Perception	知觉
Perceptional intuitionalism	知悟直觉说
Permanent self	常我
Pessimism	悲观主义

Phenomenology	现象学
Philosophical intuitionalism	哲理直觉说
Philosophical science	哲理科学
Philosophic conservatism	哲理上之保守主义
Philosophic liberalism	哲理上之自由主义
Philosophic socialism	哲理上之社会主义
Philosophy of life	人生哲学
Pleasure	乐
Pleasure-giving	给乐
Plurality patterns	众型
Point-event	事点
Point-instants	点舜合一
Political organs	政治官器
Powers of association	联合之力
Practical sciences	实践科学
Pragmatists	实验主义家
Presentation	感象
Principle of abstraction	抽象原理
Principle of equality or impartiality	公平之原理
Principle of harmony	和协之义
Principle of love	爱
Principle of similars	相类原则
Projicience	投射作用
Protoplasm	原生质
Protozoa	原生动物
Pure intuition	纯粹直觉
Pure motion	纯动
Purity	纯粹

Put yourself in his place	设身处地
Quality of the object	本质
Ratio	比率
Rationalism	唯理说
Rational knowledge	理性之知
Rational nature	理性
Rational self	理性之我
Rational self-interest	合理之自我
Receptor event	受纳之事
Refined self-interest	精练之自我
Reflective contemplation	省思
Reflective method	纠察法
Reflective morality	反省道德
Reflective refence	回思引据
Regiment or culture of the mind	养心
Relata	关系者
Relatio	关系
Relative analysis	对析
Religion dynamique	动之宗教
Religion of eternity	出世间教
Religion of time	世间教
Religion statique	静之宗教
Remotencs or propinquity	远近
Right conduct	正行
Righteousness	是
Rights of reason	理性权
Rights of sensibility	感性权
Scientific hedonism	科学快乐说

Self-assertion	自尊
Self-evident	自明
Self-expression	自见
Self-forgetfulness	自忘
Self-mortification	丧我
Self-pleasing or self-gratification	自快自慊
Self-preservation or self-development	自存自达
Self-realization	自诚
Self-sacrifice or self-denial	自牺自克
Sensationalism	感觉论
Sensation，imagination，and ambition	感觉，想像及功名心
Sense data	觉尘
Sensuous intuition	感官直觉
Sentiment self	情感之我
Set of events	事组
Small self	小我
Social ends	群鹄
Social organism	社会机体
Social patterns	群型
Social self	群我
Social tissue	社会体素
Social type	社会模范
Solidarity	团结
Sophist	辩者
Space-time	空时
Spatial entities	空体
Speculative method	思辨法
Spiritual principle	心

Step by step	逐步
Stoicism	斯多噶主义
Stoics	斯多噶派
Subjective selection	自择
Supra-intellectual intuition	超智直觉
Sympathy, theopathy and the moral sense	同情，神感及道德心
Synopsis	通全
Synoptic method	通全法
Synthesis	合
System	体系
Teleological theory	正鹄论
Temperance or self-control	节制而自治
The control of some feeling or feelings by some other feeling or feelings	以情制情
The end justifies the means	正鹄神圣作用
Theoretical sciences	理论科学
Theory of perfection	完全论
Theory of self-fullfillment	自成说
Theory of self-realization	自我实现说
Thesis	正
Things meet and fit	事之宜
Time-series	时系
Tissue	体素
To do	行
To know	知
To know how to do	知如何行
Totalization	整全
Total self	全我

Transcendental ego	超我
True good	真善
True internationalism	真国际主义
Typical organism	模范机体
Ultra-intuitionalism	极端直觉说
Unconscious desire	无觉之欲
Universal anarchy	举世无政府
Universal ethics	世界伦理
Universal harmony	溥遍之和协
Universal hedonism	众乐主义
Universal intuitionalism	溥泛直觉说
Useful	有利
Utilitarianism	功利论
Vice is ignorance	恶即是不知
Virtue is knowledge	德即是知
Vital movement	生机运动
War of each against all	人各与一切战
What actually is desired	所欲
What is	实然
What must be	必然
What ought to be	当然
Width	幅员
World commonwealth	世界共和国
World-line	世线
World of appearance	现象
World of imagination	虚想之界
World of reality	实在之界
World-point	世点

中西文人名对照表

Abbott，T. K.	额巴特	Bernand Sait	柏讷随
Adames，Prof. J.	亚丹士	Birks，P.	柏克斯
Adler，F.	艾迪勒	Bismarck，O. V.	毕士麦
Aquinas，T.	阿奎纳	Bodin，J.	鲍丁
Alexander，S.	亚历山大	Bonaventura	逢纳文脱
Anaximander	安纳西曼德	Bradley，F. H.	蒲拉特莱
Anselm	安瑟猛	Briand，A.	白里安
Antisthenes	安得臣	Broad，C. D.	濮辣德
Aristotle	雅里士多德	Buchner	毕希勒
Aristppus	阿利斯提泊	Butler，J.	巴脱拉
Augustine，St.	奥古斯丁	Caird	楷尔德
Bacon，F.	培根	Calderwood，H.	喀德渥
Bagley	柏格莱	Cebos	奚伯斯
Bain	培因	Cicero	习瑟罗
Belgion，M.	毕尔环	Clarke，S.	葛拉克
Benedict	边勒底特	Coit，S.	柯特
Bentham	边沁	Coleriage	柯勒尼辑
Bentley，A. F.	边特来	Comte	孔德
Bergson，H.	柏格逊	Coues	柯埃斯

Cousin，V.	辜巽	Galieo	伽列略
Cray，J. H.	格蕾	Gentile，G.	向谛尔
Croce，B.	柯鲁佉	Gerson	格尔苏
Cronin，R. M.	柯琅琳	Gibson，W. R. B.	纪布逊
Cudworth	寇渥斯	Gide，A.	盖特
Cumberland	耿伯兰	Glaucon	葛罗康
Darwin，C.	达尔文	Goethe，J. W.	葛德
Democritus	德谟克利图	Graig，W.	噶勒格
Descartes	特嘉尔	Green，T. H.	谷林
Dewey，J.	杜威	Grespi，A.	喀勒斯培
Dickinson，G. L.	狄铿生	Grotius	格罗裘
Diogenes，L.	刁吉尼	Hartmann，Prof. N.	哈特曼 (Prof)
Driesch，H.	杜里舒	Hartmann，E. Von.	哈特曼 (Von)
Drummrond，H.	德鲁蒙	Hatley	哈特莱
Duns Scotus，J.	邓司各脱	Hayes，F. C.	赫挨斯
Durkheim	涂尔干	Heard，A.	赫尔迪
Eckermann	爱克曼	Hegel	赫智尔
Elist	艾理思	Hegesias	赫基胥亚
Empedocles	恩比多克黎	Helvetius	赫尔维修
Engels，F.	恩格斯	Heraclitus	赫勒克利图
Epicurus	伊壁鸠鲁	Harbart	海巴脱
Espinas	艾斯彼奈	Hobbes，T.	霍布士
Eucken，R.	倭铿	Hobbouse，L. T.	哈浦浩
Euthydemus	欧雪德穆	Hoernle	霍尔思
Everett，W. G.	艾茀勒惕	Holbach	霍尔巴赫
Fichte，J. G.	斐希特	Hume，D.	侯谟
Fleld，G. C.	费尔迪	Husserl，E.	胡塞尔
Freud，S.	佛洛特	Hutcheson	哈企苏

Huxley	赫胥黎	Mazzini，G.	马志尼
James，W.	詹美士	Mc Cash，G.	麦噶什
Janet，P.	任勒	Mc Dougall，W.	麦道葛
Jefferson	耶佛孙	Merz	麦尔志
Jesus，Crist	耶稣（基督）	Mettrie，L.	梅特里
Joad，C. E. M.	贾德	Mill，James	穆勒（父）
Jorusalem，W.	耶路撒冷	Mill，John，S.	穆勒（子）
Kant，I.	康德	Milton	米尔登
Kautsky，K.	柯茨基	Moore，G. E.	穆诃
Kessler，Prof	格斯勒	More，T.	莫亚
Koffka，K.	柯夫克	Morgan，G. L.	莫耿
Kohler，W.	顾勒	Muirhead，J. H.	缪赫德
Kropotkin，P. V.	克鲁泡金	Mulhall	缪哈尔
Laire，T.	赖耶	Nietzsche，F.	尼采
Lalande，M.	那琅德	Occum，W.	欧铿
Lamark	拉麻克	Paley，W.	柏莱
Leibnitz	莱伯尼	Parmenides	巴曼尼德
Lewis，C. I.	鲁易士	Patrick	柏屈克
Locke，J.	洛克	Paul，St.	保罗
Mackenzie	麦肯最	Paulsen	鲍尔生
Malbranche	麦尔伯兰基	Peirce	皮尔士
Malthus，T. R.	马尔达	Plato	柏拉图
Mandeville	孟特微	Plotinus	伯罗提那
Mansel，H. L.	曼塞尔	Plutarchus	蒲鲁达佉
Marshall，R.	马奢尔	Price，R.	卜莱斯
Martineau，J.	马铁奴	Protagoras	蒲洛泰哥拉
Marvin	马文	Puffendorf	蒲贲达夫
Marx，K.	马克思	Pythagoras，B.	毕达噶腊

Raymond，G. L.	芮蒙		Stephen，L.	史蒂芬
Reid	吕德		Stewart，D.	斯蒂华（D.）
Robinson，D. S.	骆宾荪		Stewart，J. A.	斯蒂华（J. A）
Rogers，R. A. P.	罗吉士		Stirner	史端男
Rousseau，J. J.	卢骚		Stroit	史脱勒惕
Royce，J.	罗霭思		Sturt，H.	史突
Russell，B.	罗素		Sutherland，A.	苏则伦
Scheler，M.	席勒尔		Taylor，Prof. A. E.	戴纳
Schelling	谢林		Theodorus	翟阿多罗
Schilfgorade，P. V.	施夫哥德		Thilly，F.	薛雷
Schiller，J. C. F.	施勒		Thrasymachus	崔绥玛储氏
Schopenhauer	叔本华		Tolstoy，L. N.	陶尔斯泰
Semple，J. W.	孙泊尔		Tufts	拓夫特
Seth，Prof. J.	佘慈		Urban，W. M.	欧弸
Shaftesbury	夏甫伯里		Vaughan	佛格享
Shand	单德		Von Wiese，L.	冯维嗇
Sharp，E. C.	沙勃		Wallace，A. R.	华勒士
Shaw，G. B.	萧伯讷		Wallace，E.	瓦莱斯
Sidgwick，H.	薛几微		Walston，C.	华尔登
Simmias	薛密亚		Ward，Prof. J.	华德
Smith，A.	史密斯		Watson，J. B.	华特生
Socrates	苏格拉第		Weiss，P.	韦斯
Sophocles	萨佛克勒		Wells，H. G.	威尔斯
Sorley，W. R.	萨莱		Westermarck	魏斯妥玛
Spaulding，E. G.	史泼丁		Whewell，W.	惠微尔
Spencer	斯宾塞		Whitehead，A. N.	淮特赫
Spinoza	斯宾诺莎		Williams，R. H. H.	威廉士
Spranger，E.	施布朗格		Wolf，A.	乌尔甫

Wolff，C. V.	倭尔夫	Zeno	崔诺
Wundt，W.	翁德		

图书在版编目（CIP）数据

比较伦理学/黄建中著．—北京：人民出版社，2011
（人民·联盟文库）
ISBN 978 - 7 - 01 - 010116 - 3

Ⅰ.①比⋯　Ⅱ.①黄　Ⅲ.①比较伦理学　Ⅳ.①B82

中国版本图书馆 CIP 数据核字（2011）第 154765 号

比较伦理学
BIJIAO LUNLIXUE

黄建中　著

责任编辑：杜立军　李　斌　王一萌
封扉设计：曹　春
出版发行：人 民 出 版 社
　　　　　北京朝阳门内大街 166 号　　邮　编：100706
网　　址：http://www.peoplepress.net
邮购电话：(010) 65250042/65289539
经　　销：新华书店
印　　刷：三河市金泰源印装厂
版　　次：2011 年 8 月第 1 版　2011 年 8 月北京第 1 次印刷
开　　本：710 毫米×1000 毫米　1/16
印　　张：21.25
字　　数：295 千字
书　　号：ISBN 978 - 7 - 01 - 010116 - 3
定　　价：42.00 元

《人民·联盟文库》第一辑书目

分 类	书 名	作 者
政治类	中共重大历史事件亲历记(2 卷)	李海文主编
	中国工农红军长征亲历记	李海文主编
哲学类	中国哲学史(1—4)	任继愈主编
	哲学通论	孙正聿著
	中国经学史	吴雁南、秦学顺、李禹阶主编
	季羡林谈义理	季羡林著,梁志刚选编
历史类	中亚通史(3 卷)	王治来、丁笃本著
	吐蕃史稿	才让著
	中国古代北方民族通论	林幹著
	匈奴史	林幹著
	毛泽东评说中国历史	赵以武主编
文化类	中国文化史(4 卷)	张维青、高毅清著
	中国古代文学通论(7 卷)	傅璇琮、蒋寅主编
	中国地名学源流	华林甫著
	中国古代巫术	胡新生著
	徽商研究	张海鹏、王廷元主编
	诗词曲格律纲要	涂宗涛著
译著类	中国密码	〔德〕弗郎克·泽林著,强朝晖译
	领袖们	〔美〕理查德·尼克松著,施燕华等译
	伟人与大国	〔德〕赫尔穆特·施密特著,梅兆荣等译
	大外交	〔美〕亨利·基辛格著,顾淑馨、林添贵译
	欧洲史	〔法〕德尼兹·加亚尔等著,蔡鸿滨等译
	亚洲史	〔美〕罗兹·墨菲著,黄磷译
	西方政治思想史	〔美〕约翰·麦克里兰著,彭维栋译
	西方艺术史	〔法〕德比奇等著,徐庆平译
	纳粹德国的兴亡	〔德〕托尔斯腾·克尔讷著,李工真译
	资本主义文化矛盾	〔美〕丹尼尔·贝尔著,严蓓雯译
	中国社会史	〔法〕谢和耐著,黄建华、黄迅余译
	儒家传统与文明对话	〔美〕杜维明著,彭国翔译
	中国人的精神	辜鸿铭著,黄兴涛、宋小庆译
	毛泽东传	〔美〕罗斯·特里尔著,刘路新等译
人物传记类	蒋介石全传	张宪文、方庆秋主编
	百年宋美龄	杨树标、杨菁著
	世纪情怀——张学良全传(上)	王海晨、胡玉海著

《人民·联盟文库》第二辑书目

分 类	书 名	作 者
政治类	民族问题概论(第三版)	吴仕民主编、王平副主编
	宗教问题概论(第三版)	龚学增主编
	中国宪法史	张晋藩著
历史类	乾嘉学派研究	陈祖武、朱彤窗著
	宋学的发展和演变	漆侠著
	台湾通史	连横著
	卫拉特蒙古史纲	马大正、成崇德主编
	文明论——人类文明的形成发展与前景	孙进己、干志耿著
哲学类	西方哲学史(8卷)	叶秀山、王树人总主编
	康德《纯粹理性批判》句读	邓晓芒著
	比较伦理学	黄建中著
	中国美学史话	李翔德、郑钦镛著
	中华人文精神	张岂之著
	人文精神论	许苏民著
	论死生	吴兴勇著
	幸福与优雅	江畅、周鸿雁著
文化类	唐诗学史稿	陈伯海主编
	中国古代神秘文化	李冬生著
	中国家训史	徐少锦、陈延斌著
	中国设计艺术史论	李立新著
	西藏风土志	赤烈曲扎著
	藏传佛教密宗与曼荼罗艺术	昂巴著
	民谣里的中国	田涛著
	黄土地的变迁——以西北边陲种田乡为例	张暌、刘晓乾著
	中外文化交流史	王介南著
	纵论出版产业的科学发展	齐峰著
译著类	赫鲁晓夫下台内幕	〔俄〕谢·赫鲁晓夫著,述弢译
	治国策	〔波斯〕尼扎姆·莫尔克著,〔英〕胡伯特·达克(由波斯文转译成英文),蓝琪、许序雅译,蓝琪校
	西域的历史与文明	〔法〕鲁保罗著,耿昇译
	16～18世纪中亚历史地理文献	〔乌〕Б.А.艾哈迈多夫著,陈远光译
	亲历晚清四十五年——李提摩太在华回忆录	〔英〕李提摩太著,李宪堂、侯林莉译
	伯希和西域探险记	〔法〕伯希和等著,耿昇译
	观念的冒险	〔美〕A.N.怀特海著,周邦宪译
人物传记类	溥仪的后半生	王庆祥著
	胡乔木——中共中央一支笔	叶永烈著
	林彪的这一生	少华、游胡著
	左宗棠在甘肃	马啸著